世界研学旅游组织"十四五"规划研学旅行管理与服务专业精品教材

高等教育"十四五"规划研学旅行管理与服务专业系列教材

研学旅行安全管理

主　编：吴耿安　黄安民
副主编：林荣策　张少平
编　委：(排名不分先后)

符雅莹	郭　霖	黄宇曦	赖宝君	林荣策
刘丹丹	罗旌贵	潘协全	王艳娣	王迎芳
魏丽娜	吴倩倩	谢志强	杨佩琪	杨全才
殷　杰	殷紫燕	袁　峰	张　超	张少平
庄宜婷				

中国·武汉

内 容 简 介

本书主要阐述了研学旅行安全概述、研学旅行安全理论基础、研学旅行各方安全职责、研学旅行安全管理体系、研学旅行旅游要素安全与管理、研学旅行安全应急预案与演练、研学旅行安全的防范与应对、研学旅行安全保障与管理、研学旅行服务保障与管理和研学旅行突发事件处理与恢复重建等方面内容,全书共计十章。本书引入较多行业典型案例,以及国家相关法律、法规、标准,将理论与实践相结合,更具实践性和操作性。本书既适合旅游专业学生学习,可以帮助本科生及研究生层次的学生理解基础概念,形成较为清晰的研究结构脉络,构建基础理论和研究体系;还适合研学旅行企业经营者、广大市民等多层次人群阅读。

图书在版编目(CIP)数据

研学旅行安全管理/吴耿安,黄安民主编.—武汉:华中科技大学出版社,2023.6(2025.1 重印)
ISBN 978-7-5680-9349-1

Ⅰ.①研… Ⅱ.①吴… ②黄… Ⅲ.①教育旅游-旅游安全-安全管理 Ⅳ.①F590.75

中国国家版本馆CIP数据核字(2023)第110008号

研学旅行安全管理
Yanxue Lüxing Anquan Guanli

吴耿安 黄安民 主编

策划编辑:李 欢 汪 杭	
责任编辑:刘 烨	
封面设计:廖亚萍	
责任校对:李 琴	
责任监印:周治超	
出版发行:华中科技大学出版社(中国•武汉)	电话:(027)81321913
武汉市东湖新技术开发区华工科技园	邮编:430223
录 排:孙雅丽	
印 刷:武汉科源印刷设计有限公司	
开 本:787mm×1092mm 1/16	
印 张:15	
字 数:352千字	
版 次:2025年1月第1版第2次印刷	
定 价:49.80元	

本书若有印装质量问题,请向出版社营销中心调换
全国免费服务热线:400-6679-118 竭诚为您服务
版权所有 侵权必究

 世界研学旅游组织"十四五"规划研学旅行管理与服务专业精品教材

高等教育"十四五"规划研学旅行管理与服务专业系列教材

丛书编审委员会

总主编

马　勇　国家高层次人才特殊支持计划领军人才，国家"万人计划"教学名师
　　　　教育部高等学校旅游管理类专业教学指导委员会副主任
　　　　中国旅游研究院生态旅游研究基地首席专家
　　　　教育部旅游管理专业虚拟教研室负责人
　　　　湖北大学旅游发展研究院院长，教授，博士生导师

杨振之　世界研学旅游组织执行主席
　　　　中国旅游协会地学旅游分会副会长
　　　　四川大学旅游学院教授、博士生导师，四川大学旅游与休闲研究中心主任
　　　　成都来也旅游发展股份有限公司创始人

编　委

（排名不分先后）

郑耀星	田志奇	林贤东	饶英华
谢祥项	吴耿安	陈创光	林小凡
李　玺	张胜男	马庆琳	陈金龙
许昌斌	郑远帆	吕　明	黄　文
黄安民	李　慧	刘宏申	王　英
李建刚	董良泉	杨　娇	孟玲玉
卫　红	郭晓康	张云萍	吴　矜
潘淑兰	郭晓晴	张　超	陈　蔚
王　军	陈加明	姜　雪	童　昀
谷　音	贾朋社	钟　畅	彭小舟
韦欣仪	刘雁琪	董之文	

序一
Foreword 1

读万卷书，行万里路。游学，自古以来便是我国学子增长见识、提高学问的方式。自2016年教育部等11部门印发《关于推进中小学生研学旅行的意见》以来，研学旅行在我国迅速发展并呈现出强劲的增长势头。2019年，教育部在普通高等学校高等职业教育专科层次增补研学旅行管理与服务专业。2021年，文化和旅游部印发《"十四五"文化产业发展规划》，提出开发集文化体验、科技创新、知识普及、娱乐休闲、亲子互动于一体的新型研学旅游产品。

研学旅行这一新业态的迅速发展，迫切需要大量的专业人才，因此，编制出版一套高水平、高质量、适应产业发展要求的教材十分必要。

教育部直属全国"双一流"大学华中科技大学出版社联合世界研学旅游组织，立项重点课题"基于研学旅行专业人才培养目标的课程体系建设与教材开发"，旨在编写一套既具有国际视野，又具有中国特色；既有科学理论，又有实操指导；既适用于高等院校，又适用于行业从业者的高水平教材。2020年世界研学旅游大会正式发布了本课题及组稿邀请函，得到全国40余所知名院校的教授、专家、学科带头人，以及近百所研学旅行基地（营地）、研学旅行服务机构专家，以及中小学骨干教师的积极响应和参与。课题成果最终凝结为本系列教材。

本系列教材首批规划9本，包含《研学旅行概论》《研学旅行资源导论》《研学旅行课程开发与管理》《研学导师实务》《研学营地基地运营管理》《研学旅行产品设计》《研学旅行项目开发与运营》《研学旅行市场营销》《研学旅行安全管理》，基本涵盖了当下研学旅行业态的各重要环节。本系列教材具有如下特点。

一、国际视野，中国特色

本系列教材的作者来自全国各地，他们不仅有国际化视野与丰富的海外学习或教学经验，同时还是高等院校或研学旅行基地（营地）的负责人，在撰写书稿时，既参考吸收了国际先进方法，又融入了中国特色、家国情怀与实操经验。

二、名师团队，先进引领

本系列教材由中组部国家高层次人才特殊支持计划领军人才、教育部旅游管理类专业教学指导委员会副主任马勇教授和世界研学旅游组织主席杨振之教授担任总主编,各分册主编由来自四川大学、湖北大学、福建师范大学、湖北师范大学、山西师范大学、华侨大学、澳门城市大学等知名院校的院长、教授、学科带头人以及研学旅行基地(营地)、研学旅行服务机构的负责人担任,他们有着丰富的执教与从业经验,紧跟教育部、文旅部指导意见,确保了本系列教材的权威性、准确性、先进性。

  三、理实结合,校企融合

  本系列教材各分册均采取校企"双元"合作编写模式,除了具有完备的理论,还引入大量实务案例和经典案例,并在编写体例上注重以工作过程为导向,设置教学项目与教学任务,确保理论与实操相结合。

  四、配套资源,纸数融合

  华中科技大学出版社为本系列教材建设了线上资源服务平台,在横向资源配套上,提供教学计划书、教学课件、习题库、案例库、参考答案、教学视频等系列配套教学资源;在纵向资源开发上,构建了覆盖课程开发、习题管理、学生评论、班级管理等集开发、使用、管理、评价于一体的教学生态链,打造出线上线下、课堂课外的新形态立体化互动教材。

  研学旅行管理与服务作为新增设专业和新兴行业,正步入发展快车道。希望这套教材能够为学子们带来真正的养分,为我国的研学旅行事业发展贡献力量。在此希望并诚挚邀请更多学者加入我们!

马勇
2022 年 5 月

序 二
Foreword 2

本系列教材是世界研学旅游组织重点课题"基于研学旅行专业人才培养目标的课程体系建设与教材开发"的研究成果。

在中国,研学旅行正如火如荼地开展,各级政府部门、家长、学校、学生及社会公众对研学旅行的发展,正翘首以待。无论是中国古代的游学,还是西方的"大游学"（Grand Tour）,千百年来的实践经验都无一例外地证明了回归户外、自然课堂的研学旅行是提高个人综合素质的不二之选。

在中国,现代意义上的研学旅行才刚刚兴起,借鉴西方发达国家一百多年来自然教育的先进经验,建立有中国特色的研学旅行教育体系,厘清各种误解,包括理念认知、基本概念和运作上的误解,是我们这套教材编写的出发点。

因此,本系列教材从编写之初就确立了这样一个原则:国际视野、中国特色、重实践、重运营,将理论与实践结合,做到知行合一。在编写作者的选择上,我们让一些既了解中国国情,又了解国际研学旅行情况的从业人员参与编写,并要求他们尽量研判国际自然教育的发展趋势及研学案例;将高校教师的理论研究与一线研学企业的实操经验相结合。这是本系列教材的一大特色。

本系列教材可用作高校教材,特别是高等职业学校研学旅行管理与服务专业的教材。

世界研学旅游组织重视研学旅行对人的成长和修养的价值,倡导研学旅行要从幼儿园儿童、中小学生抓起。研学旅行的目标是提高人的综合素质,真正实现知行合一。研学旅行倡导学生走出课堂,回归大自然,与大自然亲密接触,更注重学生在大自然中的体验和实践,反对走出课堂后又进入另一个教室,反对在博物馆和大自然中还是走灌输知识和说教的老路。没有实践和行动的研学,都达不到研学的目的。

希望这套教材能为中国方兴未艾的研学旅行事业添砖加瓦,能为读者,尤其是家长带来益处,也算是我们为社会做出的贡献。

是为序。

杨振之
2022 年 5 月

前言
Preface

研学旅行也称为研学旅游。何为研学旅行？2014年教育部发布的《关于进一步做好中小学生研学旅行试点工作的通知》中认为，"研学旅行"面向全体中小学生，由学校组织安排，以培养中小学生的生活技能、集体观念、创新精神和实践能力为目标，是基础教育课程体系中综合实践活动课程的重要组成部分。研学旅行是融社会调查、参观访问、亲身体验、资料搜集、专家点评、集体活动、同伴互助、文字总结等为一体的综合性社会实践活动，是基础教育课程体系中的一门综合实践活动课程。可以说，研学旅行是我国培养现代化人才的重要方式，是中小学校培养学生创新能力和提高综合素质的重要手段，推进研学旅行的发展对我国打造和建设人才强国具有重要意义。

然而，这几年，研学旅行在发展过程中陆续暴露出一些安全方面的问题，研学组织者和承办方对于研学旅行中安全风险管理的实践经验明显不足，安全风险意识有待进一步加强，亟须建立一套安全管理机制来规范研学旅行的开发、经营、服务、管理等流程，以确保研学旅行能够真正得到质量保障和安全保障，因此，相关管理部门应充分评估研学旅行中可能存在的安全风险点，尽快建立研学旅行配套的安全管理责任机制，引入针对研学旅行的风险保障体系，多层次、全方位地推动研学旅行健康开展。本教材就是在这种大环境下编写的，旨在通过学习研学旅行安全管理相关知识点，让读者全方位、系统地了解研学旅行安全管理，掌握研学旅行安全的各个核心管理内容，推动研学旅行相关产业的健康发展。

本教材既适合本科学生学习，也适合研究生层次学生学习，可以帮助他们理解基础概念，形成较为清晰的研究结构脉络，构建基础理论和研究体系。

本书内容包括研学旅行安全概述、研学旅行安全理论基础、研学旅行各方安全职责、研学旅行安全管理体系、研学旅行旅游要素安全与管理、研学旅行安全应急预案与演练、研学旅行安全的防范与应对、研学旅行安全保障与管理、研学旅行服务保障与管理和研学旅行突发事件处理与恢复重建,全书共计十章。

  本书在编写过程中还引入行业经典案例,将理论与实践相结合,更具实践性和操作性,这也使本书的受众更加广泛,研学旅行企业经营者、广大市民等也可以参考阅读。

目录
Contents

第一章　研学旅行安全概述　　/001

第一节　研学旅行的概述　　/003
一、研学旅行的基本概念　　/003
二、研学旅行的特点　　/004
三、研学旅行的构成要素　　/005
四、研学旅行的目标　　/006
五、研学旅行的意义　　/007
六、研学旅行的产品分类　　/008

第二节　研学旅行安全概述　　/010
一、研学旅行安全的概念　　/010
二、研学旅行安全的特征　　/010
三、研学旅行安全的分类　　/011

第三节　研学旅行安全管理概述　　/013
一、研学旅行安全事故风险及其影响因素　　/013
二、研学旅行安全管理的任务　　/014
三、研学旅行安全管理的原则　　/015

第四节　研学旅行安全的现状和展望　　/018
一、疫情防控常态化对研学旅行的影响　　/018
二、研学旅行的安全管理展望　　/021

第二章　研学旅行安全理论基础　　/024

第一节　马克思主义哲学　　/025
一、辩证唯物主义认识论　　/025

二、辩证唯物主义方法论　　/025
三、需求理论　　/026

第二节　马斯洛需求层次理论　　/026
一、安全需求层次　　/026
二、旅游安全需求理论　　/027

第三节　系统论、信息论、控制论　　/028
一、系统论　　/029
二、信息论　　/029
三、控制论　　/030

第四节　安全相关理论　　/031
一、安全经济理论　　/031
二、安全管理理论　　/032
三、安全行为科学理论　　/033
四、事故致因理论　　/034

第三章　研学旅行各方安全职责　　/037

第一节　研学旅行主办方的安全责任　　/038
一、研学旅行主办方及其基本要求　　/038
二、研学旅行主办方的安全责任　　/039

第二节　研学旅行承办方的安全责任　　/040
一、研学旅行承办方及其基本要求　　/040
二、研学旅行承办方的安全责任　　/041

第三节　研学旅行供应方的安全责任　　/044
一、研学旅行供应方及其基本要求　　/044
二、研学旅行供应方的安全责任　　/044

第四节　研学旅行管理方的安全责任　　/046
一、研学旅行管理方及其基本要求　　/046
二、研学旅行管理方的安全责任　　/046

第五节　研学导师的责任　　/049
一、研学导师的岗位任务　　/049
二、研学导师的素质要求　　/049
三、研学导师的工作特点　　/051
四、研学导师的作用　　/052

目录

　　五、研学导师的基本职责　　/052
　　六、研学导师在旅行活动中的职责细化　　/055
　　七、研学旅行安全导师团队的专业化培养　　/056

第四章 研学旅行安全管理体系　　/058

第一节　研学旅行安全管理体系概述　　/061
　　一、研学旅行安全管理体系的内涵　　/061
　　二、研学旅行安全管理体系的特征　　/063

第二节　研学旅行安全管理法律与制度体系　　/064
　　一、研学旅行安全管理法律体系　　/064
　　二、研学旅行安全管理制度体系　　/071

第三节　研学旅行安全管理旅游要素体系　　/072
　　一、研学旅行饮食安全管理　　/073
　　二、研学旅行住宿安全管理　　/074
　　三、研学旅行安全管理　　/075
　　四、研学旅行游览安全管理　　/077
　　五、研学旅行娱乐安全管理　　/078
　　六、研学旅行购物安全管理　　/079

第四节　研学旅行安全管理组织体系　　/080
　　一、综合性安全管理机构　　/080
　　二、旅游行业安全管理机构　　/083
　　三、旅游救援机构　　/084
　　四、其他相关机构　　/085

第五节　研学旅行安全管理实施体系　　/086
　　一、研学旅行安全应急预案与演练　　/086
　　二、研学旅行安全的防范与应对　　/089
　　三、研学旅行安全保障与管理　　/090
　　四、研学旅行安全事故事后恢复与重建　　/091

第五章 研学旅行旅游要素安全与管理　　/095

第一节　研学旅行住宿安全管理　　/098
　　一、研学旅行住宿安全的表现形态　　/098

二、研学旅行住宿安全问题产生的原因　　/101
　　三、研学旅行住宿安全管理的基本要求　　/101
　　四、研学旅行住宿安全预防措施　　/101
　　五、研学旅行特殊住宿安全管理要求　　/102
　　六、紧急情况的应对与管理　　/102
第二节　研学旅行餐饮安全管理　　/103
　　一、研学旅行饮食安全　　/103
　　二、研学旅行餐饮安全管理制度　　/104
　　三、食物中毒的应急处置　　/106
第三节　研学旅行游览安全管理　　/106
　　一、研学旅行游览安全事故的表现形态　　/106
　　二、景区研学旅行安全事故类型　　/107
　　三、研学旅行游览前安全管理　　/108
　　四、研学旅行游览中　　/108
　　五、注意事项　　/109
第四节　研学旅行交通安全管理　　/109
　　一、指导思想　　/110
　　二、安全风险识别　　/110
　　三、安全预防工作要点　　/112
　　四、交通方式选择要求　　/112
　　五、学生乘车注意事项　　/113
　　六、方案实施　　/114
第五节　研学旅行购物安全管理　　/116
　　一、研学旅行购物安全隐患　　/116
　　二、研学旅行购物安全管理　　/117

第六章　研学旅行安全应急预案与演练　　/121

第一节　研学旅行安全应急预案与演练概述　　/122
　　一、研学旅行安全应急预案的基本类型　　/123
　　二、研学旅行安全应急演练的概念与分类　　/124
第二节　研学旅行安全应急预案与演练的基本内容　　/125
第三节　研学旅行安全应急预案的编制　　/131
　　一、应急预案编写基本要求　　/131
　　二、应急预案编写程序　　/131

第四节　研学旅行安全应急演练的准备　/132
　　一、成立演练组织机构　/133
　　二、编制演练文件　/134
　　三、演练工作保障　/135

第七章　研学旅行安全的防范与应对　/137

第一节　研学旅行安全的防范与应对概述　/138
　　一、研学旅行安全防范的基本要求　/139
　　二、研学旅行应对安全事故的基本要求　/141
　　三、预防研学旅行安全事故的对策　/142

第二节　自然灾害的防范与应对　/143
　　一、常见自然灾害及应对策略　/144
　　二、防灾教育　/147
　　三、灾难教育的实施策略　/149
　　四、灾难教育的基本途径　/150

第三节　事故灾难的防范与应对　/151
　　一、交通事故　/152
　　二、火灾　/154
　　三、触电　/157
　　四、设施设备事故　/158

第四节　公共卫生事件的防范与应对　/160
　　一、传染病　/160
　　二、急性中毒　/160
　　三、动物叮咬　/162

第五节　社会安全事件的防范与应对　/163
　　一、涉及刑事案件的防范与应对　/163
　　二、群体性突发事件的防范与应对　/165

第八章　研学旅行安全保障与管理　/167

第一节　研学旅行的安全保障体系　/169
　　一、建立并完善相关研学旅行安全的法律法规,制定安全
　　　保障准则与规范　/169

二、加强监督管理,建立责任追究机制　　　　　　　　　　　／169
三、建立研学旅行基地划分标准与数据库　　　　　　　　　／170

第二节　研学旅行安全的责任单位保障体系　　　　　　　　／170
一、研学活动前的安全教育及演练工作　　　　　　　　　　／170
二、研学活动中的安全保障工作　　　　　　　　　　　　　／172
三、研学活动的家校沟通工作　　　　　　　　　　　　　　／173

第三节　研学旅行安全的社会资源保障体系　　　　　　　　／174
一、建立研学旅行基地基础安全责任制度　　　　　　　　　／174
二、强化应急防范措施,推进法律法规保障建设　　　　　　／174
三、充分发挥保险保障职能,为研学旅行保驾护航　　　　　／175
四、发展智慧研学,打造智能化安全网络　　　　　　　　　／175

第四节　研学旅行安全保障机制构建　　　　　　　　　　　／175
一、研学旅行安全保障的责任主体　　　　　　　　　　　　／175
二、研学旅行安全保障机制　　　　　　　　　　　　　　　／176

第九章　研学旅行服务保障与管理　　　　　　　　　　　　／180

第一节　住宿保障与管理　　　　　　　　　　　　　　　　／182
一、研判住宿环境是否符合法定要求　　　　　　　　　　　／183
二、研判住宿环境是否符合合同要求　　　　　　　　　　　／183
三、合理安排学生的住宿资源　　　　　　　　　　　　　　／184
四、做好住宿过程的行为管理　　　　　　　　　　　　　　／184
五、督促导游做好住宿环节的服务工作　　　　　　　　　　／184
六、做好住宿期间的安全管理　　　　　　　　　　　　　　／185

第二节　餐饮保障与管理　　　　　　　　　　　　　　　　／185
一、研判餐饮服务是否符合法定要求　　　　　　　　　　　／185
二、研判餐饮环境是否符合合同要求　　　　　　　　　　　／185
三、做好学生的餐前准备工作　　　　　　　　　　　　　　／186
四、做好餐饮过程中的行为管理　　　　　　　　　　　　　／186
五、做好餐饮过程中的安全管理　　　　　　　　　　　　　／186

第三节　交通保障与管理　　　　　　　　　　　　　　　　／187
一、研判交通管理是否符合法定要求　　　　　　　　　　　／187
二、研判交通服务是否符合合同要求　　　　　　　　　　　／188
三、做好交通行驶过程中的监督管理　　　　　　　　　　　／188
四、做好交通服务过程中的学生管理　　　　　　　　　　　／188

五、督促导游做好交通环节服务工作　　/189
六、做好交通过程中的安全管理　　/190

第四节　研学旅行基地管理　　/190
一、研判基地服务是否符合法定要求　　/190
二、研判基地服务是否符合合同要求　　/191
三、做好基地研学过程中的行为管理　　/191
四、督促导游做好基地服务工作　　/192
五、做好基地研学期间的安全管理　　/192

第五节　研学导师的服务保障与管理　　/192
一、研学导师的岗位任务　　/192
二、研学导师的素质要求　　/193
三、研学导师的工作特点　　/194
四、研学导师的培育　　/194

第十章　研学旅行突发事件处理与恢复重建　　/196

第一节　研学旅行突发事件处理程序　　/198
一、研学旅行突发事件应急管理模型　　/199
二、研学旅行事故处理程序　　/201

第二节　研学旅行突发事件纠纷责任界定及纠纷处理方法　　/204
一、研学旅行突发事件纠纷责任界定　　/204
二、研学旅行纠纷处理方法　　/205

第三节　研学旅行突发事件后的恢复重建　　/207
一、研学旅行突发事件后的影响评估　　/207
二、研学旅行突发事件后的恢复管理　　/208
三、研学旅行的重建管理　　/209
四、研学旅行突发事件后的振兴管理　　/210
五、研学旅行突发事件后的体系优化　　/211

参考文献　　/215

第一章
研学旅行安全概述

本章目标

1. 了解研学旅行的特点、类型和研学旅行安全的未来发展趋势。
2. 理解研学旅行安全的特征、安全管理原则、安全管理任务。
3. 掌握本章中研学旅行的概念、研学旅行安全的概念,以及研学旅行安全风险的致因。

知识框架

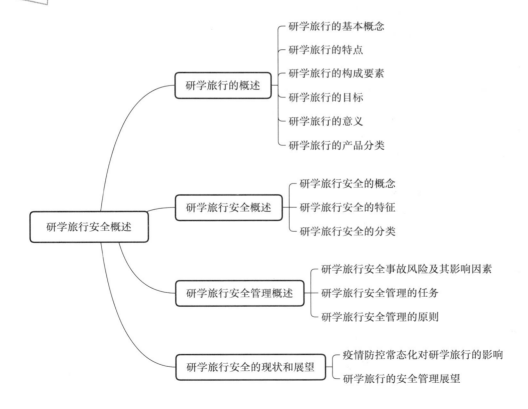

1. 研学旅行的概念、研学旅行安全的概念及其特征和类型。
2. 掌握研学旅行安全管理的任务和安全管理的原则。
3. 学会研判疫情常态化对研学旅行安全的影响。

读万卷书也要行万里路[①]
——教育部等11部门印发《关于推进中小学生研学旅行的意见》

2016年12月教育部等11部门印发了《关于推进中小学生研学旅行的意见》(以下简称《意见》),要求各地将研学旅行摆在更加重要的位置,推动研学旅行健康快速发展。

《意见》指出,中小学生研学旅行是由教育部门和学校有计划地组织安排,通过集体旅行、集中食宿方式开展的研究性学习和旅行体验相结合的校外教育活动。开展研学旅行,有利于促进学生培育和践行社会主义核心价值观,激发学生对党、对国家、对人民的热爱之情;有利于推动全面实施素质教育,促进书本知识和生活经验的深度融合;有利于满足学生日益增长的旅游需求,从小培养学生文明的旅游意识。

《意见》提出,要将研学旅行纳入中小学教育教学计划。各中小学要结合当地实际,把研学旅行纳入学校教育教学计划,与综合实践活动课程统筹考虑,促进研学旅行和学校课程的有机融合。学校要根据教育教学计划灵活安排研学旅行时间,一般安排小学四到六年级、初中一到二年级、高中一到二年级参加研学旅行活动,并根据学段特点和地域特色,逐步建立小学阶段以乡土乡情为主、初中阶段以县情市情为主、高中阶段以省情国情为主的研学旅行活动课程体系。

《意见》强调,要加强研学旅行基地建设。各地要根据研学旅行育人目标,依托自然遗产资源和文化遗产资源、红色教育资源和综合实践基地等,建设一批安全适宜的中小学生研学旅行基地,并探索建立基地的准入标准、退出机制和评价体系。打造一批示范性研学旅行精品线路,形成布局合理、互联互通的研学旅行网络。各基地要将研学旅行作为重要的教育载体,根据小学、初中、高中不同学段的研学旅行目标,有针对性地开发多种类型的活动课程。

《意见》要求,各地要规范研学旅行组织管理。各地教育行政部门和中小学要探索制定中小学生研学旅行工作规程,做到"活动有方案,行前有备案,应急有预案"。学校组织开展研学旅行可采取自行开展或委托开展的形式,但必须按管理权限报教育行政

---

① 周楠:《读万卷书也要行万里路——教育部等11部门印发〈关于推进中小学生研学旅行的意见〉》。

部门备案,并做好学生活动管理和安全保障工作。学校自行开展研学旅行,要与家长签订协议书,明确学校、家长、学生的责任权利;学校委托开展研学旅行,要与有资质、信誉好的企业合作,并与企业签订协议书,明确委托企业或机构承担学生研学旅行安全责任。

《意见》还对研学旅行工作组织领导、经费保障、安全保障、督查评价、宣传引导等方面提出了明确要求。

> **思考:**
> 从该报道中可以发现研学旅行越来越受到重视,但是在强调研学对教育的作用的同时,必须要重视研学旅行的安全问题。因此,需要对研学旅行安全的相关知识进行学习和掌握。

第一节　研学旅行的概述

要厘清研学旅行安全,必须先清楚研学旅行是什么。研学旅行是我国培养现代化人才的重要方式,是中小学校培养学生创新能力和综合素质的重要手段,对于我国打造和建设现代化的人才强国具有重要作用。现代国力提升与发展的关键是培养全面发展的优秀人才,为此要求将传统课堂教学与多种形式的实践教学活动相结合,进行教育创新、实现教育形式的多元化。修学旅游、研学旅行等"游"与"学"相结合的新型教育形式备受关注。

一、研学旅行的基本概念

研学旅行也称为研学旅游。何为研学旅行?在2014年教育部颁发的《关于进一步做好中小学生研学旅行试点工作的通知》中对此的解释为:面向全体中小学生,由学校组织安排,以培养中小学生的生活技能、集体观念、创新精神和实践能力为目标,是基础教育课程体系中综合实践活动课程的重要组成部分。研学旅行是融社会调查、参观访问、亲身体验、资料搜集、专家点评、集体活动、同伴互助、文字总结等为一体的综合性社会实践活动,是一门基础教育课程体系中综合实践活动课程。

虽然现阶段研学旅行已经发展成为大众化、教育类的旅游产品,但是对于研学旅行和研学旅游的认识,仍有多种不同看法。对于什么是研学旅游,本书回顾了旅游领域的文献和政府的相关文件,在旅游研究中较为常用的定义为:广义上,研学旅游是以研究性、探究性学习为目的的专项旅行,是旅游者出于文化求知的需要展开的旅游活动;狭义上,特指由学校组织、学生参与的,以学习知识、了解社会、培养人格为主要目的的校外考察活动。[①]有学者结合教育部出台的相关文件进行了界定:研学旅行是面

[①] 滕丽霞、陶友华《研学旅行初探》,《价值工程》,2015(35)。

向全体中小学生,由学校有计划地组织安排,通过集体旅行、集中食宿方式开展的研究学习和旅行体验相结合的校外教育活动。①对比两个领域对研学旅行和研学旅游的界定,其主要差别在于参与群体是否局限于校生,共同的落脚点是以学习为主要目的的专项活动。

2016年教育部等11部门联合印发的《关于推进中小学生研学旅行的意见》中更是对"研学旅行"做了进一步定义,研学旅行是指教育部门和学校有计划地组织安排,根据区域特色、学生年龄特点和各学科教学内容需要,组织中小学生通过集体旅行、集中食宿方式走出校园,以提升学生素质能力为目的,开展研究性学习和旅行体验相结合的一种校外主题教育。

综上所述,本书认为,研学旅行是以学习为主要目的的专项旅游活动,其外延体现为参与群体、参与形式、参观场景的变化。具体而言,从研学旅游的实施主体来看,参与群体可以是在校学生、处于人格发展阶段的青少年群体、不断追求进取的成年人等;从参与形式来看,可以是集体组织形式、旅游团队形式、独立出游形式等;从参观场景来看,可以是自然、文化、产业等不同类型的景观或场景。

二、研学旅行的特点

研学旅行是学校基础教育课程体系中的有机组成部分,它承载着基础教育阶段素质教育的重任,研学旅行因此也就有了与传统修学旅行不同的特点。结合相关研究②,本书认为研学旅行的特点主要体现在以下方面:

(一)参与对象的普及性

以往的修学旅游都是部分学生参与,而研学旅行面向全体在校学生,且以小学生、中学生为主。研学旅行活动主要是一项由学校组织、旅行社承办、全体学生出行的实践教育活动,它强调通过旅行实践活动实现教育的目的。因此,研学旅行活动是针对全体在校生的活动,覆盖对象广泛,与修学旅游相比,具有明显的普及性。

(二)研学产品的差异性

研学旅行是教育部门针对广大在校生推出的一项体验性、实践性教育活动。由于参与对象具有普及性,因此在设计研学产品时,需要针对不同学段特点和教育目标来设计研学旅行产品,这就使得研学旅行具有明显的产品差异性。如小学三年级及以下学生适宜以知识科普、文化体验以及乡土乡情为主题的线路;小学四至六年级宜设计以知识科普、自然观赏为主体的线路;初中年级宜设计以知识科普、体验考察为主题的线路产品;以体验考察和励志拓展为主题的线路则更加合适高中学生。

---

①丁运超《研学旅行:一门新的综合实践活动课程》,《中国德育》,2014(9)。
②滕丽霞、陶友华《研学旅行初探》,《价值工程》,2015(35)。

（三）实践活动的教育性

研学旅行活动的最终目标是通过旅行参与的方式实现对学生的实践教育。因此，研学旅行实践活动带有明显的教育性。《研学旅行服务规范》（LB/T 054—2016）中明确指出，每个研学旅行团队都应至少配置一名研学导师，为学生提供研学旅行教育服务。旅行只是进行实践教育的抓手与依托，实现学生的实践性教育才是研学旅行活动的最终目标。

（四）研学活动的综合性

研学旅行活动是走出教室、走向自然、社会的实践性教育活动，在整个完成研学旅行活动的过程中涉及学生教育、旅行交通、住宿安排、餐饮选择、导游解说、医疗服务、安全管理等多方面内容，是一项较为复杂的综合管理活动，具有明显的综合性。研学旅行活动是主办方、承办方、供应方和管理方参与的综合活动，也是以学生、导游、研学导师、服务人员等多方为主体的综合活动。

三、研学旅行的构成要素

研学旅行活动是一项具有旅游活动特征的实践教育性活动，因此在谈及研学旅行构成要素之前必须了解旅游活动的构成要素。

美国学者罗伯特·麦金托和夏希肯特·格波特认为旅游活动是由游客、旅游企业、目的地政府和目的地居民在吸引和接待游客的过程中产生的现象与关系之和。雷帕的旅游系统模型则包括旅游者、旅游业、客源地、旅游通道和目的地等五个要素。一般而言，旅游活动的开展有旅游者、旅游吸引物和旅游产业三个要素，旅游者是旅游主体，旅游吸引物为旅游客体，旅游产业为前二者的中介。在研学旅行活动中，教育行政管理部门和学校在研学旅行的组织过程中扮演着重要角色，因此研学旅行应该包括组织方、参与方、场景和承办方四大要素。

（一）组织保障者：教育行政管理部门和学校

教育部门和学校在研学旅行活动组织的过程中扮演着重要角色，同样它们也在研学旅行活动过程中扮演着研学旅行活动保障方的角色。教育部门和校方必须为研学旅行活动保驾护航：

第一，学校要制定各项保障方案，保障方案应涉及住宿、餐饮、导游、研学导师、研学旅行基地等各个方面、各个环境。此外，校方还需要加强人员保障与安全管理，加强学生的安全教育并派遣带队老师保障学生安全。

第二，校方应加强课程保障。研学旅行活动是一项"以游带学"的实践教育互动。因此，学校要针对不同年级的学生制定研学旅行课程方案，并将学生参加研学旅行活动的结果和成效纳入学分管理体系和综合素质评价。

第三，教育部门应搭建"上层建筑"，撑开研学旅行活动的"保护伞"。教育部门应建立研学旅行活动工作指导手册，制定相关保障方案，指导校方规范开展研学旅行，保证研学旅行活动的质量。

(二)活动参与者:广大中小学生

中小学生是研学旅行的主体,我国大中小学生约占人口总数的20%。《2015全国教育事业发展统计公报》显示,2015年底全国义务教育阶段在校生数1.40亿人,高中阶段在校生数4037.69万人,如果研学旅行全面开展,需要依据学生的特性、学习兴趣以及知识接受能力"定制"研学旅行产品。此外,研学旅行产品必须保证达到预期成效,否则难以满足活动参与者的需求,也难以实现实践教育的目标。

(三)活动场景:研学旅行活动基地和旅游景点

研学旅行活动的开展必须依托一定的场景,而研学旅行活动基地和旅游景区景点便是研学旅行开展的最好抓手。研学旅行基地是开展研学旅行活动的重要场所,能够满足研学旅行活动参与者了解基本国情、省情、市情、县情等,增长见识,陶冶情操的需求。此外,研学旅行活动还需要依托成熟的旅游景区景点。比如,被列入世界文化遗产的留园就设计了认识和体验古典园林的活动项目。此外,中凯国际形成了以现有成熟景点为依托的"86433"研学课程体系,即"八大"必读中华文化、"六大"必看花样民族、"四大"必探华夏地理、"三大"必知时代风向,以及"三大"燕赵乡情教育。

(四)活动承办者:提供研学旅行服务的旅行社

研学旅行活动的承办方是指与研学旅行活动主办方签订合同,提供教育旅游服务的旅行社。承办者全面承担研学旅行活动的行程安排、路线采购、服务管理与活动保障工作。因此,研学旅行活动承办者是研学旅行活动开展以及研学旅行质量保障的重要主体。

承接研学旅行活动的旅行社必须具有较强的专业性,应设立研学旅行相关部门或专职人员,应有承接100人以上中小学生旅行团队的经验,连续三年无重大质量投诉记录和不良诚信记录,并且没有出现经济纠纷及重大安全责任事故。此外,承办旅行社还需要对研学旅行活动中的餐饮、交通、医疗等方面进行协调,保障研学旅行活动高质量完成。

在研学旅行中,从安全管理的角度来看,研学旅行的安全相关责任方,可从以上四个要素进行提炼,同时需要剔除活动参与者,因为它是受保护方。

结合本书的属性,对组织方、场景和承办方三要素的细分对象进行安全职责方面的深入阐述,按照各个单位职能属性,将组织方要素分为研学旅行主办方(学校)、研学旅行管理方(相关政府部门)和研学导师;将场景和承接方两个要素分为研学旅行承办方(相关旅行社等)和研学旅行供应方(地接社、住宿企业、餐饮企业、提供服务的交通企业、旅游景区等)。

四、研学旅行的目标

研学旅行是一种复合型且具有综合性的研学活动和旅游活动,它是学校基础教育课程体系中的特殊组成部分,它既承载着基础教育阶段素质教育的重任,也承载着开发学生个性化发展的要求。

研学旅行的开展带有极强的导向性和目标性:研学旅行以立德树人、培养人才为根本目的,以预防为重、确保安全为基本前提,以深化改革、完善政策为着力点,以统筹协调、整合资源为突破口。研学旅行的目标是让广大中小学生在研学旅行中感受祖国大好河山,感受中华传统美德,感受革命光荣历史,感受改革开放伟大成就,增强对坚定"四个自信"的理解与认同;同时学会动手动脑,学会生存生活,学会做人做事,促进身心健康、体魄强健、意志坚强,促进形成正确的世界观、人生观、价值观,培养他们成为德智体美全面发展的社会主义建设者和接班人①。

五、研学旅行的意义

研学旅行的目的是让学生接触社会和自然,在旅游体验中学习和锻炼,习得生活技能,培养集体观念、创新精神和实践能力,养成自理自立、文明礼貌、互勉互助、吃苦耐劳,艰苦朴素等优秀品质和精神,增进对自然和社会的理解和认识,增强其社会责任感和实践能力。

开展研学旅行意义重大,它有利于促进学生培育和践行社会主义核心价值观,激发学生对党、对国家、对人民的热爱之情;有利于推动全面实施素质教育,创新人才培养模式,引导学生主动适应社会,促进书本知识和生活经验的深度融合;有利于加快提高人民生活质量,满足学生日益增长的旅游需求,从小培养学生文明旅游意识,养成文明旅游行为习惯。②

具体来看,研学旅行有以下功能和作用:

(一)研学旅行有利于促进学生自身的全面发展

研学旅行活动的设计不同于一般的旅游活动,它要求旅行活动必须与实践教育相结合,以"游"促"学"。由于研学旅行活动具有综合性,其能够促进学生自身的全面发展和综合能力的提升。研学旅行活动涉及旅行、课程教育、住宿、餐饮、旅游交通等多方面的内容,学生通过研学旅行活动不仅能增长见闻、了解基本国情、学习文化知识,还能进行生活体验,培养自理能力、沟通能力、增强自信,最终提升综合能力和综合素质。

(二)研学旅行有利于提高学校素质教育改革的成效

中国教育科学研究院研究员高峡指出,实践教育薄弱会制约素质教育实施,而研学旅行恰恰是实践教育的有力抓手,它有利于推动学校素质教育的实施。传统教育往往偏重书本知识的教育,教师在课堂上讲解,学生基本都是处于被动接受知识状态,而研学旅行活动则是以"游"促"学",学生可以主动接触自然、社会,主动选择要学习的知识,全面培养自理能力,这将有助于实现学生综合素质的提升,推动学校素质教育的

---

①教育部等11部门《关于推进中小学生研学旅行的意见》(教基一〔2016〕8号)。
②教育部等11部门《关于推进中小学生研学旅行的意见》(教基一〔2016〕8号)。

发展。

(三)研学旅行有利于拓展旅游业的发展空间

常规的旅游者大多集中在一些固定的旅游区,从而形成所谓的"旅游热点",而许多具有观赏价值、科学研究价值、教育价值的博物馆、科学馆等却相对较"冷"。研学旅行恰恰以这些所谓的"冷点"为依托开展实践教育活动,组织学生前往博物馆、科技馆,这可以在一定程度上带动博物馆、科技馆等"旅游冷点"的发展。此外,研学旅行能够通过旅行实践增长青少年的见识、提升青少年的综合素质,这也有助于拓展未来旅游业的发展空间。据不完全统计,青少年旅游者约占旅游总人数的30%,通过研学旅行培养青少年的旅游意识,有助于推动旅游的良性发展。

(四)研学旅行有利于加强国家和地区间青少年交流

1989年4月14日,在荷兰海牙的各国议会旅游大会上通过了《海牙旅游宣言》,宣言中指出:旅游可以使人们对整个世界获得新的了解、理解和感受的机会,旅游作为一种积极和稳定的因素,有利于增长知识和增进相互了解……人们在了解社会、了解自然的同时,实现了地区之间、国家之间、不同文化之间的融合,更加丰富、完善了自我。

2014年,教育部发布了《中小学学生赴境外研学旅行活动指南(试行)》,这表明我国境外研学旅行活动发展快速。境外研学旅行活动能够极大地促进学生对于其他国家、地区的了解,促进沟通,拓宽眼界。

六、研学旅行的产品分类

按照不同的分类标准,研学旅行可以划分为不同类型。

根据研学旅行出行的范围,研学旅行可以分为入境游、出境游和国内游。

根据研学旅行的行为模式,研学旅行可分为团体研学旅行和个人研学旅行。

根据研学旅行的学科,研学旅行可分为自然科学研学旅行和人文社科研学旅行。

根据研学旅行的体验程度,研学旅行可分为单向体验研学旅行(听讲、观光等)和双向体验研学旅行(互动和参与等)。

根据研学旅行的功能目的,研学旅行可分为以提高生存能力为目的拓展训练、以学习语言为目的的出国游学、以增长知识为目的的文化体验游。

根据研学旅行的知识结构,研学旅行可分为异质文化型、文学艺术型、科普文化型。

本书根据我国研学旅行市场的发展情况,参照《研学旅行服务规范》(LB/T 054—2016)将研学旅行产品分为以下几类。

(一)知识科普型

知识科普型主要包括各种类型的博物馆、科技馆、主题展览、动物园、植物园、历史文化遗产、工业项目、科研场所等资源。

例如,一些科技工业城、科技展览馆、高新科技园区等工业旅游区通过数字娱乐中心、食品制作工艺、产品生产线等提供知识科普,受到中小学生的欢迎。

(二)自然观赏型

自然观赏型主要包括山川、江、湖、海、草原、沙漠等资源。

自然观赏型研学旅行具有环境教育和保护功能,而崇尚自然正符合当下旅游的需求。如,地质地貌、动植物、气象水文等生态旅游资源有丰富的自然、历史、文化、科学信息,具有较高的文化品位。除了地质公园、森林公园等,一些新型的生态旅游产品也逐渐受到喜爱,例如生态农场,近年来一直是亲子旅行和青少年团队出游的热门目的地。

(三)体验考察型

体验考察型主要包括农庄、实践基地、夏令营营地或团队拓展基地等资源。

研学旅行基地是基于一些省市或景区建立的试点或新兴旅游区,其主题性和体验性较强,并通过组织旅游线路和亲子互动活动丰富研学旅行内容。此类研学旅行产品一般会设农事观光区、体育乐园、水上乐园、工艺园区、动漫乐园等区域,这种新兴旅游区一般规模较大,具有接待、教育、娱乐、观光等综合性功能。

2016年,国家旅游局授予北京市海淀区、浙江省绍兴市、安徽省黄山市、江西省井冈山市、山东省曲阜市、河南省安阳市、湖北省神农架林区、广西壮族自治区桂林市、四川省绵阳市、甘肃省敦煌市等10个城市"中国研学旅游目的地"称号,授予北京市卢沟桥中国人民抗日战争纪念馆等20家单位"全国研学旅游示范基地"称号。

(四)励志拓展型

励志拓展型主要包括红色教育基地、大学校园、国防教育基地、军营等资源。

"红色旅游"产品一直以其"寓教于游"的功能受到研学旅行市场的青睐,革命纪念地、伟人诞辰地等革命精神承载地和核心的纪念馆、故居、博物馆、风景名胜区是主要的红色旅游资源。全国百余个红色旅游景点景区、十余个红色旅游重点城市和几十条主题线路业已成型,这为研学旅行提供了广泛的资源。

(五)文化康乐型

文化康乐型主要包括各类主题公园、演艺影视城等资源。

中国在五千余年的人类历史发展历程中,形成了丰富的历史文化旅游资源,比如遗址遗迹、古代建筑、古代园林、古代陵墓,等等,这些资源富有文化底蕴、科考价值和美学价值,是文化旅游产品中极为重要的一类,也为研学旅行提供了必要的资源。可针对历史文化旅游资源的不同特性,开发独特的研学旅行产品,如北京胡同游、北京王府游、古村落写生游、园林美学游等。

第二节　研学旅行安全概述

一、研学旅行安全的概念

（一）旅游安全的定义①

广义的旅游安全,指旅游中的一切安全现象的总称,它既包括旅游活动中各相关主体的安全现象,也包括人类活动中与旅游现象相关的安全事态和社会现象中与旅游活动相关的安全现象。狭义的旅游安全,是指旅游活动中各相关主体的一切安全现象的总称。它包括旅游活动各环节的相关现象,也包括旅游活动中涉及的人、设备、环境等相关主体的安全现象,既包括旅游活动中的安全观念、意识培育、思想建设与安全理论等"上层建筑",也包括旅游活动中安全的防控、保障与管理等"物质基础"。

（二）研学旅行安全的概念

2016年教育部等国家11部门联合印发的《关于推进中小学生研学旅行的意见》中对研学旅行进行了定义：研学旅行是指教育部门和学校有计划地组织安排,根据区域特色、学生年龄特点和各学科教学内容需要,组织中小学生通过集体旅行、集中食宿方式走出校园,以提升学生素质能力为目的,开展研究性学习和旅行体验结合在一起的一种校外主题教育。以及本书对研学旅行的定义：研学旅行的是以学习为主要目的的专项旅游活动,其外延体现为参与群体、参与形式、参观场景的变化。结合"旅游安全"的概念,本文对研学旅行安全的概念同样从广义和狭义两个角度进行界定。

广义的研学旅行安全是指在以学习为主要目的的专项旅游活动中各种相关的安全现象,也包括人类活动中与研学学习活动相关的安全事态和社会现象中与研学旅行活动相关的安全现象。狭义的研学旅行安全,指研学旅行活动中涉及研学参与者的一切安全现象的总称。它包括研学旅行活动各环节中涉及参与者安全的相关现象,也包括研学旅行活动中涉及参与者的人、设备、环境等相关主体的安全现象。

二、研学旅行安全的特征

特征是指一事物区别于其他事物的本质属性。研学旅行是集自然性、教育性、休闲性和体验性等多性质于一体的校外主题教育,研学旅行安全具有与学校教育活动安

---

①郑向敏《旅游安全概论》,中国旅游出版社,2009年版。

全不同的特征,主要表现为以下四个方面[①]。

(一)研学旅行安全影响因素多,影响大

研学旅行活动是在学校外面实施的一种教育实践集体活动,在实践中,容易遇到各种因素的安全事故,比如交通事故、食物中毒事件、天气自然灾害、传染性疾病等事件。而因为教育活动的集体性,一旦发生相关安全事件,都容易引发重大舆情,带来的负面影响大。

(二)研学旅行安全管理跨度广,难度大

研学旅行涉及的主体很多,如研学旅行主办方(学校)、研学旅行管理方(相关政府部门)、研学导师、研学旅行承办方(相关旅行社等)和研学旅行供应方(地接社、住宿企业、餐饮企业、提供服务的交通企业、旅游景区等)等方面主体,管理领域范围广、跨度大,需要教育、文旅、公安、交通和医务等10多个相关部门协同合作。同时在跨度广,势必带来管理难度的加大,同时加上管理边际的不明确不清晰,管理机制的不完善等,都给研学旅行安全管理带来很大的难度。

(三)研学旅行安全责任大

由于研学旅行参与者的特殊性——广大学生,一旦发生研学旅行安全事故,将影响到广大学生的生命、财产等合法权益,也必将对受害的学生家庭带来不可磨灭的伤害,包括情感伤害和经济上的损失;同时势必造成学校和相关管理部门的行政责任风险,同时可能导致重大舆情,甚至造成国家政治上的负面影响。由此可见,研学旅行安全责任非常大。

(四)研学旅行安全防控成本大

研学旅行是在学校以外开展的教育实践活动,安全类型多样,为做好研学旅行安全防控工作,需要投入大量的人力、物力和财力。行前对从业人员的安全技能培训、对相关目的地的接待设施设备及活动设施设备的标准化建设,行中各个相关部门的协作及相关服务岗位人员的配套,在意外发生后,还需各个相关责任方履行赔偿责任,因此研学旅行安全防控成本巨大。

三、研学旅行安全的分类

研学旅行安全的分类可以根据不同的分类方法分为不同类别。对研学旅行安全的分类有助于人们认识、了解研学旅行的特征和本质,以便于在研学旅行中更好地对安全进行管控。

---

① 任鸣《研学旅行安全管理》,旅游教育出版社,2020年版。

(一)根据旅游六要素进行分类

研学旅行属于旅游的一种类型,因此在对研学旅行安全进行分类时可以根据旅游六要素(食、住、行、游、购、娱)出发,结合研学旅行的特殊性,可分为:研学旅行餐饮安全、研学旅行住宿安全、研学旅行游览安全、研学旅行交通安全和研学旅行购物安全五种安全类型,本书的安全管理各论篇中将会对其进行详细阐述。

(二)根据安全要素进行分类

人、物、环境是构成事故的三要素,一般认为人的不安全行为,物的不安全状态,环境的不安全因素①。因此从研学旅行的特征出发,结合安全三要素可以将研学旅行安全分为:研学旅行主体安全、研学旅行客体安全和研学旅行环境安全三个方面。研学旅行主体是指参与研学活动的学生、随队导师及研学旅行从业人员,主体安全主要是指研学旅行主体的人身、财产安全。研学旅行客体安全是指支撑研学旅行活动开展的服务设施设备要素的安全,如研学基地的设施,研学交通工具等等。研学旅行环境安全是指研学旅行活动开展过程中的自然环境和人文环境的安全。包括研学活动线路的环境安全,道路安全、天气状况等等。

(三)根据研学旅行实践教育活动地域范围分类

2016年教育部、旅游局等国家11个部委联合印发的《关于推进中小学生研学旅行的意见》指出研学旅行是指教育部门和学校有计划地组织安排,通过集体旅行、集中食宿方式开展的研究性学习和旅行体验相结合的校外教育活动。开展研学旅行,有利于促进学生培育和践行社会主义核心价值观,激发学生对党、对国家、对人民的热爱之情;有利于推动全面实施素质教育,促进书本知识和生活经验的深度融合;有利于满足学生日益增长的旅游需求,从小培养学生文明旅游意识。因此,根据在整个研学活动开展过程中主要会涉及三个活动地域,可以将研学旅行安全分为校内安全、研学途中安全、研学基(营)地安全及研学目的地安全。

1.校内安全

校内安全指的是在校内进行的,为提高学生和随队导师团队的安全防范意识而开展的研学旅行行前安全教育,属于行前准备内容的安全。

2.研学途中安全

研学途中安全是指在前往活动实践地途中的交通安全、饮食安全、住宿安全等。

3.研学基(营)地安全及研学目的地安全

研学基(营)地安全是指用于保障学生在研学基(营)地安全的研学基(营)地的设施设备的安全状况、相关从业人员的安全素养等。

研学目的安全指的是研学旅行目的地的社会治安安全以及当地饮食、风俗习惯,即当地的人文社会环境是否会对学生产生负面影响。

---

① 杨惠民《引发事故的人的不安全行为分析》,《工业安全与防尘》,1990(2)。

第三节 研学旅行安全管理概述

研学旅行已在全国中小学校全面开展,成为中小学基础教育课程体系中综合实践活动课程的重要组成部分。目前,研学旅行的开展主体以学校组织为主,旅行社、教育培训机构、研学机构和研学旅行基地等单位为辅,其中,旅行社是研学旅行的主要承办方,成为教育旅游市场上的崭新热点。

然而,在研学旅行过程中也陆续暴露出一些安全方面的问题,研学组织者或承办方对于研学旅行中安全风险管理的实践经验积累明显不足,安全风险意识有待进一步加强,亟须建立一套安全管理机制来规范研学旅行过程中的开发、经营、服务、管理等流程,以确保研学旅行能够真正得到质量保证和安全保障。因此,相关管理职能部门应充分评估研学旅行中可能存在的安全风险点,尽快建立研学旅行配套的安全管理责任机制,引入针对研学旅行的风险保障,多层次、全方位地推动研学旅行的健康开展。

一、研学旅行安全事故风险及其影响因素

(一)研学旅行安全事故风险

参加研学旅行的人员都是多为学生,其身心发展尚未达到完全成熟的阶段。尽管很多家长能够认同研学旅行的价值,但是对学生出行的安全问题表示担忧,这使很多学校和家长在是否让学生参加研学旅行活动这个问题上踌躇不决,犹豫不定,严重影响了研学旅行活动的开展。

在研学旅行过程中发生安全事故的原因比较复杂,往往是内外因素交织在一起,主要有存在以下几种风险:

1. 环境风险

研学旅行机构需要具有专业性,并配有专业的导师和设备等,需要有具体的安全保障措施以确保学生的安全。

2. 管理风险

研学机构的管理体系必须是完善、正规的,经过国家相关部门考核批准认可的。

3. 法律风险

研学旅行的主办方不能触及相关的法律法规,须遵守行业规范。

4. 自然灾害等其他非人力可控的风险

在研学旅行中可能会遇到自然灾害等非人力可控风险,需要机构突显专业性,及时处理风险,保证研学旅行活动安全。

5. 学生或随队教员自身的风险

随队教员的职业倦怠会影响学生在旅行中的学习质量,要及时关注学生的身心

健康。

(二)研学旅行安全事故的致因

首先,参与研学旅行的学生人数众多且都是未成年人,他们天性好动,自理能力和自我保护能力较弱,而研学旅行又是校外集体活动,兼具集体性、实践性的特征,往往给组织者和承办方在组织管理和安全保障上带来很大的挑战,且在饮食、住宿、交通以及各种参观学习活动中,随时可能发生各种意外情况,亟须加强安全意识,提高安全防范能力。

其次,研学旅行的组织者和承办方存在着疏忽大意、管理不善、经验不足等客观因素,而研学旅行中的交通运输、营地住宿、食品卫生等外部环境较为复杂,多种主客观原因导致群体性安全事故发生。

最后,如果一旦出现研学旅行的安全事故,学校就要面临来自家长、教育部门及社会的多方压力,学校不得不采取限制措施,这制约了研学旅行的发展,所以说安全问题是研学旅行须重点关注的焦点问题,是保证研学旅行健康发展的重要前提。

二、研学旅行安全管理的任务

(一)构建完善的管理机制,为安全风险管理提供保证

2016年11月,教育部等11部门印发了《关于推进中小学生研学旅行的意见》(以下简称《意见》),要求研学旅行以预防为重、确保安全为基本前提,把安全性作为基本原则之一,要求研学旅行要坚持安全第一,建立安全保障机制,明确安全保障责任,落实安全保障措施,确保学生安全。

《意见》为研学旅行的开展明确了安全方面的要求,为研学旅行组织者指明了安全管理的方向。《意见》对研学旅行安全保障机制和责任体系提出了明确要求,指出要建立安全保障机制,明确安全保障责任。

研学旅行组织者要想落实好《意见》要求,需要组织成立安全管理机构,完善研学旅行安全风险管理、评估、操作等有关制度,协助内部有关机构制定每个岗位的安全管理职责,明确研学旅行相关各方的安全责任,构建完善的安全责任体系,确保研学旅行各个环节符合规定要求。同时,要做好安全信息公开工作,及时向社会、研学旅行参与者公开有关人员从业资格、健康证明、饮食合格证明等安全信息,让社会和研学旅行参与者放心,督促自身做好安全管理工作,切实形成完善的安全风险管理长效机制。

(二)加强有关人员培训,为安全风险管理提供支持

人的活动涉及研学旅行的各个方面,既是学生安全的风险源,也是学生安全风险的控制者,是影响学生安全的关键所在。研学旅行组织者应该高度重视人在安全风险管理中的作用,建立一支安全信息充足、安全管理经验丰富的安全风险评估专家团队,团队成员可由教育主管部门、学校、家长、研学导师,以及提供教学、安全、医护、伙食、住宿、交通等辅助服务的人员组成,必要时可邀请有关政策制定者、法律专家参与,使

风险评估的结果更具有代表性、可靠性。同时,要积极拓宽学习渠道,采取集中培训、实战演练、技能大赛等方式,加强对有关人员的安全意识、安全知识、急救常识、急救处置方法等方面的培训力度,引导有关人员树立正确的安全风险观,不断提高有关人员对潜在安全风险的判断能力和控制能力,提高安全风险管理的整体水平。

(三)积极拓宽信息渠道,为安全风险管理提供保障

研学旅行在我国尚处于推广阶段,组织者关于安全风险管理的实践经验积累不足,大多数还处于课程研发阶段,对研学旅行过程中的安全风险尚未完全掌握,仍需要探索积累。组织者应该按照国家政策规定、课程建设情况,积极搜集相关信息、数据、经验,多"走出去"或者"请进来",到研学旅行基地、相关旅游公司等单位实地考察交流,充分了解研学旅行过程中可能存在的安全风险,学习安全风险管理的先进经验,结合自身的实际情况灵活运用、融会贯通。同时,组织者应该建立良好的信息反馈系统,畅通信息反馈渠道,充分利用研学旅行参与者(包括工作人员、家长、学生等)的反馈信息,对信息进行综合分析研究,及时变换安全管理的落脚点和着力点,以指导今后的安全管理活动,推动安全管理。

安全风险管理是保证研学旅行学生安全的重要手段,对研学旅行组织者和相关方面科学有效决策、合理配置资源具有重要的作用。研学旅行组织者需要进一步深化认识,高度重视风险管理在学生安全管理中的作用,健全机构、明确责任,加大工作研究力度,建立合理有效的安全风险管理体系,逐步固化成制度,让研学旅行成为政府和学校满意、社会和家长放心、学生乐于参与的教育活动。

三、研学旅行安全管理的原则

为了加强研学旅行安全管理,必须确定研学旅行安全管理的原则。所谓研学旅行安全管理原则,是指在研学旅行安全工作和管理中必须遵循的行为规划和准则。

(一)坚持安全第一、预测为主的原则

为了切实加强研学旅行的安全工作,保障旅游者人身、财务安全,在旅行安全工作和管理中,必须始终坚持"安全第一、预防为主"的原则。坚持"安全第一",要求旅行活动中所有人员都必须把安全工作放在首位,丝毫不得有懈怠的思想和行为,这既是对研学旅行实践的总结与认识,也是研学旅行自身发展的客观要求。坚持"预防为主",要求研学旅行活动中所有人员,必须增强研学旅行的安全责任心,提高研学旅行风险防范意识,执行研学旅行安全规章制度,对研学旅行活动中可能发生的安全事件,一定要做到预防在先,防患于未然,等到安全事件发生后再做,则已经无法挽回损失。

(二)坚持统一领导、分级管理、以基层为主的原则

加强研学旅行安全管理必须坚持"统一领导、分级管理、以基层为主"的原则,实行在旅游企业负责人统一领导下,各个部门分级管理,以基层为主的安全管理体制。研学旅行企业负责人在研学旅行安全管理上,要制定研学旅行安全政策方针,并加强对

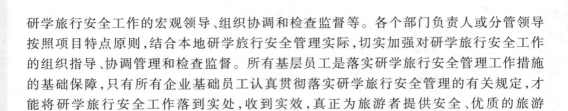

研学旅行安全工作的宏观领导、组织协调和检查监督等。各个部门负责人或分管领导按照项目特点原则,结合本地研学旅行安全管理实际,切实加强对研学旅行安全工作的组织指导、协调管理和检查监督。所有基层员工是落实研学旅行安全管理工作措施的基础保障,只有所有企业基础员工认真贯彻落实研学旅行安全管理的有关规定,才能将研学旅行安全工作落到实处,收到实效,真正为旅游者提供安全、优质的旅游服务。

(三)坚持运营管理主管原则

1. 谁主管谁负责

主管主要是指旅游公司主管部门和主要负责人。要实现公司安全生产,责任在于公司各部门主要领导,公司各部门领导要在各自的职责范围内,围绕如何提高安全管控,增加公司效益而积极工作。

2. 谁分管谁负责

事故危害产生于生产过程,管运营必须同时管安全。管运营要管安全不单纯是指管运营的人要分管安全,而且包括运营过程中各个环节所有人员,所以分管包括了运营过程和安全管理的所有人员。

在组织旅游景区运营时,安全应是首要考虑的问题,要把一些影响安全的因素在运营准备阶段予以消除,特别是在进行规划设计时就要注意解决施工、运营的安全问题,要做到均衡管理,避免加班加点。在运营紧张的时候,更要抓好安全运营,把一些不利因素转化为有利因素,以保证运营任务的顺利完成。

3. 谁为主谁负责

在旅游景区运营中,有时并没有主管、分管人员在场,特别是在大范围景区运营过程中,项目点分散,人员不集中,点位多,移动性大,给安全管理体制带来困难。在这种情况下,班前会十分重要。在班前会上,班组长要认真交代具体注意事项,在分配运营任务时,要强调安全生产,检查安全措施,同时指定某作业点的安全负责人。项目点安全负责人要有较高的责任心,运营中认真负责,敢于管理,及时发现并纠正违章作业,并要掌握一定的安全知识和技能,遇到问题能很好地处理,能对工作人员进行技术指导和帮助,对现场运营出现的问题能及时发现和解决。

(四)坚持上下协作、部门协调的原则

加强研学旅行安全管理,既是研学旅行全行业目标和任务,也离不开相关行业的支持和配合,因此必须坚持上下协作、部门协调的原则。

坚持上下协作,要求在制定研学旅行管理法规时,要认真总结旅游企业在实践中积累的丰富经验和成果。在制定实施各种规章制度前,应广泛征求本地员工和其他兄弟单位旅游企业的意见,充分反映地方和旅游企业的合理要求;在贯彻实施研学旅行安全管理规章制度时,要统一步骤,上下一致,并及时对贯彻落实中的问题、困难予以指导和服务。坚持部门协调,就是要针对旅游业服务性、综合性的特点及涉及面广的特性,在进行研学旅行安全管理时,要主动加强与其他部门的协调和合作,积极争取其

他部门的支持和配合。形成研学旅行安全管理的部门联动机制和协作机制,提高研学旅行安全管理的效率。

(五)坚持违规必究、从严管理的原则

1. 从严的态度

研学旅行安全生产是关系到旅游企业运营稳定和发展的大问题,是对所有游客、员工负责的大问题。随着社会的进步,生活条件的改善,法制的健全,研学旅行安全管理已直接关系旅游企业的生死存亡。无论从企业利益,还是保护游客、员工家庭幸福等方面来看,对研学旅行安全管理工作都不能掉以轻心,应以严肃的态度来认真对待。

2. 严格的管理

(1)严格的教育和训练。

要使旅游企业所有人员符合安全操作的要求,就必须进行严格的教育和训练。教育和训练的方法要从实际出发,通过不断的教育,提高所有人员的安全意识和安全操作的自觉性。

(2)严格各规章制度的落实。

严格各规章制度的落实,对指导安全生产有着非常重要的作用,严格执行各项规章制度,是安全生产的保证。

(3)严格的安全检查。

严格的安全检查。要提高预防事故的效果,必须消除工作人员的不安全行为和存在的事故隐患。要达到此目的,就要经常进行巡回检查和互相检查。检查的作用是发现不安全行为和因素,予以纠正。安全检查要严肃认真,敢抓敢管,同时检查人员要有耐心和热情的态度,详细说明不安全行为的危害和后果,使员工认识到其危害性,并将正确的操作方法讲清楚。对现场中的某些不安全因素,则要提出整改意见,并督促其及时整改。

(4)严格奖惩、考核。

严格奖惩、考核。奖惩和考核的目的在于激励员工做好安全工作的积极性。在安全与经济、安全与责任制挂钩后,就将安全与员工自身利益结合起来了。安全奖惩和考核必须严格落实,防止流于形式。

(六)坚持否决权原则

1. 在运营中的否决

在运营管理过程中,如遇到紧急情况将危及游客、员工安全和健康时,要先停止运营,将问题处理好再恢复运营,也就是当安全与运营发生矛盾时,要服从"安全第一"的原则,不要存在侥幸心理。

2. 对各项考核指标的否决

要提高旅游企业的管理水平,增加效益,制定了考核标准,将安全作为考核的重要内容之一,同时进行考核而且是一项否定。

3.奖金分配中的否定权

在奖金分配、评比先进、晋升等方面和一些单项业务评比中都可以行使否决权。否决权不可滥用,要有理有据、平等。特别是在运营与安全发生矛盾时,不能简单一句"停止运营"就将问题处理了,要多想办法,解决问题,使游客、员工安全有保证,并且把损失降到最低。否决权使用得当对安全生产是促进的;反之,可能会激化矛盾,不利于安全工作的深入开展。

(七)坚持安全管理标准化原则

安全管理标准化是研学旅行安全运营的基础。在旅游景区运营中,要做到真正的安全,不能只规定不准怎么样做,还应该规划怎么样做,这才是安全管理标准的内容。

实现安全管理标准化必须有一个工作标准,通过拟定一套详细的安全工作标准,有效提高研学旅行运营管理水平,保证研学旅行正常有效运营。

第四节 研学旅行安全的现状和展望

疫情期间,教育部门要求暂不开展中小学生的研学旅行活动。在这个大环境下,2020年研学旅行市场受到剧烈的冲击,大部分研学旅行活动被迫取消,研学旅行机构的业务几乎陷入停滞状态,部分研学旅行机构面临生存危机,研学旅行活动开展仍然受限。

研学旅行活动受疫情的影响大幅减少,但在少量个体化开展的研学旅行活动中,传统安全风险仍有出现,说明研学旅行的传统安全风险需要得到重视。本书通过百度搜索、360搜索等搜索引擎,对2020年我国研学旅行安全事故进行检索,搜索关键词以"研学旅行+事故""研学旅行+安全""研学+受伤""研学+死亡""夏令营+受伤""夏令营+死亡""冬令营+死亡""冬令营+受伤"等为主。通过对收集的案例进行分析发现,研学旅行安全事故主要集中在意外性受伤事故及交通事故,如2020年1月,在巴中高速附近,由于大雾恶劣天气的影响,500余名师生所乘坐的大巴车被困高速①。2020年7月,山东威海一名男孩参加夏令营研学活动,在参观活动中被意外烫伤②。

一、疫情防控常态化对研学旅行的影响

从大环境来看,我国在一段时间内持续面临严峻的疫情防控挑战③。从短期影响来看,多数研学旅行活动被迫取消或延缓,研学旅行市场面临短期困境,这给研学旅行

---

①《安全启示录|500师生研学归来被困高速,研学安全不可忽视!》,搜狐网,https://www.sohu.com/a/365169274_120146404,2020年1月4日。
②《孩子参加夏令营被意外烫伤 青岛阳光高尔夫承认要担责》,半岛网,http://news.bandao.cn/a/436931.html,2020年12月2日。
③本报评论员:《在疫情防控常态化条件下加快恢复生产生活秩序》,《人民日报》,2020年3月30日。

产业生态链带来了冲击。从长远来看,疫情防控常态化也是对我国研学旅行行业的一次"摸底"与"大考",有利于促进行业自省与反思,提升行业集中度和研学市场准入门槛,提升研学旅行行业的规范化和标准化,提高研学企业整体质量,对于促进我国研学旅行市场的长远发展具有积极意义。

(一)疫情冲击研学旅行市场

2020年以后,我国疫情防控取得了重大战略成果,旅游业开始复工复产、大中小学复学复课,为了巩固疫情防控成果,国家对旅游活动和研学旅行活动采取较为严格的管理措施。

2020年1月,文化和旅游部办公厅发布《关于全力做好新型冠状病毒感染的肺炎疫情防控工作暂停旅游企业经营活动的紧急通知》,要求全国旅行社及在线旅游企业暂停经营团队旅游及"机票+酒店"旅游产品。

2020年4月,教育部应对新冠肺炎疫情工作领导小组办公室印发了《关于新冠肺炎疫情期间暂停恢复大型体育活动和聚集性活动的通知》,通知要求各地各校要保持高度警惕,压实防控责任,落实防控措施,疫情期间暂停恢复大型体育活动和聚集性活动。

各地教育主管部门的新冠肺炎疫情防控工作领导小组也针对中小学的疫情防控作出指导,其中多省份专门提及暂停研学旅行活动。如山东省发布的《山东省中小学校2020年春季学期开学工作指南》中指出,小学课后延时服务工作可暂时不开展,中小学生校外综合实践、研学旅行工作暂不开展。安徽省发布《安徽省普通中小学、幼儿园新冠肺炎疫情防控开学工作指南》中指出,不组织聚集度高的体育、文化、艺术等活动,暂停组织学生研学游、社会实践活动。广东省教育系统"疫情防控八条"中指出,停止校内外培训、研讨、研学等集聚性教育教学活动。此外,各地越来越多的教育局也发出公开信、倡议书,叫停研学旅行,如成都市教育局发出《致全市家长朋友的一封信》中提出不参加各类校外培训活动,非必要不外出,不聚餐、不聚集。苏州市教育局在《致全市师生家长的倡议书》中也指出,"不参加任何形式的集体活动及冬令营研学旅行等"。2020年7月19日,北京市教委明确表示,暑假期间北京教育系统不组织、不接待各类夏令营等聚集性活动。各学校不得利用校舍组织和接待各类夏令营、研学旅行、暑期社会实践等学生聚集性活动。

在疫情影响下,我国研学旅行市场几乎进入停滞状态。从短期影响来看,疫情使研学旅行客源缩减,研学活动停滞,研学机构生存困难,不利于研学市场的短期恢复。从直接影响来看,多数研学旅行活动因疫情被迫取消或受到限制,研学旅行的相关企业及机构因而受到重大冲击。中小学生是研学旅行的主体力量,疫情使研学客源大幅缩减,研学企业或研学机构的生存受到影响,多数研学企业面临淘汰风险。此外,客流减少带来业务停滞、现金流压力大等问题,进一步导致研学行业的人才流失,研学旅行整体产业生态链受到冲击,整个研学行业的可持续发展受到影响[1]。研学企业经营压

---

[1] 刘俊、陈琛《后疫情时代研学旅行行业可持续性生态系统的构建》,旅游学刊,2020(9)。

力巨大,创业公司和小微企业更是处境艰难①,相关企业分化严重。

(二)疫情推动行业升级

从长远来看,疫情防控常态化有利于提升研学行业的集中度和市场准入门槛,提高研学企业整体质量,更加关注研学旅行的安全保障问题,促进行业长远健康发展。

从政策视角来看,我国研学旅行发展前景广阔,受多方政策支持。如在《中共中央关于制定国民经济和社会发展第十四个五年规划和二〇三五年远景目标的建议》中,明确提出要建设高质量教育体系,要增强学生文明素养、社会责任意识、实践本领,重视青少年身体素质和心理健康教育。2020年5月,教育部对普通高中课程方案和语文等学科课程标准(2017年版)进行了修订,劳动为必修课程,共6个学分,其中志愿服务为2个学分,在课外时间进行,三年内不少于40小时。方案还明确体育与健康的必修内容,必须在高中三年持续开设。研学旅行在促进学生身心健康发展与提升责任意识方面具有重要促进作用,研学旅行也是课程对接重要的实现形式。

从行业视角来看,疫情促进了研学行业朝标准化、品质化、信息化方向发展。疫情加剧研学行业的兼并收购和行业洗牌,在这一定程度上提升了研学行业的市场准入门槛和行业集中度。行业内部的人开始反思研学旅行发展过程中存在的问题,如市场竞争混乱、专业人员匮乏、课程内容专业性不足、安全保障不足等,这在一定程度推动了行业内部的变革,有助于建立起统一的行业标准。面对疫情,如何防疫、采取何种防疫举措是研学行业首先要考虑的问题,因此,疫情在一定程度上促使行业内部更加关注研学行业的安全问题,不少企业机构推出线上研学平台,"互联网+研学"模式进入大众视野,智慧化研学、信息化研学成为研学发展的新趋势,因此疫情常态化大环境促进了研学行业的数字化转型。

从企业视角来看,疫情带来的行业冲击有利于提升研学企业整体质量水平,从而提供更优质的研学旅行服务。疫情防控常态化环境下,研学旅行相关企业及机构要想在激烈的竞争环境中生存下去,需要在防疫卫生、安全保障、课程设置、师资配置、研学模式等方面深挖"护城河",提升自身竞争力与影响力。从防疫卫生角度,疫情的防控无疑是研学企业安全开展研学活动的重要前提,为研学旅行的开展保驾护航。在安全保障方面,疫情防控常态化可以督促研学企业提升安全服务标准,建立企业的安全管理办法,保障研学旅行的交通、饮食、住宿、卫生、环境等方面的安全问题;在课程设置上,促使研学企业优化课程内容,使课程内容结合当前社会发展需要,在一定程度上弥补了以往研学旅行"重形式,轻内容"的不足;在师资配置上,促使研学机构对本企业员工及研学导师展开系统全面的培训,提高本企业师资力量,促进研学企业的高质量发展;在研学模式上,疫情防控常态化背景下,学校开展的校外研学活动较少,使得越来越多的研学机构创新课程模式,积极采取线上直播、线上研学等"互联网+研学"的形式,促进了多样化的研学模式产生。

---

①蒋艳霞《疫情常态化防控下研学旅行转型之路》,《中国旅游评论》,2020(3)。

二、研学旅行的安全管理展望

(一)疫情形势与研学旅行发展趋势

随着大环境的好转,旅游业发展不断得到修复,研学旅行市场将迎来重大转机,预计参加研学旅行的人数会逐渐增加,以学生为主体的暑假研学旅行活动将会迎来高峰,特别是由家庭组织的自助型研学旅行活动将大幅度增加。同时,研学旅行的方式将更加多样化。

总体上,安全问题是开展研学活动不可逾越的一根"红线",疫情防控常态化下的研学安全问题更是研学旅行的重中之重。构建科学有效的常态化疫情防控下的研学旅行安全管理体系,是确保研学活动安全开展的重要前提与基础保障。当前我国研学旅行发展存在诸多问题,例如缺乏准入标准、专业性人才匮乏、经营主体混乱、市场恶性竞争等,这些问题处理不当都有可能导致安全问题,因此研学旅行的安全管理也面临着主体多样性、体系复杂性、要素多变性等因素的影响。疫情防控常态化下的研学旅行应以疫情防控为主线、以日常安全管控为基调。

(二)研学旅行的安全管理体系展望

研学旅行的利益主体涉及学校、政府、相关部门,以及研学企业[①]等,它们是研学旅行的组织方、参与方、提供方,以及保障方。研学旅行过程涉及事前、事中、事后等过程与环节,安全管控在各环节具有不同的工作重点。

1.学校应加强疫情安全教育,做好日常的监测与预防

学校应主要负责疫情安全教育、安全引导以及应急准备工作。由于研学旅行的主体力量为中小学生,该类群体对疫情的风险认知较为欠缺,疫情安全意识及疫情防控能力不足,因此学校首先应该加强疫情安全教育,增强师生疫情安全意识,开展疫情防控演练等活动,以提升他们的疫情防控应对能力;同时学校还应做好疫情的防控与预警,对学校内部的重点区域落实防疫监督职责,如校门、教室、宿舍、食堂、各类体育场馆等,做好体温检测、卫生消毒、健康教育、心理健康辅导等工作;在研学旅行活动开展前,应编制研学旅行相关安全行为指南,对研学旅行开展的前期、中期、后期等阶段可能遇到的安全问题及应对策略进行介绍,如可能发生交通安全问题、住宿安全问题、饮食安全问题等。学校主导编制研学旅行应急预案,设立校研学旅行安全应急领导小组,对各小组的安全职责进行明确分工,明确遭遇突发事件时的应急救援措施。

2.政府应建立健全研学旅行疫情防控保障机制

系统完善、科学合理的疫情防控保障机制是确保疫情防控常态化下的研学旅行安全健康发展的重要基础。政府应着力督促落实研学旅行相关安全工作,定期开展监督检查。各地政府要制定科学有效的中小学生研学旅行安全保障方案,探索建立起行之有效的研学旅行安全责任体系,明确各部门的安全职责。建立健全研学旅行应急体

---

① 谢朝武、杨钦钦《研学旅行须强化安全管理》,《中国旅游报》,2017-01-09。

制、应急机制、应急法案以及应急预案,建立研学旅行重大突发事件应急机制,厘清各部门的关系、权力、责任边界,明确指导、监管、监督责任,保证研学旅行安全管理"有法可依,有据可循"。

3.相关部门应加强研学旅行疫情安全的沟通与协作

研学旅行是一种旅游活动与教育活动相结合的新形式,活动主要由教育部门与旅游部门牵头,但在活动过程的安全管理中,还需要交通部门、公安部门、卫生部门、消防部门等多个部门协作配合,在疫情防控常态化背景下,卫生防疫监督检查工作更需要多部门的合作才能完成,因此探索建立区域内的部门协作联动机制是研学旅行安全的重要保障。建立本地区的研学旅行部门协作联动机制,统筹规划本地区研学旅行安全问题,建立信息共享机制,研究区域内研学旅行疫情信息通报与协作处置相关重要事项。此外,相关部门应根据自身部门职责出台有关研学旅行疫情防控方面的相关举措或开展相关检查。如教育行政部门负责督促学校落实疫情防控安全责任;旅游部门对研学旅行的相关企业或机构的准入条件和服务标准进行审核;保险监督管理机构对研学旅行中的责任险进行协调与优化;交通部门针对研学旅行营运车辆的安全性合法性进行检查;公安、消防、食品卫生等部门针对研学旅行所涉及的餐饮、住宿、交通等经营场所进行安全监督。

4.研学企业应规范组织运行,做好疫情防控保障工作

相关研学企业是研学活动开展的主要执行者及具体操作者,是保障研学旅行活动的基本主体。研学企业组织以及相关研学旅行产品应进行安全风险评估,强化日常风险预防,提升安全保障管控标准,建立应急管理体系,做好应急处置工作,保障研学旅行过程中的各旅游要素和活动组织的安全。针对企业员工及研学导师等人员,加强疫情安全知识培训,提升工作人员的疫情风险意识和疫情防控能力;针对研学营地,全力保证研学营地的安全卫生和疫情防控,对研学营地进行全面消杀与定期消杀。此外,企业本身要建立系统化安全管理机制,增强自身的风险抵抗能力,有效防止"灰犀牛""黑天鹅"等事件发生。

5.建立健全研学旅行全过程安全管理体系

全过程安全管理是研学旅行安全管理的重点,组织者应建立起全过程环节的安全管理体系。

(1)事前预防与准备管理。

在开展研学旅行活动前,组织者应对可能导致安全问题的风险源进行排查、识别、评估与控制,对风险因素进行有效管理,针对重点环节、薄弱环节要及时进行督导、检查。

(2)事中监测与预警管理。

组织者应建立研学旅行风险信息数据库,构建学校、研学企业、政府部门、相关行政部门之间的风险信息沟通渠道,构建不同部门之间及不同区域之间的信息交流与情报合作机制,对监测到的风险信息进行分析与评估,预测风险的发展趋势,为研学旅行突发事件的风险预警提供基础。

(3)事后处置与救援管理

组织者应该建立保留的参与者的完整信息,这样才能够在遇到突发事件时进行快

速通知和及时响应;应有足够的救援资源和具备足够的力量来参与救援管理。

(4)事后恢复管理。

组织者要能做好突发事件的善后处置工作,重视相关人员的心理疏导。同时还应引导参与者增强责任意识以及风险意识。

本章小结

1. 研学旅行是以学习为主要目的的专项旅游活动,其外延体现为参与群体、参与形式、参观场景的变化。具体而言,从研学旅行的实施主体来看,参与群体可以是在校学生、处于人格发展阶段的青少年群体、不断追求进取的成年人等;从参与形式来看,可以是集体组织形式、旅游团队形式、独立出游形式等;从参观场景来看,可以是自然、文化、产业等不同类型的景观或场景。

2. 研学旅行的特点:参与对象的普及性、研学产品的差异性、实践活动的教育性、研学活动的综合性。

3. 研学旅行的构成要素:组织保障者(教育行政管理部门和学校)、活动参与者(广大中小学生)、活动场景(研学旅行活动基地和旅游景点)、活动承办者(提供研学旅行服务的旅行社)。

4. 研学旅行安全有广义和狭义之分。狭义的研学旅行安全是指在以学习为主要目的的专项旅游活动中各种相关的安全现象,也包括人类活动中与研学学习活动相关的安全事态和社会现象中与研学旅行活动相关的安全现象。广义的研学旅行安全,指研学旅行活动中涉及研学参与者的一切安全现象的总称。它包括研学旅行活动各环节中涉及参与者安全的相关现象,也包括研学旅行活动中涉及参与的人、设备、环境等相关主体的安全现象。

5. 本书中将研学旅行安全分为三类:根据旅游六要素进行分类、根据安全要素进行分类、根据研学旅行实践教育活动地域范围分类。

思考与训练

1. 请你说说广义上研学旅行安全的定义与狭义上研学旅行安全的定义的区别。

2. 请举一个研学旅行安全事故的案例,并根据研学旅行安全风险致因对其进行分析。

3. 请结合你所学到的知识,谈谈未来研学旅行的发展方向。

学习拓展

案例评析

第二章
研学旅行安全理论基础

本章目标

1. 了解研学旅行安全理论的马克思主义哲学理论和马斯洛需求层次理论。
2. 理解系统论、信息论、控制论在研学旅行安全管理中的应用。
3. 掌握本章中的安全相关理论,特别是事故致因理论。

知识框架

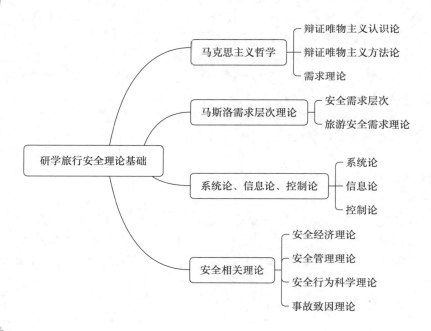

学习重点

1. 系统论、信息论、控制论在研学旅行安全中的应用。
2. 掌握旅游安全需求理论、事故致因理论在研学旅行安全管理中的应用。

研学旅行安全是一个复杂的、系统性的问题,需要对其发生的规律、类别、特征等进行充分认识,这样才能更好地进行研学旅行安全管理实践。理论基础提供一种观察的角度、思考的方法、解释的依据,旅游安全的复杂性和系统性使得其理论基础具有多学科性。因此应结合多学科知识为研学旅行安全管理提供丰富的理论基础。本章试图从哲学、社会学、管理学、安全学等角度对研学旅行安全的理论基础进行阐述。

思考:

如何从理论的角度对研学旅行安全的系统性问题进行阐释?

第一节　马克思主义哲学

马克思主义哲学是建立旅游安全观和旅游安全认知的思想理论基础[①]。研学旅行是旅游的一种表现形式,其安全管理也必须是建立在马克思主义哲学观上面的。

一、辩证唯物主义认识论

认识论即个体的知识观,也是个体对知识和知识获得所持有的信念,是哲学的重要分支。辩证唯物主义认识论是辩证唯物主义的重要组成部分,是关于人类的认识来源、认识能力、认识形式、认识过程和认识真理性问题的科学认识理论。这种认识论是我们建立科学、正确的旅游安全观和进行旅游安全认知的基础,更是我们认识研学旅行本质、研学旅行安全本质的理论基础。在此认识论的基础上,我们认为旅游安全本身具有特定的规律和特点,研学旅行安全也是如此。它们都可以被我们所认知,可以被我们了解进而引导控制。

二、辩证唯物主义方法论

承认世界是物质的,物质是第一性,意识是第二性,在此基础上用辩证法的法则看问题和解决问题,即辩证唯物主义方法论。一切从实际出发、实事求是、具体情况具体分析的辩证唯物主义方法论,是分析、研究研学旅行目的地社会背景、研学旅游者社会人口特征、研学旅行旅游环节和安全问题发生规律、特点,以及研学旅行安全的本质特征的方法论基础。

---

① 郑向敏《旅游安全学》,中国旅游出版社,2008年版。

三、需求理论

马克思主义的需求理论,是建立在个人和社会不可分割的整体观的哲学基础上的,个人和社会是辩证的统一。"社会是人的社会,人是社会的人。"在个人和社会不可分割的前提下,就产生了个人的需要并不只体现个人的意志,也会体现个人需要的社会意志。因为人从来就不只是指自然的人,还指社会的人。人所表达的需要,体现了人之所以称为人的本性。

马克思主义的需求理论,是历史地、辩证地看待人性,人的需要是通过人的头脑表现出来的,这是人的社会性,是人一定程度的理智表现。

马克思把人类的需要活动放到历史的进程中去考察,放到生产的历史发展中去考察,认为人类的生产活动是从生产生存资料进步到生产享受资料,再进步到生产发展资料。首先是为了满足生存的需要,再提高到为了满足高级的享受的需要,最后提高到为了满足最高级的发展的需要。这三个阶段可以归纳为人的三种需要:生存需要、享受需要和发展需要。研学旅行是人们的享受需要和发展需要,而研学过程中的安全,要在研学过程中得到保障,是属于生存需要,只有安全得到保障,才能继续去享受,去发展自我。

第二节　马斯洛需求层次理论

马斯洛需求层次理论是目前应用较为广泛的动机心理理论,1954年由美国社会心理学家亚伯拉罕·马斯洛提出。该理论认为人们价值体系有两类不同的需求:一类是生理需求,即为低级需求,它是生物生存必须要有的,是生物的本能和冲动,但随着生物进化,这些需求会被弱化。一类是心理需求,即为高级需求,此类需求是生物在满足基本需求后,随着其进化而逐渐显现的需求。

随着人类社会学的发展,马斯洛需求层次理论在不同领域得到了应用,如管理学、运动学、旅游等方面,而且在不断发展。学界对其层次进行了进一步的归纳,将其分为三个层次,即初级需求、中级需求和高级需求。其中,初级需求为生理需求、安全需求、归属与爱的需求;中级需求为受尊敬的需求和自我实现的需求;高级需求为知识的需求和对美的追求。

一、安全需求层次

基于此,马斯洛需求层次理论把人的需求分为五种,分别是生理需求、安全需求、社交需求、尊重需求和自我实现需求。人都潜藏着这五种不同层次的需求,但在不同的时期表现出来各种需求的迫切程度是不同的。

人最迫切的需要是激励人行动的主要原因和动力。人的需求是从外部得来的满足逐渐向内在得到的满足的转化。低层次的需求在基本得到满足以后,它的激励作用就会降低,其优势地位将不再保持,高层次的需要会取代它成为推动行为的主要原因。有的需求一经满足,便不能成为激发人们行为的因素,于是被其他需求取而代之。高层次的需求比低层次的需求具有更大的价值。

热情是由高层次的需求激发的。人的最高需求即自我实现,就是以最有效和最完整的方式表现自己的潜力,唯有这样,人才能得到高峰体验。

该理论还认为,同一时期,一个人可能有几种需求,但每一个时期总有一种需求占支配地位,对行为起决定作用。

任何一种需求都不会因为更高层次需求的发展而消失。各层次的需求相互依赖和重叠,高层次的需求发展后,低层次的需求仍然存在,只是对行为影响的程度大大降低。旅游活动中主客体对旅行目的在不同时期的期望将影响到其在活动中的行为,但安全需求永远是必需的。

马斯洛需求层次理论的层次如表2-1所示。

表 2-1　马斯洛需求层次理论的层次

高级需求	对美的追求
	知识的需求
中级需求	自我实现的需求
	受尊敬的需求
初级需求	归属与爱的需求
	安全需求
	生理需求

安全需求是马斯洛层次需求理论中的初级需求,是人们优先要满足的需求之一,安全需求包含各种诉求,诸如受到保护,避免意外伤害,摆脱恐惧,追求经济、政治和社会的稳定,免受战乱和犯罪等的伤害,以及避免公共卫生事故的发生等方面。当安全方面的基本需求得到满足,人们便开始在更广泛的意义上寻求安全,当旅游成为人们的普遍生活方式时,旅游安全便成为旅游中的安全需求,而研学旅行是旅游的一种形式,研学旅行的参与者以中小学生为主,对于组织者和家长来说,旅游能安全进行是比较重要的,因此马斯洛层次需求理论的安全需求在研学旅行中非常重要。

二、旅游安全需求理论

在对马斯洛需求层次理论的进一步研究中发现,人的需求具有潜在性和可变性。人的一生中存在着多种需求,它们并非能随时被主体感知和认识。有许多需求是以潜在的形式存在的,这些潜在的需求由于客观环境和主观条件的变化,变得迫切而为主体所感知。当旅游者离开居住地进入一个完全"陌生"的"旅游社会"时,原来井然有序的生活中的需要层次也发生了变化,形成了"旅游社会"中新的旅游需求层次。

在居住地的旅游者已经得到安全需求的基本满足,由于旅游活动客观环境的变化和旅游者主观心理感受的变化,安全需求重新显现出来,成为有别于之前的安全需求的、较高层次的新的安全需求——旅游安全需求。这种新的旅游安全需求实际上贯穿于旅游活动的整个过程,并在适当的背景下显示出其迫切性。旅游安全需求客观上对旅游行为、旅游决策、旅游目的地产品、旅游趋势和旅游政策产生很大的影响(见表2-2)。

表2-2　旅游安全需求对旅游行为、旅游目的地、旅游政策、旅游计划的影响

旅游安全需求	对旅游行为和旅游目的地的影响	对旅游政策和旅游计划的影响
旅游者人身安全需求	(1)避免到犯罪率高或政治环境不稳定的旅游目的地; (2)寻找距离较近的或熟悉的旅游目的地	(1)必须在外国人旅游区提供保护旅游者安全的机制; (2)必须建造更安全的留宿地; (3)必须纠正无根据的政治不稳定的形象
旅游中的疾病保险需求	(1)旅游者尤其是老年旅游者会寻找有可靠医疗资源的旅游地; (2)旅游医疗急救费用增加	(1)必须改善旅游者的医疗条件; (2)必须发展社会保险方面的国际双边协议; (3)必须让旅游者更容易找到医护人员和警察

(资料来源:郑向敏《旅游安全概论》,中国旅游出版社,2009年版。)

以旅游活动中的旅游者人身安全需求和旅游中的疾病保险需求这两种旅游安全需求为例。旅游者人身安全需求在旅游活动中的表现之一便是旅游者避免到犯罪率高或政治环境不稳定的旅游目的地,或寻找距离较近的或熟悉的旅游目的地。在研学旅行中更是如此要求,因为研学旅行主体的特殊性,学校和家长方面对研学旅行者的人身安全更为重视。旅游中疾病保险需求的表现之一是旅游者尤其是老年旅游者会寻找有可靠医疗资源的旅游目的地,旅游目的地也会要求当地加大旅游医疗急救方面的投入,必须购买研学旅行保险,同时,还要配备队医,以确保学生安全。这就是旅游安全需求对旅游活动提出的更高要求。

总之,当旅游行为成为大众的生活方式,"旅游社会"中出现了新的有别于"世俗生活"中的需求层次——旅游安全需求层次,旅游安全需求也就成为一种高层次需求(有别于马斯洛需求层次理论中的低层次需要)。马斯洛需求层次理论和由此引申出来的旅游安全需求理论,将是从心理需要角度阐述旅游安全、引导旅游安全研究的有力理论工具,而研学旅行作为旅游的一种类型,其相关安全研究也是如此。

第三节　系统论、信息论、控制论

20世纪40年代末,随着科技的发展,各个科学研究领域的分支日益细化,各学科之

间相互渗透的现象越来越明显。为适应这一趋势,系统论、信息论、控制论这三门边缘学科几乎同时产生①。它们的出现对科学技术和思维的发展起到了巨大的推动作用,为多门新学科的出现奠定了坚实的基础②。它们也给旅游安全研究和旅游安全管理提供了战略方法和宏观策略指导。研学旅行安全管理作为旅游安全管理的组成,也需要系统论、信息论、控制论给予理论上的指导。

一、系统论

系统论是研究系统的结构、特点、行为、动态、原则、规律以及系统间的联系,并对其功能进行数学描述的新兴学科。系统论的基本思想是把研究和处理的对象看作一个整体系统来对待。其主要任务就是以系统为对象,从整体出发来研究系统整体和组成系统整体的各要素之间的相互关系,从本质上说明其结构、功能、行为和动态,以把握系统整体,达到最优的目标。

旅游安全具有系统的基本特征,是一个复杂的系统。旅游地、旅游者、旅游设施、旅游环境、旅游地居民、旅游从业者等都可以看成旅游安全系统的子系统。根据系统论的理论知识,对旅游安全系统而言,组成系统的基本要素有五个:人(旅游者、旅游从业者、旅游地居民)、设备(旅游设备,诸如游乐设施、交通工具等)、旅游吸引物(旅游资源)、旅游社会环境(旅游目的地安全状况、相关政策环境等)、旅游信息(旅游地安全形象、旅游环节安全状况、旅游者安全偏好与认知等)。

应用系统论进行研学旅行安全研究和研学旅行安全控制、保障与管理,能够使复杂的研学旅行安全领域条理化、清晰化,从而正确认识和掌握研学旅行安全规律,最终建立有序的研学旅行保障系统。

二、信息论

信息论是运用概率论与数理统计的方法研究信息、信息熵、通信系统、数据传输、密码学、数据压缩等问题的应用数学学科。

信息系统就是广义上的通信系统,泛指某种信息从一处传送到另一处所需的全部设备所构成的系统。信息论是关于信息的理论,应有自己明确的研究对象和适用范围③。

信息存在于整个旅游安全系统中,形成了旅游安全信息系统(见图2-1)。在旅游安全系统中,除旅游设备是单一的信息来源,系统的其他组成要素均融信息源和信息宿体为一体。旅游者把自身的背景、安全认知、安全偏好、安全经历及价值取向通过旅行社、旅游决策行为等传递给旅游地、旅游地居民和旅游从业者等;旅游地则把旅游地安全形象、安全现状传递给旅游地居民、旅游者和旅游从业者;而旅游地居民传递的则是旅游地居民对旅游者和旅游发展的态度等信息。

在旅游安全信息系统中,旅游管理者处于系统的核心地位,根据旅游安全信息,针

---

① 顾新华、顾朝林、陈岩《简述"新三论"与"老三论"的关系》,《经济理论与经济管理》,1987(2)。
② 陈元生《简述信息论,控制论,系统论在现代企业人力资源管理中的应用》,《时代经贸(下旬)》,2007(6X)。
③ 朱雪龙《应用信息论基础》,清华大学出版社,2001年版。

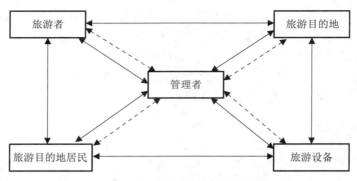

图 2-1 旅游安全信息系统

对旅游者的安全需求制定旅游安全政策,针对旅游地、旅游设施设备的安全状况采取旅游安全管理措施。研学旅行更是如此,组织方必须根据各种安全信息,结合研学旅行者的特征及相关政策法规,出台相关安全管理办法,同时应该结合研学目的地的特点,根据研学活动所需设施的安全状况,采取不同的安全管控措施,从而确保研学活动的安全开展。

三、控制论

控制论用抽象的方式揭示了包括生命系统、工程系统、经济系统和社会系统等在内的一切控制系统的信息传输和信息处理的特性及规律,研究用不同的控制方式达到不同控制目的可能性和途径[①]。控制论是全过程的,又是有针对性的。在旅游安全研究中,控制论可以在寻求安全控制上提供理论支持。

旅游安全研究的终极目的在于寻找行之有效的安全管理对策和可靠的解决措施。但由于旅游安全问题表现出不可避免性,所以只能在一定范围内使风险和危害降到最低。因此,旅游安全管理的实质就是对旅游安全系统的控制。根据控制论的内容,旅游安全系统的控制又可以分为事前控制(预期控制)、现场控制和事后控制(反馈控制)。

旅游安全系统控制是以避免或减少旅游安全事故的发生为目标,考察和分析旅游安全问题的特点与发生规律,研究旅游安全的管理措施与保障体系,通过旅游安全的控制,实现预定的安全管理目标。

(一)构成旅游安全控制的基本要素

(1)具有科学性和可操作性的旅游安全政策与法规系统。

(2)一套有效的旅游安全预警系统,能对旅游安全问题做出快速有效的信息反馈与预警。

(3)一个召之即来、来之即战的旅游安全救援系统。

---

①王雨田《控制论 信息论 系统科学与哲学》,中国人民大学出版社,1986年版。

(二)旅游安全系统控制的三个基本要素

1.事前控制(预先控制)

事前控制(预先控制)指防止在旅游活动中出现旅游安全事故的多种防范措施,包括提高旅游者、旅游从业人员、旅游目的地居民对旅游安全、旅游政策法规,以及旅游企业、旅游管理部门出台的各种旅游安全制度与管理办法,旅游预警网络与系统等的认知。

2.现场控制

现场控制指对旅游活动现场的安全控制,它包括各个旅游企业安全制度、安全措施的落实与监督,旅游安全问题多发区的控制与管理,旅游安全自控与互控系统的控制,旅游安全预警与救援系统的管理与控制等。

3.事后控制(反馈控制)

事后控制(反馈控制)指通过各种旅游安全信息的反馈,加强对旅游安全的事前控制和现场控制。反馈控制可以分为局部反馈控制(逐步反馈控制)和全部反馈控制两种。

系统论、信息论和控制论使研学旅行安全研究和研学旅行安全管理更加清晰、有序。系统的思想使研学旅行安全的控制成为现实,而旅游安全信息则成为研学旅行安全系统控制的内容和依据。

第四节 安全相关理论

一、安全经济理论

安全经济学是研究安全的经济(利益、投资、效益)形式和条件,通过对人类安全活动的合理组织、控制和调整,达到人、技术、环境融合的最佳安全效益的科学。安全经济学是伴随着安全科学的发展而产生和发展的一门学科。

安全经济理论是以经济学理论为基础,研究安全经济活动规律的科学理论。安全经济理论涉及经济因素对安全的影响、安全事故对社会经济的影响,以及安全的经济效益、安全管理的经济方法等内容,安全经济理论最基本的内容是安全的投资或成本规律、安全的产出规律、安全的效益规律等[1]。

安全经济学研究将为研学旅行的经济安全性提供借鉴和指导,通过研究社会经济制度、经济结构、经济发展等宏观经济因素对研学旅行安全的影响,研究确立研学旅行安全目标在社会生产、社会经济发展中的地位和作用,为研学旅行活动的开展提供科学安全的宏观指导。

---

[1] 郑向敏《会展安全与危机管理》,重庆大学出版社,2014年版。

通过研究研学旅行安全事故对社会经济的影响规律,研究不同时期(时间)、不同地区(行业、部门等空间)、不同科学技术水平和生产力水平条件下,事故的损失规律和对社会经济的影响规律;探求分析、评价事故和灾害损失的理论及方法,特别是根据损失的间接性、隐形性、连锁性等特征,探索科学、精确的测算理论和方法,为研究研学安全事故和灾害对社会经济的影响规律提供依据。通过研究研学旅行安全经济项目的可行性论证方法、安全经济的投资政策、安全经济的审计制度、事故和灾害损失的统计办法等安全经济的管理技术和方法,使安全经费能在研学旅行上得到合理使用,从而最大限度发挥财物对研学旅游安全的保障力量①。

二、安全管理理论

安全管理是管理者对安全生产进行的计划、组织、指挥、协调和控制的一系列活动,以保护职工在生产过程中的安全与健康,保护国家和企业的财产不受损失,保障生产建设的顺利进行,提高企业的经济效益和社会效益②。

在安全管理上要考虑以人为本,即人本原理。以人为本有两层含义:

其一,一切管理活动都是以人为本展开的,人既是管理的主体,又是管理的客体,每个人都处在一定的管理层面上。离开人,就无所谓管理。

其二,在管理活动中,作为管理对象的诸要素和管理系统各环节(组织机构、规章制度等),都是需要人去掌管、运作、推动和实施的。因此,应该根据人的思想和行为规律,运用各种激励手段,充分发挥人的积极性和创造性,挖掘人的内在潜力,从而更好地确保活动的安全开展。

安全管理应是系统下的安全活动管理,即必须在系统论环境下来考虑安全管理。系统原理是现代管理学的一个基本原理,是指人们在管理工作中,运用系统论的观点、理论和方法,对管理活动进行充分的系统分析,以达到管理的优化目标,即用系统论的原理和方法来认识和处理安全管理中出现的问题。安全生产管理系统是生产管理的一个子系统,它包括各级安全管理人员、安全防护设备与设施、安全管理规章制度、安全生产操作规范和规程,以及安全生产管理信息等。安全贯穿生产活动的方方面面,安全生产管理是全方位、全天候和涉及全体人员的管理。

旅游安全管理是旅游业管理的一个重要组成部分,它以安全为目的,其基本任务是发现、分析和消除旅游活动中的各种不安全因素,防止发生各类安全事故,避免各种损失,保障旅游者、旅游从业人员等的安全和健康,从而推动旅游业顺利发展,为提高旅游业的经济效益和社会效益服务。旅游安全管理是旅游业和旅游企业进行计划、组织、协调和控制等一系列管理活动的总称。

旅游安全管理的任务,从广义上讲有以下几个方面:

一是预测旅游活动各个领域中存在的不安全因素,进一步采取措施,使各旅游相关主体在旅游业发展过程中不受到伤害。

二是制定各种规程、规定,以及消除不安全因素所采取的各种办法、措施。

---

① 刘伟、王丹《安全经济学》,中国矿业大学出版社,2008年版。
② 梁海慧《中国煤矿企业安全管理问题研究》,辽宁大学毕业论文,2006年。

三是让各旅游相关主体去认识危险和防止灾害[1]。

总之,旅游安全管理就是解决旅游活动中的一切安全问题。从认识过程来看,其程序应该包括提出问题、分析问题和解决问题几个环节。发现和提出问题是分析和解决问题的前提,关键在于正确地分析,找出解决问题的途径和实施的方案。

安全管理理论对于研学旅行的发展有着重要的意义:

首先,有助于保护各利益相关主体的根本利益,尤其是保护研学旅行者和研学旅行从业人员的安全,这样就能调动他们的积极性。

其次,有助于研学旅行企业按照安全法规的要求开展业务,能够健全各类旅游安全法规,促进社会稳定。

最后,最直接的作用在于其能够减少研学旅行安全事故的发生,降低损失并提高研学旅行的经济效益。

三、安全行为科学理论

安全行为科学理论建立在社会学、心理学、生理学、人类学、文化学、经济学、语言学、法律学等学科理论基础上,是分析、认识、研究影响人的安全行为因素及模式,掌握人的安全行为和不安全行为的规律,实现激励安全行为、防止行为失误和抑制不安全行为的应用性学科[2]。安全行为科学的研究对象是以安全为内涵的个体安全行为、群体安全行为和领导安全行为。

(一)个体安全行为

首先要知道什么是个体心理,个体心理指的是人的心理。人既是自然的实体,又是社会的实体。从自然实体的角度来说,只要是在形体组织和解剖特点上具有人的形态,并且能思考、会说话、会劳动的动物,都叫作人。从社会实体角度来说,人是社会关系的总和,这是它的本质的特征,当这些自然的、社会的本质特征全部集于某一个人的身上时,这个人就被称为实体。研学旅行中的安全问题最终的本质就是个体,是研学旅行中的每一个人。

(二)群体安全行为

群体是介于组织与个人之间的人群结合体。这是指在组织机构中,由若干个人组成的为实现组织目标利益而相互信赖、相互影响、相互作用,并规定成员行为规范的人群结合体。在研学旅行中,学生、组织者、学校老师及相关服务人员是整个研学旅行活动中的组成部分,每个人在这个群体里是相互影响、相互依赖的。

(三)领导安全行为

在各种影响人积极性的因素中,领导行为是一个关键性因素。有效的领导是企业

---

[1] 高玲《旅游安全的科技支撑体系研究》,华侨大学毕业论文,2009年。
[2] 刘巍、刘宇光《浅谈运用安全行为科学理论来解决安全管理中的问题》,《黑龙江科技信息》,2007(16)。

或组织取得成功的一个重要条件。不同领导的心理与行为,会造成研学活动中不同的社会心理氛围,从而影响研学旅行活动的开展。

管理心理学家认为,领导是一种行为与影响力,不仅是指个人的职位,而且是指引导和影响他人或集体在一定条件下向组织目标迈进的行动过程。领导与领导者是两个不同的概念,它们之间既有联系又有区别,领导是领导者的行为。促使集体和个人共同努力,实现企业目标的全过程,即为领导;致力于实现这个过程的人,则为领导者。虽然领导者在形式上有集体与个人之分,但作为领导集体的成员,在他履行自己的职责时,还是以个人的行为表现来进行的。从安全管理的要求来说,企业或组织的领导者对安全管理的认识、态度和行为,是做好安全管理的关键因素。分析、研究领导安全行为,是安全管理的重要内容。

安全行为科学的基本任务是通过对安全活动中各种与安全相关的人的行为规律的揭示,有针对性和实用性地建立科学的安全行为激励理论和不安全行为的控制理论,并应用于指导安全管理和安全教育等,从而实现高水平的安全生产和安全生活[1]。

安全行为科学与安全管理学科有着必然的联系,安全管理就是研究人与人之间关系以及人和自然之间关系的科学,研学旅行安全管理的核心内容也是研究研学旅行者这一主体,就是研究其在研学旅行活动中的不安全因素与旅游业之间的矛盾,研究研学活动中研学旅行主体与客体、媒体以及其他相关内容的矛盾,以便运用这些矛盾和规律保护研学旅行者、从业人员等在研学旅行行业发展过程中的安全和健康,保障设施设备正常工作,促进旅游业发展,提高研学旅行企业的效率。

四、事故致因理论

事故致因理论是对从大量典型事故的本质原因的分析中提炼出的事故机理和事故模型,利用它们可以找出事故发生的原因,以及分析出事故可能造成的后果,为我们认清安全事故产生的本质根源和指导安全事故调查提供了理论依据[2]。

按照系统安全的观点,世界上不存在绝对安全的事物,任何人类活动中都潜伏着危险因素。事故的潜在危险因素称作危险源,包括一些物的故障、人的失误、不良的环境因素等。某种危险源造成人们伤害或物质损失的可能性称作危险性,它可以用危险度来衡量[3]。

在事故致因理论中,系统安全强调通过改善物的系统的可靠性来提高系统的安全性,从而改变以往人们只关注操作人员的行为安全而忽略硬件故障在事故致因中作用的传统观念。作为系统元素的人在发挥其功能时会发生失误,人的失误不仅包括了工人的不安全行为,也涉及设计人员、管理人员等各类人员的行为失误,因而对人的因素的研究也更加深入了。

按照事故致因理论,事故的发生、发展过程可以描述为:基本原因—间接原因—直接原因—事故—伤害。

---

[1] 林杰《安全行为科学理论在电力生产中的应用研究》,贵州大学毕业论文,2006年。
[2] 傅贵、郭孝臣《事故致因理论的研究与应用简评》,《安全》,2019(9)。
[3] 孟现飞、张炎治、宋学锋等《基于危险源的事故致因机理及两极化管理》,《中国安全科学学报》,2011(9)。

从事物发展运动的角度来看,这样的过程可以被形容为事故致因因素导致事故的运动轨迹[①]。

如果分别从人的因素和物的因素两个方面考虑,人的因素的运动轨迹包括:遗传、社会环境或管理缺陷;由于遗传、社会环境或管理缺陷造成的心理、生理上的弱点,安全意识低下,缺乏安全知识及安全技能水平不够;人的不安全行为。而物的因素的运动轨迹包括:设计、制造缺陷;使用、维修保养过程中潜在的或显现的故障、毛病,如机械设备随着使用时间的延长,会出现磨损、老化、腐蚀等现象,容易发生故障;超负荷运转、维修保养不良等也会导致物的不安全状态。

人的因素的运动轨迹与物的因素的运动轨迹的交点,即人的不安全行为与物的不安全状态同时、同地出现,就会发生事故。

值得注意的是,许多情况下人与物又互为因果。例如:有时物的不安全状态诱发了人的不安全行为,而人的不安全行为又促进了物的不安全状态的发展,或者导致新的不安全状态出现。因而,实际的事故并非简单地按照上述的人、物两条轨迹进行,而是呈现非常复杂的因果关系。轨迹交叉论作为一种事故致因理论,强调人的因素、物的因素在事故致因中占有同样重要的地位,可以通过避免人与物两种因素运动轨迹交叉,即避免人的不安全行为和物的不安全状态同时、同地出现,来预防事故的发生。

在研学活动中,人的不安全行为和研学活动过程各种物的不安全状态都会导致研学旅行中意外的发生。不能单一去考虑人的因素,也不能忽略物的因素,辩证地从两者的交叉逻辑来看待研学旅行活动中的不安全因素,才能真正地做到对整个研学旅行活动的安全管理。

本章小结

1. 建立旅游安全观和旅游安全认知的思想理论基础。研学旅行是旅游的一种表现形式,其安全管理也必须是建立在马克思主义哲学观上面的。本项目主要从辩证唯物主义认识论、辩证唯物主义方法论和需求理论三个理论进行阐述的。

2. 随着人类社会学的发展,马斯洛需求层次理论在不同领域得到了应用,如管理学、运动学、旅游等方面。本项目从马斯洛需求层次理论的安全需求层次出发,进而结合旅游的特征阐述旅游安全需求理论,为研学旅行安全研究提供社会心理学方面的理论支持。

3. 研学旅行安全管理作为旅游安全管理的组成,也需要系统论、信息论、控制论给予理论上的指导。本项目较为全面地阐述了系统论、信息论、控制论,这为研究研学旅行安全提供了管理学方面的理论支持。

4. 安全学是一门重要的学科,其在各个领域有着不同的应用。本项目主要从安全经济理论、安全管理理论、安全行为科学理论和事故致因理论几个方面进行阐述,为研学旅行安全研究提供安全学方面的理论支持。

学习拓展

案例评析

①许娜《系统论事故致因理论及其应用》,《价值工程》,2018(33)。

思考与训练

1. 请从旅游安全需求理论出发，说说研学旅行安全管控的重要性。
2. 请结合系统论、信息论、控制论说说你认为的研学旅行安全管理思维。
3. 请从事故致因理论出发，举例说明某一研学旅行安全事故发生的原因。

第三章
研学旅行各方安全职责

本章目标
1. 掌握研学旅行主办方、承办方、供应方、管理方的安全责任。
2. 理解研学导师的岗位任务、工作特点、素质要求和基本职责。
3. 了解研学旅行主办方、承办方、供应方、管理方的基本要求。

知识框架

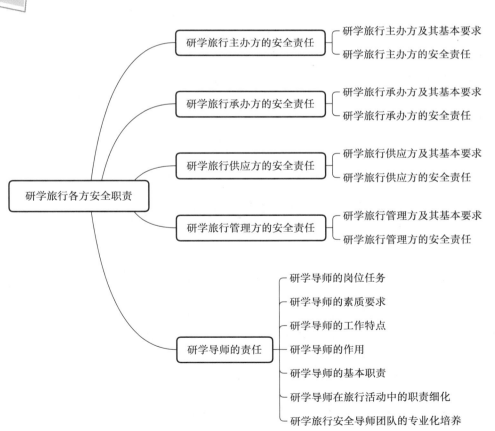

1. 理解研学旅行主办方、承办方、供应方、管理方的定义。
2. 熟练辨析研学旅行主办方、承办方、供应方、管理方的安全责任,掌握相关依据。
3. 学习如何成为一名合格的研学导师。

　　研学旅行活动主要是一项由学校组织、旅行社承办、全体学生出行的实践教育活动,它强调通过旅行实践活动实现教育的目的。因此,研学旅行是针对全体在校学生的活动,覆盖面广。在校学生的重要性和特殊性,意味着研学旅行主办方、承办方、供应方、管理方要对研学旅行安全进行充分的准备。同时,安全防控是一个系统工程,研学旅行各方的主体在这个体系里面扮演着不同的角色,承担着不同的安全责任。因此需要对研学旅行各方安全职责的相关知识进行学习和掌握。本章将对研学旅行主办方、承办方、供应方、管理方的定义、基本要求、安全责任和依据等进行全面的阐述,希望通过学习让大家从根本上了解研学旅行安全各主体的概念,掌握研学旅行主办方、承办方、供应方、管理方的安全责任,对研学旅行导师的岗位任务、工作特点、素质要求和基本职责有一定的了解。

应该如何做好各个参与主体的安全准备工作?

第一节　研学旅行主办方的安全责任

一、研学旅行主办方及其基本要求

　　研学旅行主办方是指有明确研学旅行主题和教育目的的研学旅行活动组织方,一般主办方多为学校。研学旅行主办方需要满足以下基本要求:
(1)应具备法人资质。
(2)应对研学旅行服务项目提出明确要求。
(3)应有明确的安全防控措施、教育培训计划。
(4)应与承办方签订委托合同,按照合同约定履行义务。

二、研学旅行主办方的安全责任

依据研学旅行主办方的主要职责、基本要求等内容,本书认为研学旅行主办方具有以下安全责任,具体如表3-1所示。

表3-1 研学旅行主办方安全责任及其依据

安全责任	具体落实	依据
履行安全监管职责	对研学旅行服务项目提出明确要求,尤其是对研学旅行的安全提出明确要求	《研学旅行服务规范》(LB/T 054—2016)
	与承办方签订委托合同,审查承办方各类安全资质	
	研学旅行活动期间监管承办方、供应商各类安全经营、安全服务	
制定安全防控措施	(1)主办方应制定明确的安全防控措施。 (2)各地要制定科学有效的中小学生研学旅行安全保障方案	《研学旅行服务规范》(LB/T 054—2016)、《关于推进中小学生研学旅行的意见》(2016)
明确各方安全责任	(1)与家长签订安全责任书。 (2)与委托开展研学旅行的企业或机构签订安全责任书。 (3)明确各方安全责任	《关于推进中小学生研学旅行的意见》(2016)
加强推进风险转移	确认出行师生购买意外险,必须投保校方责任险	
进行行前安全教育	学校要做好行前安全教育工作	

(一)履行安全监管职责

履行安全监管职责是研学旅行主办方的基本职责之一。《研学旅行服务规范》(LB/T 054—2016)明确指出主办方应对研学旅行服务项目提出明确要求。

安全是研学旅行活动开展的必要前提条件,因此主办方在明确提出研学旅行服务项目要求时需要明确其对研学旅行在安全方面的要求。

与承办方签订委托合同,按照合同约定履行义务。在主办方签订合同时同样需要审查承办方的基本运营条件、承办方的各类资质、安全许可证,等等,如承办方的营业执照、车辆经营许可证、年检证明,等等。

此外,主办方作为研学旅行活动的组织单位,需要全天候、全过程、全方位、全人员监管承办方、供应商的各类安全经营、安全服务。正如《研学旅行服务规范》(LB/T 054—2016)指出的那样,主办方应至少派出一人作为主办方代表,负责督导研学旅行活动按计划开展。

(二)制定安全防控措施

《研学旅行服务规范》(LB/T 054—2016)、《关于推进中小学生研学旅行的意见》均明确指出主办方应制定研学旅行安全防控措施。作为研学旅行活动的组织者,其必须对研学旅行活动进行全盘把控,必须有针对研学旅行活动突发事件的应对措施,一旦发生突发事件,应立即启动应急措施,与管理方、承办方、供应方等多方主体形成多层次的、全部门的救援。

(三)明确各方安全责任

《关于推进中小学生研学旅行的意见》中明确指出校方(主办方)应建立安全责任体系,与家长签订安全责任书,与委托开展研学旅行的企业或机构签订安全责任书,明确各方安全责任。

(四)加强推进风险转移

规避研学旅行风险,加强研学旅行安全保障同样是主办方需要重点考虑的问题之一,而保险是规避风险、强化保障的重要举措。《关于推进中小学生研学旅行的意见》中要求主办方要确认出行师生购买意外险,必须投保校方责任险。

(五)进行行前安全教育

行前安全教育是规避研学旅行风险、提升参与者应急能力的重要举措。《关于推进中小学生研学旅行的意见》中明确要求校方要做好行前安全教育工作。

第二节 研学旅行承办方的安全责任

一、研学旅行承办方及其基本要求

承办方是指与研学旅行活动主办方签订合同,提供教育旅游服务的旅行社。承办方必须满足一定的基本要求。

(1)应为依法注册的旅行社。

(2)符合《旅行社国内旅游服务规范》(LB/T 004—2013)和《旅行社服务通则》(LB/T 008—2011)的要求,宜具有2A及以上等级,并符合《旅行社等级的划分与评定》(GB/T 31380)的要求。

(3)连续三年内无重大质量投诉、不良诚信记录、经济纠纷,并且无重大安全责任事故发生。

(4)应设立研学旅行部门或专职负责人员,宜有承接100人以上中小学生旅游团队的经验。

(5)应与供应方签订旅游服务合同,按照合同约定履行义务。

二、研学旅行承办方的安全责任

本书结合我国各级法律、法规对活动承办旅行社的各类安全要求以及研学旅行的实际情况,提出承办研学活动旅行社的安全责任及其依据,具体如表3-2所示。

表3-2 研学旅行承办方的安全责任及其依据

安全责任	具体落实	依据
安全评估与风险提示	旅游经营者应当对其提供的产品和服务进行风险监测和安全评估,依法履行安全风险提示义务,必要时应当采取暂停服务、调整活动内容等措施	《旅游安全管理办法》(2016年)第八条
安全询问	旅游经营者应当主动询问与旅游活动相关的个人健康信息,要求旅游者按照明示的安全规程,使用旅游设施和接受服务,并要求旅游者对旅游经营者采取的安全防范措施予以配合	《旅游安全管理办法》(2016年)第十条
安全监督审查	旅行社组织和接待旅游者,应当合理安排旅游行程,向合格的供应商订购产品和服务	《旅游安全管理办法》(2016年)第十一条
制定研学旅行应急保护预案,进行预案演练	(1)旅游经营者应当严格执行安全生产管理和消防安全管理的法律、法规和国家标准、行业标准,具备相应的安全生产条件,制定旅游者安全保护制度和应急预案。 (2)旅游经营者应当依法制定旅游突发事件应急预案,与所在地县级以上地方人民政府及其相关部门的应急预案相衔接,并定期组织演练	(1)《中华人民共和国旅游法》(2018年)第七十九条。 (2)《旅游安全管理办法》(2016年)第十三条
安全教育与安全培训	(1)旅游经营者应当对直接为旅游者提供服务的从业人员开展经常性应急救助技能培训。旅游经营者应当对从业人员进行安全生产教育和培训,保证从业人员掌握必要的安全生产知识、规章制度、操作规程、岗位技能和应急处理措施,知悉自身在安全生产方面的权利和义务。 (2)应至少为每个研学旅行团队配置一名安全员,安全员在研学旅行过程中随团开展安全教育和防控工作	(1)《中华人民共和国旅游法》(2016年修订)第七十九条。 (2)《旅游安全管理办法》(2016年)第九条。 (3)《研学旅行服务规范》(LB/T 054—2016)

续表

安全责任	具体落实	依据
应急救援与处置	(1)突发事件或者旅游安全事故发生后,旅游经营者应当立即采取必要的救助和处置措施,依法履行报告义务,并对旅游者做出妥善安排。 (2)旅游突发事件发生后,旅游经营者及其现场人员应当采取合理、必要的措施救助受害旅游者,控制事态发展,防止损害扩大;旅游经营者应当按照履行统一领导职责或者组织处置突发事件的人民政府的要求,配合其采取应急处置措施,并参加所在地人民政府组织的应急救援和善后处置工作	(1)《中华人民共和国旅游法》(2016年修订)第八十一条。 (2)《旅游安全管理办法》(2016年)第十四条
突发事件信息上报	旅游突发事件发生后,旅游经营者的现场人员应当立即向本单位负责人报告,单位负责人接到报告后,应当于1小时内向发生地县级旅游主管部门、安全生产监督管理部门和负有安全生产监督管理职责的其他相关部门报告;旅行社负责人应当同时向单位所在地县级以上地方旅游主管部门报告	《旅游安全管理办法》(2016年)第十一条

(一)安全评估与风险提示

《旅游安全管理办法》(2016年)第八条明确指出:旅游经营者应当对其提供的产品和服务进行风险监测和安全评估,依法履行安全风险提示义务,必要时应当采取暂停服务、调整活动内容等措施。学旅行活动的承办方应对其提供的研学旅行产品和服务进行风险监测与安全评估,并进行风险提示。

(二)安全询问

《旅游安全管理办法》(2016年)第十条明确指出:旅游经营者应当主动询问与旅游活动相关的个人健康信息,要求旅游者按照明示的安全规程,使用旅游设施和接受服务,并要求旅游者对旅游经营者采取的安全防范措施予以配合。研学旅行活动的参与者是学生,学生的安全意识较为薄弱,且与成年人相比,更易受到风险侵袭。基于此,研学旅行活动的承办方应主动询问研学旅行活动参与者的个人健康信息,制定相应的安全保障方案。

(三)安全监督审查

《旅游安全管理办法》(2016年)第十一条指出:旅行社组织和接待旅游者,应当合理安排旅游行程,向合格的供应商订购产品和服务。研学旅行开展的关键之一是供应商提供的产品和服务。如果供应商提供的产品和服务不符合安全标准,研学旅行活动风险将会大大增加。因此,承办方需要对供应商提供的产品和服务进行安全监督审查,确保其安全性。

(四)制定研学旅行应急保护预案,进行预案演练

《中华人民共和国旅游法》第七十九条以及《旅游安全管理办法》第十三条均明确指出旅游经营者应当制定安全应急预案,并与相关部门的应急预案相衔接,实行定期组织演练。旅行社作为研学旅行活动的承办方,也是研学旅行活动的经营者,需要按照《中华人民共和国旅游法》以及《旅游安全管理办法》的相关规定进行研学旅行应急预案编制,并定期举行应急演练活动。

(五)安全教育与安全培训

研学旅行承办方安全教育与安全培训的工作主要分为两大块内容:

一是针对从业人员的安全培训。研学旅行活动承办方的服务人员需要保障研学旅行参与者的安全。因此,必须提升服务人员的安全意识与安全技能。《中华人民共和国旅游法》第七十九条、《旅游安全管理办法》第九条均明确指出旅游经营者需要对从业人员进行安全生产教育、培训,提升其应急救助能力。

二是针对研学旅行活动参与者的安全培训。研学旅行活动的参与者往往是学生,其安全意识、自救能力、应急处置能力均比较薄弱,需要实施培训。《研学旅行服务规范》(LB/T 054—2016)中明确指出研学旅行承办方应至少为每个研学旅行团队配置一名安全员,安全员在研学旅行过程中随团开展安全教育和防控工作。

(六)应急救援与处置

《中华人民共和国旅游法》第八十一条和《旅游安全管理办法》第十四条均明确指出旅游突发事件发生后,旅游经营者及其现场人员应当采取合理、必要的措施救助受害旅游者,控制事态发展,防止损害扩大;旅游经营者应当按照履行统一领导职责或者组织处置突发事件的人民政府的要求,配合其采取的应急处置措施,并参加所在地政府组织的应急救援和善后处置工作。研学旅行活动期间一旦发生安全事故,承办方需要第一时间投入救援与突发事件处置。一方面,现场工作人员应采取必要措施救助伤者,并控制住事态发展。另一方面,承办方应积极配合地方政府的救援工作,进行应急救援与善后。

(七)突发事件信息上报

按照《旅游安全管理办法》的相关指示,研学旅行活动一旦发生突发事件,承办方的现场人员应当立即向本单位负责人报告,单位负责人接到报告后,应当于1小时内向发生地县级旅游主管部门、安全生产监督管理部门和负有安全生产监督管理职责的其他相关部门报告;承办方负责人应当同时向单位所在地县级以上地方主管部门报告。

第三节 研学旅行供应方的安全责任

一、研学旅行供应方及其基本要求

研学旅行供应方是指与研学旅行活动承办方签订合同,提供旅游地接、交通、住宿、餐饮等服务的机构,如地接旅行社、研学旅行目的地的住宿企业、餐饮企业、提供服务的交通企业、旅游景区等。研学旅行供应方应满足一定的基本需求:

(1)应具备法人资质。
(2)应具备相应经营资质和服务能力。
(3)应与承办方签订旅游服务合同,按照合同约定履行义务。

二、研学旅行供应方的安全责任

以下结合我国各级法律、法规对活动承办旅行社的各类安全要求以及研学旅行的实际情况,提出承办研学活动旅行社的安全责任,具体如表3-3所示。

表3-3 研学旅行供应方的安全责任与依据

安全责任	具体落实	依据
安全评估与风险提示	旅游经营者应当对其提供的产品和服务进行风险监测和安全评估,依法履行安全风险提示义务,必要时应当采取暂停服务、调整活动内容等措施	《旅游安全管理办法》第八条
强化安全生产,制定应急预案	旅游经营者应当严格执行安全生产管理和消防安全管理的法律、法规和国家标准、行业标准,具备相应的安全生产条件,制定旅游者安全保护制度和应急预案。	《中华人民共和国旅游法》第七十九条
安全说明与警示	旅游经营者应当就旅游活动中的下列事项,以明示的方式事先向旅游者作出说明或者警示: (1)正确使用相关设施、设备的方法; (2)必要的安全防范和应急措施; (3)未向旅游者开放的经营、服务场所和设施、设备; (4)不适宜参加相关活动的群体; (5)可能危及旅游者人身、财产安全的其他情形	《中华人民共和国旅游法》第八十条

续表

安全责任	具体落实	依据
应急处置与救援	（1）突发事件或者旅游安全事故发生后，旅游经营者应当立即采取必要的救助和处置措施，依法履行报告义务，并对旅游者作出妥善安排； （2）旅游突发事件发生后，旅游经营者及其现场人员应当采取合理、必要的措施救助受害旅游者，控制事态发展，防止损害扩大； （3）旅游经营者应当按照履行统一领导职责或者组织处置突发事件的人民政府的要求，配合其采取的应急处置措施，并参加所在地人民政府组织的应急救援和善后处置工作	《中华人民共和国旅游法》第八十一条； 《旅游安全管理办法》第十四条
突发事件信息上报	旅游突发事件发生后，旅游经营者的现场人员应当立即向本单位负责人报告，单位负责人接到报告后，应当于1小时内向发生地县级旅游主管部门、安全生产监督管理部门和负有安全生产监督管理职责的其他相关部门报告；旅行社负责人应当同时向单位所在地县级以上地方旅游主管部门报告	《旅游安全管理办法》第十五条

（一）安全评估与风险提示

《旅游安全管理办法》第八条明确指出：旅游经营者应当对其提供的产品和服务进行风险监测和安全评估，依法履行安全风险提示义务，必要时应当采取暂停服务、调整活动内容等措施。研学旅行活动的供应方应对自身提供的研学旅行产品和服务进行风险监测与安全评估，并进行风险提示。

（二）强化安全生产，制定应急预案

《中华人民共和国旅游法》第七十九条明确指出：旅游经营者应当严格执行安全生产管理和消防安全管理的法律、法规和国家标准、行业标准，具备相应的安全生产条件，制定旅游者安全保护制度和应急预案。研学旅行活动的供应商，尤其是景区、住宿企业、餐饮企业等应严格执行安全生产管理和消防安全管理的法律、法规和国家标准、行业标准，形成与自身企业相对应的应急预案及安全保护制度。

（三）安全说明与警示

《中华人民共和国旅游法》第八十条指出，旅游经营者应当就旅游活动中的下列事项，以明示的方式事先向旅游者做出说明或者警示：（1）正确使用相关设施、设备的方法；（2）必要的安全防范和应急措施；（3）未向旅游者开放的经营、服务场所和设施、设备；（4）不适宜参加相关活动的群体；（5）可能危及旅游者人身、财产安全的其他情形。

研学旅行的参与者是广大学生，安全意识、安全认知能力较差，对风险的认知可能存在不足。因此,研学旅行的供应方应就潜在风险、安全防范与应急措施等向研学旅行活动的参与学生进行说明或者警示。

(四)应急处置与救援

《中华人民共和国旅游法》第八十一条和《旅游安全管理办法》(2016年)第十四条均明确指出:旅游突发事件发生后,旅游经营者及其现场人员应当采取合理、必要的措施救助受害旅游者,控制事态发展,防止损害扩大;旅游经营者应当按照履行统一领导职责或者组织处置突发事件的人民政府的要求,配合其采取的应急处置措施,并参加所在地人民政府组织的应急救援和善后处置工作。研学旅行活动期间一旦发生安全事故,供应方需要第一时间投入救援与突发事件处置。一方面,现场工作人员应采取必要措施救助伤者,并控制住事态发展。另一方面,承办方应积极配合地方政府的救援工作,进行应急救援与善后。

(五)突发事件信息上报

按照《旅游安全管理办法》第十五条的相关指示,研学旅行活动一旦发生突发事件,供应方的现场人员应当立即向本单位负责人报告,单位负责人接到报告后,应当于1小时内向发生地县级旅游主管部门、安全生产监督管理部门和负有安全生产监督管理职责的其他相关部门报告;供应方负责人应当同时向单位所在地县级以上地方主管部门报告。

第四节 研学旅行管理方的安全责任

一、研学旅行管理方及其基本要求

研学旅行管理方是指为研学旅行活动的开展提供各项管理保障的部门和组织机构。如旅游部门负责审核开展研学旅行的企业或机构的准入条件和服务标准。交通部门负责督促有关运输企业检查学生出行的车、船等交通工具。公安、食品监管等相关部门加强对研学旅行涉及的住宿、餐饮等公共经营场所的安全监督,依法查处运送学生车辆的交通违法行为。保险监督管理机构负责指导保险行业提供并优化校方责任险、旅行社责任险等相关产品。研学旅行管理方应满足以下基本需求:

(1)指导主办方、承办方开展研学旅行活动,为研学旅行活动的开展提供便利。
(2)指导和监督主办方、承办方与供应方的研学旅行活动的质量、产品与服务。

二、研学旅行管理方的安全责任

结合我国各级法律、法规对活动承办旅行社的各类安全要求以及研学旅行的实际情况,提出承办研学活动的旅行社的安全责任及其依据,具体如表3-4所示。

表 3-4　研学旅行管理方的安全责任及其依据

安全责任	具体落实	依据
研学旅行活动风险提示	国家建立旅游目的地安全风险(以下简称风险)提示制度。根据可能对旅游者造成的危害程度、紧急程度和发展态势,风险提示级别分为一级(特别严重)、二级(严重)、三级(较重)和四级(一般),分别用红色、橙色、黄色和蓝色标示。 风险提示级别的划分标准,由国家旅游局(现文化和旅游部)会同外交、卫生、公安、国土、交通、气象、地震和海洋等有关部门制定或者确定	《旅游安全管理办法》(2016年)第十六条
安全指导	旅游主管部门应当加强对星级饭店和A级景区旅游安全和应急管理工作的指导	《旅游安全管理办法》(2016年)第二十二条
制定应急预案并组织演练	地方各级旅游主管部门应当根据有关法律、法规的规定,制定、修订本地区或者本部门旅游突发事件应急预案,并报上一级旅游主管部门备案,必要时组织应急演练	《旅游安全管理办法》(2016年)第二十三条
应急处置与救援	旅游突发事件发生后,发生地县级以上旅游主管部门应当根据同级人民政府的要求和有关规定,启动旅游突发事件应急预案,并采取下列一项或者多项措施: (1)组织或者协同、配合相关部门开展对旅游者的救助及善后处置,防止次生、衍生事件; (2)协调医疗、救援和保险等机构对旅游者进行救助及善后处置; (3)按照同级人民政府的要求,统一、准确、及时发布有关事态发展和应急处置工作的信息,并公布咨询电话	《旅游安全管理办法》(2016年)第二十五条
安全责任调查	旅游突发事件发生后,发生地县级以上旅游主管部门应当根据同级人民政府的要求和有关规定,参与旅游突发事件的调查,配合相关部门依法对应当承担事件责任的旅游经营者及其责任人进行处理	《旅游安全管理办法》(2016年)第二十六条
事故上报	各级旅游主管部门应当建立旅游突发事件报告制度	《旅游安全管理办法》(2016年)第二十七条

(一)研学旅行活动风险提示

《旅游安全管理办法》(2016年)第十六条明确指出,要建立旅游目的地风险提示制度。研学旅行活动是一项以旅游活动为基础的教育活动,其是以旅游的形式达到教育广大学生的目的。因此,研学旅行活动应遵循相关旅游活动的安全管理规定。研学旅行活动的管理部门,如教育部、旅游局、气象局等应联合监测风险,并共同发布风险提示和风险等级。

(二)安全指导

《旅游安全管理办法》(2016年)第二十二条指出:旅游主管部门应当加强对星级饭店和A级景区旅游安全和应急管理工作的指导。不仅如此,各供应方的上级管理部门均应对研学旅行产品和服务的供应方进行安全监管、应急管理工作指导。

(三)制定应急预案并组织演练

《旅游安全管理办法》(2016年)第二十三条明确指出:地方各级旅游主管部门应当根据有关法律、法规的规定,制定、修订本地区或者本部门旅游突发事件应急预案,并报上一级旅游主管部门备案,必要时组织应急演练。同样地,涉及研学旅行活动的其他管理部门,如教育、工商、交通等部门也应该制定本部门的安全应急预案,定期组织演练,并上报上一级主管部门备案。

(四)应急处置与救援

《旅游安全管理办法》(2016年)第二十五条指出:主管部门要启动旅游突发事件应急预案,采取应急处置与救援措施。同样地,一旦研学旅行活动出现突发事件,相关部门需要启动本部门的应急预案,采取应急处置与救援措施,并进行部门联合应急救援。

(五)安全责任调查

《旅游安全管理办法》(2016年)第二十六条指出:各旅游主管部门要根据同级人民政府的要求和有关规定参与旅游突发事件的调查,配合相关部门依法对应当承担事件责任的旅游经营者及其责任人进行处理。同样地,研学旅行活动的相关部门也应参与本部门管辖范围内的责任调查,对相关责任人进行查处。

(六)事故上报

《旅游安全管理办法》(2016年)第二十七条明确指出:各级旅游主管部门应当建立旅游突发事件报告制度。一旦发生突发事件,研学旅行各相关部门应及时将突发事件上报,上报内容包括:
(1)事件发生的时间、地点、信息来源;
(2)简要经过、伤亡人数、影响范围;
(3)事件涉及的旅游经营者、其他有关单位的名称;
(4)事件发生原因及发展趋势的初步判断;
(5)采取的应急措施及处置情况;
(6)需要支持协助的事项;
(7)报告人姓名、单位及联系电话。

第五节　研学导师的责任

研学导师是顺应研学旅行发展而出现的一个新兴职业,是在研学旅行过程中,将所有与研学教育相关的活动落实、实施到位的岗位和角色。他们直接面对营员,是代表企业实施和执行研学活动的重要服务人员,研学导师兼具教师和导游两个职业角色,帮助学生在游的过程中进行知识的梳理和转化,以知识整合的教育方式呈现。

研学旅行的教育效果是否能达成,与研学导师的能力和素质息息相关。研学导师包括全程参与研学旅行活动、随团施教的全程研学导师,也包括体验活动的教练员、主题活动的主持人、精品进课堂的宣讲师等专项研学导师。其基本上由学校的老师构成,他们不是研学旅行的旅游对象,但是他们必须全程跟随研学活动,担负着教师和安全员等职能责任,因此本教材中将其单独列出,作为一个单元进行阐述,强调其对研学旅行安全的重要性,特别是在安全教育上。

一、研学导师的岗位任务

与传统的大众旅游不同,研学旅行的服务对象是中小学生,旅行的主要目的是教育,所以服务的要求也有所不同。研学旅行过程中需要开展许多活动,而这些活动的"落地实施"导游并不一定能完成。比如夏令营会举行开营活动,开展文明教育以及团队组建、召开总结晚会,等等。这些活动的策划由旅行社的研发部门来完成,而活动的落实,像活动场地、与景区的协调、活动细节安排等都需要专人完成,这个人就是研学导师。研学导师除具备一定的活动组织能力以外,还必须具备导游的素质,有时还要承担景区讲解、活动主持等职责。

研学导师的岗位任务包括:

(1)执行已设计好的教育活动;

(2)在研学旅行过程中,根据营员生理及心理特点进行正确的教育引导和习惯养成;

(3)了解及掌控行程中各目的地或景点的教育亮点;

(4)对行程安排的协调与监督;

(5)对教育效果的评估与反馈;

(6)设计精品课程。

二、研学导师的素质要求

一名合格的研学导师应当具备以下素质:

（一）良好的形象和个人气质

研学导师良好的形象虽然表现的是研学导师的外部特征,却也是其内在素质的体现。它与研学导师的文化修养、职业道德和文明程度密切相关。整洁的衣着、端庄的仪表和潇洒大方的言谈举止,会给研学导师增添几分气度。因此,研学导师的衣着必须整洁、得体;仪表端庄、大方;表情要自然、诚恳,让人看上去总是精神饱满、朝气蓬勃。在接待旅游者的过程中,研学导师要讲求礼貌服务,使用礼貌语言,面部常带着微笑,使旅游者感到舒心、满意。

（二）口头表达能力

口头表达能力是研学导师最重要的基本功,如何把抽象的知识具象化,是一门语言的艺术。研学导师若没有过硬的口头表达能力,就根本谈不上提供优质的服务。

（三）较强的独立工作能力,具有创新精神

培养独立分析、解决问题的能力及创新精神既是研学导师工作的需要,也关系到其个人的发展。对研学导师来说,独立的工作能力和创新精神显得更为重要。研学导师接受任务后,要独立做出决定,独立处理问题。由于面对的工作对象形形色色,研学内容丰富多彩,出现的问题也各不相同,不允许研学导师事事请示汇报,墨守成规,而是必须根据不同的情况采取相应的措施,予以合理处理。因此,较强的独立工作能力和创新精神,充分发挥主观能动性和创造性,对研学导师具有特殊的重要意义。

（四）较强的组织协调能力和灵活的工作方法

研学导师接受任务后要根据合同安排研学活动,并严格执行研学旅行接待计划。这就要求研学导师具有较强的组织能力、协调能力,在安排旅游活动时有较强的针对性并留有余地,在组织各项活动时讲究方式方法,及时掌握变化着的客观情况,并灵活采取相应的有效措施。

（五）善于和各种人打交道的能力

研学导师的工作对象甚为广泛,善于和各种人打交道是研学导师必须具备的重要素质。与层次不同、品质各异、性格相左的研学旅行者打交道,要求研学导师必须掌握一定的公共关系学知识并能熟练运用,具有灵活性、理解能力和适应不断变化的氛围的能力,能随机应变地处理问题,搞好各方面的关系。研学导师具有较强的公关能力,就会在待人接物时更自然、得体,能动性和自主性必然会更高。

（六）独立分析、解决问题、处理事故的能力

沉着分析、果断决定、正确处理意外事故是研学导师应具备的重要能力。旅行活动中意外事故在所难免,能否妥善地处理事故是衡量研学导师合格与否的重要标准。临危不惧、头脑清醒、遇事不乱、处理果断、办事利落、积极主动、随机应变是研学导师

处理意外事故时应具备的能力。

三、研学导师的工作特点

(一)涉及面广,工作量大

研学导师的工作涉及食、住、行、游、教各个方面,研学导师在研学旅行中起到沟通上下、内外、左右各种关系的作用,还要处理研学旅行过程中遇到的各种问题。他的工作关系和人际关系繁多,在工作中若有点滴差错或微小疏漏,就会影响各个方面,造成不良后果。

研学导师的工作不仅涉及面广,而且工作量大。在担任研学导师期间,面对研学旅行团的接待任务以及种种服务事宜,他们在接待的全过程中精神一直处于紧张状态。

(二)知识性强

研学旅行指导工作是一项知识密集型的服务工作。研学旅行活动的特点是涉及面广,这就要求研学导师具有丰富而广博的知识,如此才能使引导服务工作做到尽善尽美、精益求精。除了掌握研学旅行基地的主要游览点、旅游线路等,还必须具有一定的政治、经济、历史、地理、天文、宗教、民俗、建筑、心理学、审美学等方面的知识,必须了解我国当前的大政方针和有关的政策法规等。

(三)思想性、政策性强

研学导师面对研学旅行团队,肩负指导和教育的责任。一方面,要传授基本的理论知识;另一方面,要面临着如何宣传和贯彻执行国家各方面的方针政策的问题,对学生进行积极的思想引导。

研学导师要了解国家的方针政策,并要有较高的政治觉悟和政策水平,同时又要讲究策略和方法,不能光喊政治口号,而要将其寓于教育之中。研学导师不但要有广博的知识、较高的外语水平,还要有较高的政治思想水平。他们有时可能会被非善意地提问或者被错误地引导,研学导师还需要有分寸地回答。即使接待工作中出现了一般性问题,仍然需要研学导师按有关政策执行办理。

(四)独立性强

研学导师需要在工作上独当一面。在整个研学旅行活动过程中,需要能够独立地提供各项服务,特别是在回答研学旅行者政策性很强的问题或处理突发性事件时,常常要当机立断、独自决策,事后才能向领导和有关方面汇报。研学导师对团队的指导也是比较独特的,要根据研学旅行者的不同特性、不同时机,进行有针对性强的指导和教育,以帮助研学旅行者实现其研学旅行的目的。

四、研学导师的作用

（一）设计开发研学课程

研学导师首先要设计开发研学课程,包括研学旅行的主题、目的、任务、形式、效果预测等一系列内容,设计开发研学课程有利于研学课程的执行与开发。研学旅行课程的设计无法借鉴固定的教材和现成的方案。研学导师需要基于我国学生发展的核心素养要求,根据学生学情、研学目标,重新整合研学旅行过程中的课程资源,进行原创性的开发与设计。

研学旅行将学生带入一个现实的场景开展学习活动,很好地完成了感性认识和理性认识的转换。作为课程的开发者,研学导师事实上仍然是研学旅行课程的主导者,而不仅仅是以讲解内容为主要任务的课程执行者。导游是以讲解内容为中心的,研学导师如果无法超脱内容讲解模式,则在研学过程中,就与导游没有本质的区别了,这样既不能激发研学导师的教学激情,也难以达到对学生学习自主性和个性的培养的目的。

（二）组织开展研学活动

研学导师除了要传授知识和学习知识的能力,还要负责研学活动的顺利进行,打破传统学校教育纯粹讲解的禁锢。此时,教师需要做出向研学导师的角色转变,做好组织准备,以适应在旅行过程中的特殊课堂。他们需要熟练掌握、使用"学生中心策略"来组织研学活动。研学导师应该推进学生主动学习,而不是向学生灌输现有知识。研学活动要在目标确定后,由研学导师进行分析整合,进一步确定研学所需的资源要素,从而组织计划学习过程和步骤,还要认真地研究如何利用这些资源,引导学生在研学旅行过程中和自身的实际体验中掌握学习方法。

（三）启迪学生研学智慧

研学导师不但要对学习效果进行评价,更要启迪研学旅行者的智慧。在本质上,研学旅行是课程教学行为,在研学旅行中,研学团可以邀请各展馆专业讲解员进行讲解。此时,讲解是研学旅行实践的重要资源。研学导师可以将自己从传统课堂中的讲授者的形象中剥离出来,更多地关心学生的学习状态和认知发展。在研学课堂的生成中,研学导师往往可以不预设正确答案,应更多地关心学生的独立思考能力和合作学习能力,支持学生从各种角度思考问题,让学生在合作中及师生探讨中获得智慧。在整个过程中,研学导师的引导作用必须最大限度地发挥,通过实践过程培养学生认知和探索能力。

五、研学导师的基本职责

研学具有一般教育的特点,同时也具有其特殊性,在研学教育的过程中需要遵循一定的原则。

首先,要坚持"有备无患"。研学旅行前一定要结合学校实际情况、学生实际情况和导师实际情况,切实做好"研、学、行"三合一的实效评估,做好活动的实施方案,做好、做细各项工作。

其次,要坚持"有的放矢"。研学旅行是校内教育的有益补充,具有很强的教育功能,组织者和承办方要加强交流,高质量完成研学任务,切忌单打独斗和各自为政,要有针对性地对学生进行有侧重性的教育,因材施教。

最后,要坚持"有感而发"。研学旅行不能止于过程,更要注重研学后的评估和学习巩固,需要学校按层级逐次做好研学工作综述、班级研学活动总结、教师个人反思及学生感想总结,进行专题讨论和分享推广,形成独特、稳固、高效的研学旅行文化。

(一)拟定研学教育服务计划

1.合理安排研学旅行详细行程

研学导师在研学旅行开始之前要做好充分的预判,分析有可能出现的状况,做好尽可能详细的方案规划,向学生及其家长介绍研学旅行的基本情况,进行总体部署,制定对相关问题的处理与解决办法,明确和细化各方责任,为研学旅行顺利实施提供基本保证。将详细的研学旅行行程制作成手册,为学生提供一定的基础资料和基本指导。合理的行程设计和细致、实用的旅行手册往往是研学旅行成功的关键。

2.详细制定研学旅行课程内容

目前,我国研学旅行的发展还处在试点阶段,无既成的规律可循,研学导师就需要根据适合学生年龄特征和身心发展规律及研学旅行目的地的实际情况制定研学课程内容,紧密结合自然、历史、科技、人文等学科。在青少年研学旅行中,要合理划分研学小组,合理分配研学小组成员,根据学生的性别、认知水平、学习能力、个人兴趣等因素平衡分配各小组学生,每组设立小组长1名,协助研学导师管理小组、开展活动。充分发挥小组成员的作用,增强团队的合作精神,开发探讨、交流活动的内容,提高学生在研学实践中的独立性、积极性和探索性。

3.引导学生在研学之前发现问题

研学旅行是一种探究式学习方法,"问题"是研学活动不断向前推进的关键因素。

首先,研学导师在实践之前引导学生发现问题是第一步,也是非常关键的一步,研学导师必须要考虑研学参加者的需求、树立的目标、要培养的情怀,营造良好的探究式学习的氛围。

其次,要根据自身的专业情况确定有价值的课题,并指导学生选择课题,还要根据学生的兴趣爱好为学生制定学习课题和研究主题,激发学生主动发现问题的能力,确定研究对象,提供研究思路,充分调动学生的积极性,让他们去发现问题。

最后,确定研究方向后要提供研究的基本方法,通过查询文献资料开发学生的发散性思维,生成新的问题,这也是充分实现研学目标的关键环节。

(二)实施研学教育安全服务工作

1.研学导师要进行及时的研学修正

研学旅行必须突出其体验性这一特征,而不是"课堂搬家"那么简单。以前书本上冷门的知识可以在研学旅行中真正接触到并理解,使学习更有深度,记忆更加牢固。集体性也是研学旅行必须注意的,研学旅行弥补了独生子女们缺失的集体意识。所以,研学导师对学生的活动、情感态度要及时观察记录。及时掌握研学效果,不断反思研学内容和行程安排是否具有正确性和适用性,及时发现研学活动中的问题,一旦出现预期差异,要不断修正、改进研学方法,及时调整思路,优化研学形成及课题,在研学旅行中学习知识,获得进步。

2.旅行结束后的分享评价总结工作

泰勒在《课程与教学的基本原理》中认为,课程评价就是课程和教学实现教育目标的程度。目前,研学旅行活动课程的课程评价部分并不完善,很多学校的评价只浮于表面,没有达到促进课程改进与完善、发展学生的目的,其关键在于我国的研学旅行并未能形成全面的评价系统。研学旅行结束后,研学导师应该从学生的行为变化以及变化程度两方面来评价研学旅行活动。

首先,要进行主体多元化的评价,研学旅行的参与者包括学生、教师、校领导、家长、导游、医护等不同群体,通过这些不同主体来评价研学旅行活动及其课程具有的全面性和客观性。

其次,应该从知识、能力与方法、情感与价值观三个方面考查学生。

在知识方面,重在考查学生行为规范和文明礼仪的掌握情况,理解纪律、规则以及相关知识对个人生存、社会发展的意义;考查学生对生产加工知识、经营消费知识的理解掌握程度,重点考查学生对科技知识在人们生活中运用的体会;考查学生对蕴含在实践活动中的跨学科知识的掌握程度,重点考查学生对学科知识的运用;对学生知识的考查,还应包括策划、实施、总结等方面。

在能力与方法方面,考查学生健康、环保的生活和旅行习惯的养成情况;学生能否清晰地表达自我,倾听他人的见解,体会他人的感受;学生在与他人交往时,能否做到和平相处、顺畅交流;学生在集体中,能否形成自我认知、团结协作、团队管理、人际交往等能力;学生是否形成"发现并提出问题,选择创造性的方法解决问题"的能力,重点考查学生这种能力有了多大程度的发展;学生审时度势,随机应变调整计划的能力是否有所提升,在搜集和处理信息的能力和方法方面有无改善。

在情感与价值观方面,考查学生是否乐于动手动脑,是否能够在生活上实现自理,是否学会乐观做人做事;学生的身心健康状况是否良好,是否养成了热爱集体、团结协作、意志坚强的品质;是否建立了解决问题高效率和高质量的意识;学生是否对祖国大好山河充满热爱,是否具有对中华民族传统美德的发扬精神等,能否成为一名自觉、文明的旅行者。

最后,在评价方法的选择上,应该根据研学活动的主体、组织形式、课程内容等选择恰当的方法。

3.深化巩固研学旅行成果

研学旅行结束以后,无论是学校、导师还是参与研学的学生,除了要进行分享评价工作,还要进一步深化巩固研学旅行成果。

从学校方面来说,制定完善的学校研学旅行课程体系,注重研学在整个教育中的地位与价值,使其成为一门必修课,积极引导教师和部分有能力、有意愿的学生家长参与到研学课程的开发之中,扩展研学实践的实施空间。

从研学导师方面来说,加强教师成为研学导师的专业化培养,在教师专业教育技能的基础上,增加研学旅行基地和研学能力的学习,不断推进研学课程改进,开发出真正切合学校、学生实际的特色课程,促进研学旅行的常态化。

从学生方面来说,可以举办各种研学后续活动,比如让学生撰写研学游记、调查报告,开展旅游产品设计大赛、征文大赛、摄影展等,激发学生研学旅行的激情和创造力,促进研学成果的深化和拓展,让学生全面了解研学的整个过程,扩大受益面。

六、研学导师在旅行活动中的职责细化

(一)研学旅行前

在研学旅行之前,学校要成立责任部门,整体制定研学旅行活动课程的方案和要实施的计划,做好学生的教育工作,保障学生的安全;还要掌握研学对象的年龄阶段、心理特征、认知程度以及接受能力,明确研学旅行的目标和任务。

制作研学旅行手册,确保人手一份研学旅行手册,对参与研学旅行的所有工作人员进行全面培训,保证每位导师对活动流程、安全隐患及紧急情况应对措施了解透彻,安排好学生小组及其分工。确定人员并分配工作任务,做到物尽其用、各司其职,这是研学旅行成功的关键,也是实践教育顺利进行的关键。

(二)研学旅行中

在研学旅行活动实施过程中,主要确保学生乘车、课程活动、就餐以及住宿等问题,其中最重要的就是研学课程这一部分。集合乘车包括车辆的分配问题、车辆及学生教师的集合时间、车辆往返于目的地与学校过程中的活动、研学活动中车辆的停靠问题、车内座位临时调配问题、乘车的秩序要求等。

研学课程是学生增长见识、学习领悟的阶段,学生根据研学手册的要求,观赏活动目的地、倾听相关人员对活动目的地的介绍、参与相关的体验活动等,此阶段研学导师要积极设计问题和活动。餐饮和住宿也是研学旅行活动的重要组成部分,主要包括用餐时间、餐饮来源、用餐顺序、住宿宾馆选择、住宿人员房间人数安排、住宿纪律规定等,都要对学生做出相关要求,确保顺利实施。

(三)研学旅行后

课程实施后是总结阶段,是学生对课后的感悟、收获、体验进行梳理总结的过程。此阶段,研学导师鼓励学生选择多种形式呈现总结成果,书面呈现如写日志、心得体

会、活动报告,展示形式如情景剧、摄影、绘画、唱歌等。在总结过程中,研学导师要指导学生学习日志、心得体会以及活动报告的规范格式。

七、研学旅行安全导师团队的专业化培养

研学导师将教育与旅游融合,目前我国对研学导师的培训和资格证书的发放都还没有权威的机构和制度规范,所以,加快完善研学旅行体制机制、保障措施,以及制定规范刻不容缓,对研学导师的专业化培养是促进研学旅行发展、提升研学质量的重要手段。

针对研学导师的培养应该从专业态度、专业知识、专业能力、持续发展等方面进行。

在专业态度方面,要求研学导师遵守专业准则。

在专业知识方面,要求研学导师掌握研学旅行知识、教育教学知识以及通识性知识。

在专业能力方面,着重训练导师的研学旅行课程方案与设计、研学旅行的组织与实施、研学旅行的激励与评价等能力。

此外,要建立研学导师能力评价监督体系,研学导师必须参加中国旅行社协会或授权培训机构组织的培训,学习考核合格后方能获得研学导师证书。研学导师还要得到持续发展,在限定时间通过规范考核,进行入职培训和认定。

研学导师的培育有以下几种途径:

第一,自我培养。教育部门应有针对性地培养研学旅行的专业人才,鼓励支持本地高等教育院校发展相关学科,培养出兼具丰富的专业能力与实践经验的研学导师;相关导游培训机构也可以加强对专业研学旅行导游的培养,为研学旅行的发展提供人才支持。

第二,引进人才。通过高薪聘请使研学导师队伍在师资力量建设方面能够实现突破,从而实现高素质、高水平的研学导师团队建设。

第三,借助外力。借助专家力量的发挥,引入一些行业专家作为兼职客座教授来进行相关课程的指导。通过专家执教的方式,为学生更好地进行专业知识的学习提供良好的学习环境和学习优势。

本章小结

1. 依据研学旅行主办方的主要职责、基本要求等内容,研学旅行主办方应具有以下五个方面的安全责任:履行安全监管职责,制定安全防控措施,明确各方安全责任,加强推进风险转移,进行行前安全教育。

2. 结合我国各级法律、法规对活动承办旅行社的各类安全要求以及研学旅行的实际情况,研学活动承办方的安全责任应包括安全评估与风险提示,安全询问,安全监督审查,制定研学旅行应急保护预案并进行预案演练,安全教育与安全培训,应急救援与处置,以及突发事件信息上报七个主要方面。

3.作为提供旅游地接、交通、住宿、餐饮等服务的机构,研学旅行供应方应承担以下五个方面的安全责任:安全评估与风险提示,强化安全生产并制定应急预案、安全说明与警示,应急处置与救援,突发事件信息上报。

4.研学旅行管理方作为研学旅行活动开展提供各项管理保障的部门和组织机构,在安全责任方面主要承担研学旅行活动风险提示、安全指导、制定应急预案并组织演练、应急处置与救援、安全责任调查、事故上报等六个方面的职责。

5.研学导师应具备良好的形象和个人气质、口头表达能力、较强的独立工作能力和创新精神、较强的组织协调能力和灵活的工作方法、善于和各种人打交道的能力,以及独立分析、解决问题、处理事故的能力。

学习拓展

案例评析

 思考与训练

1.请简要阐述研学旅行安全责任涉及的四大主体安全责任与内容。

2.请结合研学旅行安全事故案例,根据本章所学内容就研学旅行安全事故责任划分进行分析。

3.请结合本章所学谈谈如何成为一名合格的研学导师。

第四章
研学旅行安全管理体系

本章目标

1. 理解研学旅行安全管理体系的内涵和特征。
2. 了解研学旅行安全管理法制体系的内容。
3. 掌握研学旅行安全管理体系中的"旅游六要素"内容。
4. 了解研学旅行安全管理组织体系的内容。
5. 掌握研学旅行安全管理实施体系内容。

知识框架

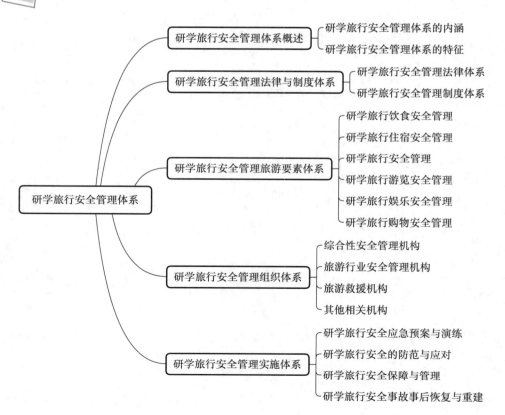

1. 理解研学旅行安全管理体系的分类。
2. 掌握研学旅行安全管理要素体系的内容。
3. 掌握研学旅行安全应急预案与演练、防范与应对、保障与管理、事故后恢复与重建。

意外身亡、暴力殴打、教练猥亵！研学安全事故何时休？[①]

2021年7月29日，一名高一学生在参加中国探险协会组织的青少年腾格里沙漠探险项目期间，意外身亡。

十六岁殒命腾格里，他本可以活！

7月27日，队伍正式进入沙漠，每天除了中午最热的时候，其余时间都是在徒步。

7月29日，小郑感觉身体不适，想要放弃。但领队认为他不像中暑，督促其继续前行。短暂的休息后，小郑再次跟上队伍，爬到坡顶后倒地不起，小郑恳求领队帮他找医生，但遭到二次拒绝。

体力不支的小郑从沙坡上滚下，彻底没有了意识，因为没有随行医生，只能拨打120求救，但沙漠中手机没有信号，只能用车载着小郑，边走边继续拨打求救电话，在汽车疾驶近40分钟后，终于拨通了120，十分钟后救护车赶到，小郑已经没有了生命体征。

据悉，整个探险队伍由8名高中生、2名领队和1名司机组成。活动开始前，主办方给他们发了装备，包括睡袋、帐篷等，但并未教授野外生存技能，也没有组织专业体检，更没有对参与者的身体素质进行评估考核。

最令人诧异的是，危险系数如此之高的一场沙漠探险研学，竟然未配备随行医生。

畸形的需求，让研学背离本质

6天时间，参与者要背上超过20公斤的物品，完成80公里的挑战里程。这样一场高强度、长时间的探险，对成年人来说都是一个巨大的挑战，让人望而却步，是什么让8名未成年人主动报名呢？

原因并不是他们真的对这个活动多感兴趣，而是因为主办方承诺，这对其以后留学有帮助，正是在这种功利性的承诺的驱使下，他们的父母帮他们报了名，其中就包括小郑的父母。

中国探险协会官网6月15日发布的一篇文章《唤醒孩子的探险精神，来这里开启一场探索之旅》中提到，中国探险协会联合某校在协会总部召开青少年探险科考训练

[①]《意外身亡、暴力殴打、教练猥亵！研学安全事故何时休？》，https://baijiahao.baidu.com/s?id=1708971837737654935&wfr=spider&for=pc。

营家长说明会，共同探讨关于探险活动和留学申请的问题。

文章还介绍，目前青少年科考探险训练营开启了海洋、沙漠、高原、古迹四个不同领域的项目，其中就包括此次出事故的项目——"激越黄沙：探秘腾格里青少年探险科考训练营"。

另外一份宣传资料显示，学员参加活动后可以获得诸多好处。其中更是点明对"升学"有莫大帮助的两点：

其一，中国探险协会导师/探险家将为完成项目并通过考核的学员出具用于升学及实习的推荐信；

其二，通过升学文书素材积累，探险科考经历可以为留学申请文书积累亮点。

不难看出，教育部对研学旅行的教育模式已经越来越重视。家长们希望通过研学旅行，提高孩子们的见识，更为重要的是"增加孩子们升学的筹码"。研学的本质是格物致知，让孩子们在课外的环境中去探究知识，但在研学机构和家长们的"推波助澜"下，研学已经变了"味"，成了"升学敲门砖"。

关注孩子的前途命运没有错，但过度焦虑、"唯升学为王"，就让研学失去了原有的意义，即使靠它完成了加分，但对于孩子来说，真正的教育止步于形式，长久来看，弊大于利。

而且，随着众多家长对加分研学趋之若鹜，伴之而来的安全问题也更为凸显，谁来为这批圆梦的家长和孩子负责，谁来为研学这项本该成为教育有益补充的产业链负责？

监管缺位，催生诸多行业乱象

行业快速膨胀，相关的监管机制和专项条款却无法同步，其中最为严重的是师资标准及对应的正规培训欠缺。目前，国家尚没有明确规定，要做营地教育、夏令营、研学等，研学导师应当持有什么样的资格，接受什么样的培训，才算是具有相关资质。

回头看这个沙漠探险项目，让未成年人参加这种有一定危险的沙漠探险项目，研学导师、领队的资格是否经过专业认证，是否具备极端条件下的救援资质？无人评判！在这种无法评判的条件下，又是谁给予组织方胆量来开展活动的？无疑是监管的缺位和侥幸心理，没有条例防患于未然，又没有法规明令重罚于后，这就是问题的根源！

长时间以来，青少年研学、夏令营涉及教学、安全、卫生等诸多环节，比办班更复杂，教育、工商、物价、旅游、卫生监督等相关部门都具有相应的管理权。但正是这种"九龙治水"的格局，导致了"谁都能管、谁都难管"的尴尬境地。由于没有明确的对应管理部门，研究机构的监管大多处于模糊乃至空白状态，野蛮生长、乱象频生。本应造福家长、孩子和社会的研学活动，变得急功近利、目光短浅，甚至出现所谓"层层转包"等乱象，所以会发生事故，也不难预料。

警钟长鸣，请还研学一片蓝天

研学，已经不是第一次出问题。

2018年，未来网曾报道，12岁的双胞胎女孩在参加夏令营期间遭到男教练猥亵。家长表示，警察局已正式立案，涉事男教练已被开除。

2019年7月，四川内江二中赴京研学旅行团返途火车上39名学生食物中毒的消息引发广泛关注。

2021年8月,又曝出河北军尚研学旅游服务有限公司"暴力夏令营"事件,多名孩子参加夏令营,却被涉事机构暴力殴打,事发后家长希望从夏令营中将孩子接回家,不曾想,却连基地的大门都不让进。

诸如此类,不胜枚举……

整顿鱼龙混杂的研学市场,势在必行。必须对研学、夏令营活动的安全性、机构的承办资质、活动预案等进行事先专业审查,不能任由其野蛮生长!正本清源,还研学一片蓝天,还教育一片蓝天!

思考:

从本案例中可以看出研学旅行安全事故具有不可预测性,为更好地预防事故的发生,需要建立健全研学旅行安全管理体系,而研学旅行安全管理体系是基于研学旅行安全管理的一套体系,体系包括所有直接参与和间接参与的各方及其"软件""硬件"方面。"软件"方面涉及思想、制度、教育、组织和管理;"硬件"包括安全投入、设备与技术、运行维护等。

第一节 研学旅行安全管理体系概述

一、研学旅行安全管理体系的内涵

(一)体系的概念

体系,泛指一定范围内或同类的事物按照一定的秩序和内部联系组合而成的整体,是不同系统组成的系统。自然界的体系遵循自然的法则,而人类社会的体系则要复杂得多。影响这个体系的因素除人性的自然发展之外,还有人类社会对自身认识的发展。

(二)安全管理体系概述

安全管理体系(SMS)就是基于安全管理的一整套体系,体系包括"软件"和"硬件"两个方面。"软件"方面涉及思想、制度、教育、组织、管理;"硬件"包括安全投入、设备、技术、运行维护,等等。构建安全管理体系的最终目的就是实现企业安全、高效运行。

1.安全管理体系的概念

一个系统的、清晰的、全面的安全风险管理方法,它综合了运行、技术系统、财务和人力资源管理,融入公司的整个组织机构和管理活动中,包括目标设定、计划和绩效评估等,最终实现安全运行和符合官方的规章要求。

2.安全管理体系的目标

提高对安全的主客观认识,促进安全基础设施的标准化建设,提高风险分析和评估能力，加强事故防范和补救行动，维护或增加安全的有效性，持续对内部进行事故征候监控，以及通过审计对所有不符合标准的方面进行纠正，对审计形成的报告实施共享。

3. 安全管理体系的理论基础

安全管理体系（SMS）最基本的理论是 Reason 理论，Reason 理论的前提是人是会犯错误的，事故是由多种因素组合产生的，人只是导致事故发生的最后一个环节；通过风险控制的方法可以阻止事故链的形成，从而避免事故的发生；风险的控制是安全生产的全程控制，包括事前的主动控制、事中的持续监督控制和事后的被动控制。

4. 安全管理体系的特点

安全管理体系有如下特点：

（1）在安全管理体系中，安全成为核心价值。

（2）安全管理体系面向全公司，还包括供应商、代理人及商业合伙人，特别强调必须有管理人员参与；面向全员，特别强调员工是 SMS 的关键。

（3）安全管理体系被动式（事后）管理与主动式（事前）管理兼备，采用安全评估和风险管理等手段积极预防事故。

（4）能与现有的工作流程及其他业务活动计划兼容。

5. 安全管理体系的组成框架

安全管理体系的组成框架如下：

（1）安全管理计划。

（2）文件记录体系。

（3）安全监督机制。

（4）培训系统。

（5）质量保证系统。

（6）应急预案。

（三）研学旅行安全管理的含义

研学旅行安全管理是研学旅行各直接与间接参与者遵照国家与安全相关的法律、法规、规章、标准和制度等，采取各种管理措施和技术方法，防范、控制和消除研学旅行中的不安全因素，包括人的不安全行为、物的不安全状态和环境的不安全条件，从而保障研学旅行的安全运行和可持续发展。

（四）研学旅行安全管理体系的内涵

《研学旅行服务规范》（LB/T054—2016）中总则的第一条要求："研学旅行活动的主办方、承办方和供应方应遵循安全第一的原则，全程进行安全防控工作，确保活动安全进行。"研学旅行的安全管理贯穿研学旅行的全过程，不仅涉及直接参与和间接参与的各方，而且还涉及包括安全管理的"硬件""软件"，以及信息交流与相应处置的技术、能力等。由此可见，研学旅行安全管理是一个复杂的系统体系。

由于研学旅行安全管理具有复杂性，至今尚未出现完整的定义，我们通过对国内研学旅行实际运营和管理的现状,结合安全管理的主客观因素,在充分收集和分析国内外资料和观点的基础上,提出关于研学旅行安全管理体系的概念如下:研学旅行安全管理体系,顾名思义就是基于研学旅行安全管理的一整套体系,体系包括直接参与和间接参与的各方及"软件""硬件"方面。软件方面涉及思想、制度、教育、组织和管理;硬件包括安全投入、设备与技术、运行维护等。构建研学旅行安全管理体系的最终目的就是实现研学旅行安全、有效运行。

二、研学旅行安全管理体系的特征

(一)以学生为安全管理的中心

研学旅行的一切活动都是围绕学生进行开发、规划和组织的,学生贯穿研学旅行链的每一个环节,是整个研学旅行的中心。所以研学旅行安全管理应围绕学生安全这个中心来进行,只有以学生为中心,才能理清安全管理的脉络并采取行之有效的方法,以达到高效管理。研学旅行安全管理各相关者需要形成"以学生为中心"的理念,并在一切与研学旅行安全相关的行为中积极贯彻这一理念。

(二)以政府行政管理部门为主导

研学旅行作为新兴业态,亟须政府干预。教育、文旅等行政部门自然是管理系统的主导。政府部门首先从政策和法律上规范研学旅行的安全管理保障机制,明确责任义务,公布并实施研学旅行安全的相关政策法规等。另外,政府还应承担安全问题的预测,并采取相应的应急救援,使安全事故的危害降到最低。

(三)以主办方、承办方、供应方为主责

研学旅行链包含主办方、承办方、供应方等诸多利益相关者,故研学旅行安全管理一定要有这些利益相关者的参与才能到达最好的效果,本构架中将其称之为核心的主责。研学旅行链上各方应该树立安全意识,掌握必要的安全知识和技能。相关研究表明,很多研学旅行安全事故与承办方、供应方有关,研学旅行安全管理必须得到承办方、供应方的高度重视、负有范围内的安全主责。主办方执行着对整个研学旅行安全的掌控,对研学旅行进行全过程安全监管,负有整个安全管理构架的主责。

(四)以家长为辅助

如何让学生安全,又让家长放心?最好的办法是让家长也参与到研学旅行活动中,并实时了解研学旅行活动;同时,家长也应积极主动辅助和配合各责任主体进行安全防范,以进一步确保研学旅行活动的全过程安全。

第二节 研学旅行安全管理法律与制度体系

研学旅行活动受到欢迎,随之产生的安全问题也受到各界的高度重视,从制度上构建研学旅行安全管理体系刻不容缓。因此,需要相关部门制定颁布一系列相关的政策法规来指导和规范研学旅行活动。

一、研学旅行安全管理法律体系

为了保证研学旅行安全管理的效率,对研学旅行安全全过程管理的职责认定要有一定的强制性,如《劳动法》《电力法》《建筑法》《公路法》《铁路法》《民用航空法》和《港口法》,只有以法律、法规为依据,才能把研学旅行安全管理纳入法治化的轨道和研学旅行安全管理法律体系结构中。

(一)国内安全相关政策法规

1.法律

法律居于研学旅行安全管理体系的最高层级。我国现行的有关安全生产的法律有《安全生产法》《消防法》《道路交通安全法》和《海上交通安全法》等;与安全相关的法律主要有《旅游法》《劳动法》《电力法》《建筑法》《公路法》《铁路法》《民用航空法》和《港口法》等。

2.法规

法规可分为行政法规和地方性法规。

(1)行政规范。

行政法规由国务院制定,其法律地位和法律效力低于法律,高于地方性法规和规章。行政法规如《工伤保险条例》《安全生产许可证条例》《生产安全事故报告和调查处理条例》《特种设备安全监察条例》和《民用爆炸物品安全管理条例》等。

(2)地方性法规。

地方性法规是由地方人民代表大会及其常务委员会制定的规范性文件。

3.规章

规章可分为部门规章和地方政府规章。

(1)部门规章。

部门规章是由国务院有关部门制定的规章,如《中小学幼儿园安全管理办法》《学生伤害事故处理办法》《旅游安全管理办法》《旅游突发事件信息报告办法》《公共娱乐场所消防安全管理规定》《生产经营单位安全培训规定》和《安全生产违法行为行政处罚办法》等。

(2)地方政府规章。

地方政府规章一般以省级政府令形式出台,如《浙江省渡口安全管理办法》。

（二）国内旅游安全相关政策法规

研学旅行活动属于旅行活动的一部分，国家颁布的旅游政策法规全面规范了研学旅行经营活动，目前，我国关于旅游安全方面的主要法律法规有以下五个。

1.《旅游行政许可办法》

《旅游行政许可办法》于2018年3月2日国家旅游局第3次局长办公会议审议通过，自2018年5月1日起施行。

2.《旅游安全管理办法》

《旅游安全管理办法》于2016年9月7日国家旅游局第11次局长办公会议审议通过，自2016年12月1日起施行。

3.《旅游法》

《旅游法》由中华人民共和国第十二届全国人民代表大会常务委员会第二次会议于2013年4月25日通过，自2013年10月1日起施行。根据2016年11月7日第十二届全国人民代表大会常务委员会第二十四次会议《关于修改〈中华人民共和国对外贸易法〉等十二部法律的决定》第一次修正，根据2018年10月26日第十三届全国人民代表大会常务委员会第六次会议《关于修改〈中华人民共和国野生动物保护法〉等十五部法律的决定》第二次修正。

4.《导游管理办法》

《导游管理办法》于2017年10月16日国家旅游局第17次局长办公会议审议通过，自2018年1月1日起施行。

5.《大陆居民赴台湾地区旅游管理办法》

《大陆居民赴台湾地区旅游管理办法》自2006年4月16日施行，2011年6月20日第一次修改。2017年4月13日，国家旅游局、公安部、国务院台湾事务办公室令第43号公布，自公布之日起施行的《国家旅游局公安部国务院台湾事务办公室关于修改〈大陆居民赴台湾地区旅游管理办法〉的决定》第二次修改。

（三）国内研学旅行安全相关政策法规

为了中小学生的身心健康发展，国家大力支持研学旅行的开展。近年来国家相关部门颁布了多个与研学旅行相关的重要政策文件，进一步指导研学旅行活动的落地实施。要求为学生创造更丰富的研学旅程，创造更安全的研学环境。研学旅行政策文件如下。

1.《关于推进中小学生研学旅行的意见》

2016年11月30日，发布《关于推进中小学生研学旅行的意见》，意见中指出了研学旅行的重要性。

中小学生研学旅行是由教育部门和学校有计划地组织安排，通过集体旅行、集中食宿等方式开展的研究性学习和旅行体验相结合的校外教育活动，是学校教育和校外教育衔接的创新形式，是教育教学的重要内容，是综合实践育人的有效途径。

国家对中小学生研学旅行的政策从构想到实验再到进一步明晰和发布实施，经历

了一个合理的探索过程,在这个过程中,一系列的政策文件陆续发布,其政策沿革如下:

2013年2月2日,国务院办公厅颁布的《国民旅游休闲纲要(2013—2020年)》(国办发〔2013〕10号)首次提出了"逐步推行中小学生研学旅行"的设想,"鼓励学校组织学生进行寓教于游的课外实践活动,健全学校旅游责任保险制度"。随之,各个省市开始积极开展研学旅行试点。

2014年4月,教育部印发《关于进一步做好中小学生研学旅行试点工作的通知》,提出了研学旅行的主要内容、基本原则、实施时间、试点工作任务和试点工作要求。

2014年7月14日,教育部发布《中小学学生赴境外研学旅行活动指南(试行)》,指南为促进中小学学生赴境外研学旅行活动健康发展、维护师生合法权益,提供方向性和规范性做法。指南强化了安全、文明、实效的政策导向。指导主办者从方案制定到组织落实切实提高安全意识、加强安全保障、落实学生安全教育。

2014年8月21日,发布了《国务院关于促进旅游业改革发展的若干意见》(国发〔2014〕31号),将研学旅行作为拓展旅游发展空间的重要举措,对研学旅行的很多提法前所未有,有望使研学旅行成为旅游业创新发展的增长点。31号文件比较全面地对研学旅游做出了原则性的规定,涉及中小学研学旅行体系建设、中小学生集体出国旅行规范、研学旅行基地建设、接待体系完善以及优惠政策等,对我国教育旅游发展起着里程碑式的作用。

2015年1月,全国旅游工作会议提出开展"读万卷书行万里路"的研学旅行活动,建设一批研学旅行基地,推进研学旅行全面开展。

2015年1月9日,教育部基础教育一司提出全面实施"蒲公英行动计划",指导做好中央专项彩票公益金支持示范性综合实践基地建设工作,论证"十三五"期间继续支持校外教育工作,并总结推广研学旅行试点经验。

2015年1月16日,2015年全国旅游工作会议提出了新的旅游六要素——"商、养、学、闲、情、奇",首次将研学旅行视作旅游发展要素或拓展要素。

2015年08月4日,国务院办公厅《关于进一步促进旅游投资和消费的若干意见》(国办发〔2015〕62号)把研学旅行纳入学生综合素质教育范畴。明确提出支持研学旅行发展,建立健全研学旅行的安全保障机制,加强国际研学旅行交流。

2016年1月11日,《教育部基础教育一司2016年工作要点》(教基一司函〔2016〕1号)提出加强研学旅行工作,指导研学旅行的实验工作,交流各地经验做法。

2016年3月18日,教育部基础教育一司发布《关于做好全国中小学研学旅行实验区工作的通知》(基一司函〔2016〕14号),确定了首批10个全国中小学研学旅行实验区,包括天津市滨海新区、河北省邯郸市、江苏省苏州市、安徽省合肥市、江西省兴国县、河南省济源市、湖北省麻城市、重庆市(教委)、贵州省遵义市、新疆维吾尔自治区乌鲁木齐市。

2016年12月26日,国务院印发《"十三五"旅游业发展规划》(国发〔2016〕70号),提出要建设一批以乡村旅游创客基地和以乡情教育为特色的研学旅行示范基地;凸显红色旅游的教育功能;促进旅游与教育融合发展,成立游学联盟,鼓励对研学旅行给予价格优惠。规范中小学生赴境外研学旅行活动;加强组织管理,完善安全保障机制。

2016年12月2日,《关于推进中小学生研学旅行的意见》(教基一〔2016〕8号),对研学旅行提出了全面的指导意见。对研学旅行探索经验进行总结,并对中小学开展研学旅行提出了全面的指导和要求。《关于推进中小学生研学旅行的意见》的提出,促使一批育人效果突出的研学旅行活动课程得到开发、一批具有良好示范带动作用的研学旅行基地得以建设,一批具有影响力的研学旅行精品线路得以打造,一系列研学旅行工作机制得以建立,探索形成了中小学生广泛参与、活动品质持续提升、组织管理规范有序、基础条件保障有力、安全责任落实到位、文化氛围健康向上的研学旅行发展体系。

为响应国家号召、探索研学旅行工作,各个省市出台了一系列有针对性的措施,从研学旅行基地建设、监管措施、中小学实验等方面推动研学旅行的实验与实践摸索工作,构建了开展研学旅行的政策网。

对相关的法律与政策进行梳理后,整理了其中有关研学旅行的条款,具体如表4-1。

表4-1 研学旅行的政策与法规列表

政策法规名称	发布部门	有关研学旅行的内容条款
《国务院关于加快发展旅游业的意见》(国发〔2009〕41号)	国务院	旅游开发建设要加强自然文化遗产保护,深挖文化内涵,普及科学知识
《国民旅游休闲纲要(2013—2020年)》(国办发〔2013〕10号)	国务院办公厅	保障国民旅游休闲时间。地方政府可以探索安排中小学放春假或秋假; 改善国民旅游休闲环境。稳步推进公共博物馆、纪念馆和爱国主义教育示范基地免费开放。城市休闲公园应限时免费开放。稳定城市休闲公园等游览景区、景点门票价格,并逐步实行低票价。落实对未成年人、高校学生、教师、老年人、现役军人、残疾人等群体实行减免门票等优惠政策。鼓励设立公众免费开放日。逐步推行中小学生研学旅行; 加强国民旅游休闲产品开发与活动组织。开发适合老年人、妇女、儿童、残疾人等不同人群需要的旅游休闲产品,开发农村居民喜闻乐见的都市休闲、城市观光、文化演艺、科普教育等旅游休闲项目,开发旅游演艺、康体健身、休闲购物等旅游休闲消费产品,满足广大群众个性化旅游需求。鼓励学校组织学生进行寓教于游的课外实践活动,健全学校旅游责任保险制度
教育部基础教育一司《关于做好全国中小学研学旅行实验区工作的通知》	教育部基础教育一司	提出了研学旅行的主要内容、基本原则、实施时间、试点工作任务和试点工作要求

续表

政策法规名称	发布部门	有关研学旅行的内容条款
《中小学学生赴境外研学旅行活动指南(试行)》	教育部	全文对中小学学生赴境外研学旅行活动提供了规范
《国务院关于促进旅游业改革发展的若干意见》(国发〔2014〕31号)	国务院	创新文化旅游产品。大力发展红色旅游,加强革命传统教育,大力弘扬以爱国主义为核心的民族精神和以改革创新为核心的时代精神,积极培育和践行社会主义核心价值观。 积极开展研学旅行。按照全面实施素质教育的要求,将研学旅行、夏令营、冬令营等作为青少年爱国主义和革命传统教育、国情教育的重要载体,纳入中小学生日常德育、美育、体育教育范畴,增进学生对自然和社会的认识,培养其社会责任感和实践能力。按照教育为本、安全第一的原则,建立小学阶段以乡土乡情研学为主、初中阶段以县情市情研学为主、高中阶段以省情国情研学为主的研学旅行体系。加强对研学旅行的管理,规范中小学生集体出国旅行。支持各地依托自然和文化遗产资源、大型公共设施、知名院校、工矿企业、科研机构,建设一批研学旅行基地,逐步完善接待体系。鼓励对研学旅行给予价格优惠
《教育部基础教育一司2015年工作要点》(教基一司函〔2015〕1号)	教育部基础教育一司	推动中小学校外教育工作深入开展。全面实施"蒲公英行动计划"。指导做好中央专项彩票公益金支持示范性综合实践基地建设工作,论证"十三五"期间继续支持校外教育工作。完善部门协调工作机制,发挥中小学社会实践基地作用。指导各地科学、规范、深入开展中小学校外教育活动,形成校内校外一体两翼、互补协调的育人机制,促进学生全面发展。总结推广研学旅行试点经验。加强中小学生影视教育工作
《国务院办公厅关于进一步促进旅游投资和消费的若干意见》(国办发〔2015〕62号)	国务院办公厅	支持研学旅行发展。把研学旅行纳入学生综合素质教育范畴。支持建设一批研学旅行基地,鼓励各地依托自然和文化遗产资源、红色旅游景点景区、大型公共设施、知名院校、科研机构、工矿企业、大型农场开展研学旅行活动。建立健全研学旅行安全保障机制。旅行社和研学旅行场所应在内容设计、导游配备、安全设施与防护等方面结合青少年学生特点,寓教于游。加强国际研学旅行交流,规范和引导中小学生赴境外开展研学旅行活动

续表

政策法规名称	发布部门	有关研学旅行的内容条款
《教育部基础教育一司2016年工作要点》（教基一司函〔2016〕1号）	教育部基础教育一司	加强研学旅行工作。会同有关部门研究提出推进中小学生研学旅行的意见，指导研学旅行实验区工作，交流各地经验做法。发挥校外教育部际联席工作会议作用，推动建立研学旅行统筹协调机制，推进中小学研学旅行开展
《关于做好全国中小学研学旅行实验区工作的通知》（基一司函〔2016〕14号）	教育部基础教育一司	确定天津市滨海新区等10个地区为全国中小学研学旅行实验区，从工作内容与基本原则、实验任务、工作要求三个方面明确了对实验区的工作要求
《"十三五"旅游业发展规划》（国发〔2016〕70号）	国务院	实施乡村旅游创客行动计划，支持旅游志愿者、艺术和科技工作者驻村帮扶、创业就业，推出一批乡村旅游创客基地和以乡情教育为特色的研学旅行示范基地； 着力凸显红色旅游教育功能。推动大中小学生社会实践活动与红色旅游相结合，依托红色旅游景区组织参观活动，接受红色教育。开展"红色旅游进校园"等形式多样的课外实践活动，深化青少年社会主义核心价值观教育； 促进旅游与文化融合发展。培育以文物保护单位、博物馆、非物质文化遗产保护利用设施和实践活动为支撑的体验旅游、研学旅行和传统村落休闲旅游； 促进旅游与教育融合发展。将研学旅行作为青少年爱国主义和革命传统教育、国情教育的重要载体，纳入中小学生综合素质教育范畴，培养学生的社会责任感、创新精神和实践能力。开展文物古迹、古生物化石等专题研学旅行。成立游学联盟，鼓励对研学旅行给予价格优惠。规范中小学生赴境外研学旅行活动。加强组织管理，完善安全保障机制
《关于推进中小学生研学旅行的意见》（教基一〔2016〕8号）	教育部等11部门	对研学旅行提出了全面的指导意见。该意见对研学旅行工作的工作目标、基本原则、主要任务和组织领导、经费保障、安全保障、督查评价、宣传引导等方面提出了明确要求
《关于大力发展体育旅游的指导意见》旅发〔2016〕172号	国家旅游局、国家体育总局	加强体育旅游与文化、教育、健康、养老、农业、水利、林业、通用航空等产业的融合发展，培育一批复合型、特色化体育旅游产品
《教育部2017年工作要点》	教育部	推进义务教育一体化改革发展。加强青少年校外活动场所建设，实施好校外活动保障和能力提升项目。推动中小学开展研学旅行，启动研学旅行营地建设工作

续表

政策法规名称	发布部门	有关研学旅行的内容条款
《中华人民共和国旅游法》	全国人民代表大会常务委员会	全文适用属于旅游中的研学旅行
《中华人民共和国教育法》	全国人民代表大会常务委员会	全文略
《中华人民共和国义务教育法》	全国人民代表大会常务委员会	全文略

(1)目标。

让广大中小学生在研学旅行中感受祖国大好河山、感受中华传统美德、感受革命光荣历史、感受改革开放伟大成就，增强对坚定"四个自信"的理解与认同；学会动手动脑、学会生存生活、学会做人做事，促进身心健康、体魄强健、意志坚强，促进形成正确的世界观、人生观、价值观。培养他们成为德智体美全面发展的社会主义建设者和接班人。

(2)教育性原则。

研学旅行要结合学生身心特点、接受能力和实际需要注重系统性、知识性、科学性和趣味性，为学生全面发展提供良好的成长空间。

(3)实践性原则。

研学旅行要因地制宜，呈现地域特色，引导学生走出校园，在与日常生活不同的环境中拓宽视野、丰富知识、了解社会、亲近自然、参与体验。

(4)安全性原则。

研学旅行要坚持安全第一，建立安全保障机制，明确安全保障责任，落实安全保障措施、确保学生安全。

(5)公益性原则。

研学旅行不得开展以营利为目的的经营性创收，对贫困家庭学生要减免费用。

2.《研学旅行服务规范》

2016年12月19日，国家旅游局发布《研学旅行服务规范》，该规范是针对研学旅行实施做出的权威性的规范文件，其中对人员配置、产品分类、服务改进、安全管理提出了明确的要求。研学旅行机构或学校可以针对此文件查漏补缺、及时调整。在研学旅行中最重要的是安全，在《研学旅行服务规范》中"安全管理"规范有非常重要的指导价值，具体有如下几个方面：

(1)研学旅行安全管理工作方案。

(2)研学旅行应急预案及操作手册。

(3)研学旅行产品安全评估制度。

(4)研学旅行安全教育培训制度。

(5)工作人员安全教育。

应制订安全教育和安全培训专项工作计划,定期对参与研学旅行活动的工作人员进行培训。培训内容包括安全管理工作制度、工作职责与要求、应急处置规范与流程等。

(6)学生安全教育要求。

应对参加研学旅行活动的学生进行多种形式的安全教育;应提供安全防控教育知识读本;应召开行前说明会,对学生进行行前安全教育;应在研学旅行过程中对学生进行安全知识教育,根据行程安排及具体情况及时进行安全提示与警示,强化学生安全防范意识。

3.《中小学德育工作指南》

2017年8月17日,教育部发布《中小学德育工作指南》,指出中小学生的综合素质培养刻不容缓。

《中小学德育工作指南》明确了学校组织开展研学旅行,以推进中小学生综合素质的提升为主要内容。在研学旅行实施过程中、校外机构应与学校通力协作,以达到学校教育目标,这是尤为重要的。把研学旅行纳入学校教育教学计划,促进研学旅行与学校课程、德育体验、实践锻炼的有机融合,利用好研学实践基(营)地,有针对性地开展自然类、历史类、地理类、科技类、人文类、体验类等多种类型的研学旅行活动。

4.《中小学综合实践活动课程指导纲要》

2017年9月25日,教育部发布《中小学综合实践活动课程指导纲要》,将研学旅行等综合实践课程纳入学校教育学分系统,综合实践活动是国家义务教育和普通高中课程方案规定的必修课程,与学科课程并列设置,是基础教育课程体系的重要组成部分。

综合社会实践基地和研学旅行基(营)地是综合社会实践活动开展的重要场所,综合社会实践活动被纳入中小学必修课程中,无疑会极大促进在校生对泛研学旅行类课程的需求。

中小学校是综合实践活动课程规划的主体,应在地方教育部门指导下对综合实践活动课程进行整体设计,将办学理念、办学特色、培养目标、教育内容等融入其中。要依据学生发展状况、学校特色、可利用的社区资源对综合实践活动课程进行统筹考虑,形成综合实践活动课程总体实施方案。要使总体实施方案和学年(或学期)活动计划相互配套、衔接,形成促进学生持续发展的课程实施方案。

二、研学旅行安全管理制度体系

研学旅行安全管理制度是为了保证研学旅行全过程安全所制定的章程。程序、方法和措施的总称,是制度所涉各方在研学旅行过程中必须遵守的规范和准则。教育管理部门应遵循"统一指导、分级管理,以组织者为主"的原则、贯彻"安全第一、预防为主"的方针,建立科学、全面的研学旅行安全管理制度。

(一)安全管理工作制度

安全管理工作制度即按照研学旅行过程中安全工作的客观要求,对安全管理范围、内容、程序和方法所做的规定。安全管理工作制度是指导研学旅行过程中开展各项安全活动的准则和规范。其主要内容有:教育主管部门各级研学旅行安全管理工作制度,文旅、交通、卫生等各相关部门研学旅行安全管理工作制度,主办方(学校)研学旅行安全管理工作制度,承办方(如旅行社)研学旅行安全管理工作制度,供给方(基地、营地)研学旅行安全管理工作制度、学生及家长研学旅行安全管理工作制度等。

(二)安全管理技术规程

安全管理技术规程即按照研学旅行过程中的客观要求,对设计、操作、建筑、用火、用电、危险物品管理、设备使用和维修所做的安全技术规定。它是指导研学旅行服务和安全活动规范化的准则,包括操作规程、设备维修规程、安全技术规程、设施设备使用规程等。

(三)安全管理责任制度

安全管理责任制度即明确研学旅行过程中的各方所担负的安全工作范围、内容、任务和责任的规定。安全管理责任制度能够确保研学旅行过程中各方各司其职、各负其责,有利于促使研学旅行参与者树立安全意识和提高安全技能,有利于对安全管理做出考核和评价。

(四)安全管理检查制度

应建立各级安全督查机构,其主要职责是对研学旅行全过程中的各方、在安全管理法律、法规、规章、标准等的贯彻执行情况进行监督;检查安全措施的落实情况;对违反安全法规的单位或有关人员提出处理意见;对不具备研学旅行基本条件的场所,提请有关部门责令停业整顿,或予以封闭停用;参加突发事故的调查处理等。研学旅行的各方应建立自身安全管理检查制度。

(五)安全应急救援制度

所有涉及研学旅行活动的单位应按照国家的相关法律、法规等要求,制定安全应急救援预案和应急救援体系。

(六)安全调查处理制度

对发生的各种安全事故,应按规定及时报告、妥善处理和进行统计分析,及时、准确地掌握事故的发生发展情况,从中找出发生事故的原因及规律,总结经验,吸取教训。按照"属地负责、主体主责、过失问责"的原则,追究事故相关责任人的法律责任。

第三节 研学旅行安全管理旅游要素体系

旅游安全保障是旅游安全学研究和旅游安全工作的最终目的,而旅游安全管理是实现旅游安全保障这一最终目标的有效途径。建立健全研学旅行安全管理体系,需要从旅游活动的六个环节(饮食安全、住宿安全、旅行安全、游览安全、购物安全、娱乐安全)入手研究其安全管理措施,确保研学人员在食、住、行、游、娱、购各环节的安全。

一、研学旅行饮食安全管理

(一)研学活动中的饮食场所

旅游饮食安全问题一般都发生在旅游活动中的饮食场所。饮食安全管理也就是对这些场所的管理、监督和控制。旅游活动中的饮食场所包括:饭店餐饮场所、社会餐饮场所、户外餐饮场所。

(二)研学活动中的旅游饮食安全

旅游饮食中的安全问题主要表现为:食物中毒、疾病、营养不良引发的疲劳综合征、盗窃、欺诈、火灾及其他意外事故。

(三)研学活动中的旅游饮食安全管理内容

1.食品卫生管理

食品卫生管理是饮食安全管理的一个重要方面。食品的卫生直接影响到食用者的身体健康,严重的还将导致食物中毒或诱发其他疾病。因此,食品卫生管理是保证菜品和饮品质量、防止污染、预防疾病的重要手段。食品卫生管理包括:餐饮生产卫生管理、餐饮服务卫生管理、旅游者个人卫生管理三个环节。

针对旅游者个人卫生,旅游业、旅游饮食供应方只能尽到提醒义务,很难将其纳入管理范畴。

餐饮服务卫生管理,严格来讲,也是餐饮生产的一个环节,餐饮服务卫生管理更多是餐饮服务人员的卫生管理问题,类似于厨房工作人员的卫生管理问题。

餐饮生产基本上都在厨房进行,西餐中的法式餐车服务和现场表演也可看作厨房生产的延伸。因此,餐饮生产卫生管理的重心是厨房卫生管理。

2.饮食场所消防安全管理

饮食场所消防安全管理是旅游饮食安全管理的重要内容之一。由于饮食场所厨房中各种油气管道及烹饪设施设备较多,所以是旅游饮食场所预防火灾的重点防控场所,饮食场所的消防安全管理主要是厨房的防火。

厨房发生火灾的主要原因有电器失火、烹调起火、抽烟机失火、管道起火、加热设备起火,以及其他人为因素造成的火灾,因此,需要采取相应的预防措施。

3.旅游饮食场所防盗管理

要杜绝或减少旅游饮食场所发生盗窃等安全事件,主要应针对旅游饮食场所加强治安管理。饮食场所的治安管理除了依靠所在地的公安机关等治安管理单位,还应通过旅游地的景区管委会、旅游地社区的治安联防队伍,以及社区民众、旅游饮食企业,如饭店、定点餐厅、景区餐馆等单位进行管理。旅游饮食企业要有相应的防盗治安管理条例和措施，旅游饮食企业服务员在就餐人员较多、秩序较乱时不仅要提高警惕，防止不法分子趁乱盗窃客人的财物，还要提醒游客注意看管好自己的财物。若游客财物被盗，应及时向社区治安机构或景区治安联防队报案，并协助其破案。

二、研学旅行住宿安全管理

（一）研学活动中的住宿场所

目前我国旅游住宿接待设施或旅游住宿场所大体分为四类：

1. 旅游饭店

旅游饭店由文化和旅游部统一管理，有严格的审查和检查规定。只有符合特定的标准，才能被认定为是旅游饭店。这类住宿接待设施等级相对较高。

2. 招待所、旅社等住宿接待设施

这类住宿场所仍然受政府部门的检查管理，有工商部门颁发的营业执照，是目前旅游接待设施的重要组成部分，较受青年背包旅游者的欢迎。

3. 临时家庭旅馆

临时家庭旅馆是指未经工商部门核准、备案，临时供旅游者住宿的场所。临时家庭旅馆在卫生、安全等方面往往没有保障，对家庭旅馆主人的道德水平及当地社会的经济文化水平依赖程度较高。

4. 野外宿营地

野外宿营地指任何可供露宿的野外场所。往往是背包旅游者和探险旅游者的首选。这类住宿场所没有任何安全保障措施，国家目前也没有针对此种住宿场地制定相关规定。严格来讲，它不属于住宿接待设施，只能属于住宿场所。

（二）研学活动中的旅游住宿安全

旅游住宿中的安全问题主要表现为四种类型：以偷盗为主的犯罪行为、火灾、名誉损失、逃账等财产安全问题。名誉损失主要针对住宿旅游者；逃账等财产安全问题主要针对饭店及住宿接待设施；犯罪和火灾则可能会对住宿中的旅游者和住宿接待设施造成较大影响。

（三）研学活动中的旅游住宿安全管理内容

住宿安全管理涉及三个层面：

1. 宏观行业安全管理

宏观行业安全管理指全国性、地区性的宏观行业安全管理。由国家或地区制定相应的法规，设置专门的机构和人员对全国住宿接待设施加以规范和管理，检查住宿接待设施的安全状况和管理工作，从宏观上把握住宿业的行业安全。例如，通过《治安管理处罚法》《旅馆业治安管理办法》《消防法》对住宿业的治安、消防等进行宏观管理。因此，行业安全管理在很大程度上体现的是国家、地区的安全管理政策法规。

2. 微观住宿企业安全管理

微观住宿企业安全管理主要指住宿接待企业根据国家的相应政策法规开展的企业内部安全管理。住宿接待企业内部的安全环节千头万绪,安全管理工作较为烦琐,难度也较大。归纳起来,微观住宿企业安全管理涉及以下几个方面的内容:安全管理规章制度、安全管理机构、安全设施设备、部门安全管理、防火防盗、其他安全管理。

3. 旅游者管理

旅游者管理包括两个方面内容:

(1)对旅游者的管理与引导。

一方面,要对旅游者进行管理,防止旅游者以身份为掩护破坏旅游安全,从事犯罪活动。

另一方面,要正确引导旅游者,使旅游者能够遵守相应的安全规章制度,进行安全操作,不引发旅游安全问题。据统计,饭店火灾中约有40%是由客人吸烟引发的,因此,对住宿的旅游者加强安全管理与引导非常重要。

(2)旅游者的自我安全管理。

旅游安全问题,很大一部分是旅游者自身的原因引发的。例如,旅游者疏忽大意而在住宿场所丢失物品,旅游者吸烟引发的火灾,等等。因此,旅游者要做到以下两方面:

一方面,要提高警惕,充分认识到旅游住宿中潜在的安全隐患。

另一方面,应该尽量克制自己的不良行为,避免成为旅游安全问题的肇事者,尤其是故意肇事者。

三、研学旅行安全管理

(一)研学活动中的旅行

旅行是旅游者借助各种交通工具或交通方式,由居住地到旅游目的地,或者由旅游目的地到居住地,或者是旅游目的地间的空间位移活动。

首先,旅行是必须借助一定的交通工具(如飞机)或方式(如航空或徒步)的空间位移,旅行中的不可控因素太多。

其次,旅游者对即将开始的"旅游生活"热切期盼,旅途中难免舟车劳顿,容易发生一些意外事件。

最后,旅游旺季尤其是旅游黄金周造成的运力相对不足会形成旅游交通"瓶颈",因此,旅行中发生安全问题往往在所难免。

(二)研学活动中的旅行安全

旅行主要包括旅游交通和徒步两种方式。考虑到徒步旅行是旅游者的个别行为,其安全问题也多由道路、交通工具等因素引起,故本节主要探讨旅游交通安全管理。

旅行安全主要有旅游交通事故、疾病、黄赌毒、犯罪、自然灾害以及特殊事故六种表现形态。其中,又以旅游交通事故、犯罪更为严重。

(三)研学活动中的旅行安全管理内容

旅游交通运输是指利用一定的载运工具,通过一定的交通线路和码头等设施,在约定的期限内,为旅游者提供空间位置移动的生产服务活动。尽管旅游交通运输的载运工具包括飞机、火车、汽车、船舶、缆车、索道等,但考虑到我国缆车、索道等设备大多设在风景名胜区内,游览的功能大于交通的功能,故不做论述。

旅游交通安全管理包括交通安全法规的制定与实施、各种交通方式的安全管理等内容。

1. 旅游交通安全管理法规

旅游交通安全管理法规是旅游安全管理的依据,是旅游交通安全管理的基础和准绳。对旅游者、旅游从业人员和广大群众而言,旅游交通安全管理法规既有强制性的一面,又有自觉遵守和维护的一面。与旅游交通安全管理有关的交通安全管理法规有道路交通法规、铁路交通法规、水上交通法规、航空运输法规。

2. 汽车旅游安全管理

影响旅游汽车交通安全的因素有很多,大体可以归纳为人、车、道路环境三个方面。

(1)人。

与交通安全有关的人员有驾驶员、乘客(旅游者)、行人、清洁工人、养路工人和交通管理人员等。其中,驾驶员是所有人员中与交通安全关系最密切的人。研究表明,交通事故中有70%—80%是由驾驶员直接责任造成的。

(2)车。

车辆的使用性能和技术状况与交通安全也有密切关系,车辆中驾驶员座位的舒适性,操纵机构的适应性和轻便性,驾驶室的视野、灯光、喇叭等和车辆的安全防护设施也直接影响交通安全。

(3)道路环境。

道路环境包括道路构造、安全设施、交通环境(交通设施、交通管理等)和自然环境(气候、昼夜、沿线地形地貌)等。

研学活动中的汽车旅游安全管理应注重从驾驶员安全管理、汽车运行安全管理、道路环境安全管理等方面入手。

3. 火车旅游安全管理

火车目前仍是我国居民旅游时的首选交通工具。我国铁路发展迅速,空调列车与旅游专列已经开设,在火车的舒适性与安全性大幅度提高的同时,火车旅游的安全管理也不容忽视。火车旅游安全管理主要通过各项法规条例来实施,并通过列车长、乘警、乘务员以及旅客共同管理与遵守。

火车旅行不安全事故主要有火灾与爆炸事故、物品遗失与被盗事故等,因此,应做好相应的安全管理。

4. 飞机旅游安全管理

飞机是长距离旅游或洲际旅游的交通工具。飞机旅行安全管理主要通过国家及民航局颁发的各项法规条例来约束与控制,要求机场工作人员、机组乘务人员和旅客共同遵守。

5.水上旅游安全管理

水上旅游包括海上旅游和内陆江河湖面上的旅游。水上旅游的交通工具包括轮船、游艇、汽艇、帆船、橡皮艇、竹筏等。水上旅游安全管理主要通过国家相关部门制定、颁布的各项法规条例来实施,并要求码头工作人员、船务人员及旅客共同遵守。

四、研学旅行游览安全管理

(一)研学活动中的游览

游览是旅游活动中的核心内容和精华所在,既是旅游者兴致最高的时候,也是最容易发生不安全事故的时刻。

(二)研学活动中的游览安全

游览安全是指在游览活动(或在旅游景区)中出现的安全问题。与其他安全类型相比较,游览安全具有其特点和规律性。

游览安全管理的任务就是掌握和发现游览安全的几种主要表现形态的特点和规律性,采取措施杜绝游览安全事故的发生。与其他安全管理相比,游览安全管理具有安全责任更大、安全管理难度更高、技术水平要求更高、不安全因素更多的特点,因此,游览安全管理比其他安全管理更为复杂和困难。

游览安全事故主要有景区犯罪、自然灾害、旅游设施安全事故、疾病、火灾,以及其他意外事故六种表现形态。

(三)研学活动中的游览安全管理内容

游览必须依靠一定的载体,这个载体就是旅游目的地或旅游景区。由于旅游景区具有地域性特征,往往成为游览安全问题的高发地。因此,旅游景区安全管理是游览安全管理的核心内容。

根据旅游景区的特点和游览内容,旅游景区安全管理主要包括景区安全管理制度与安全管理机构设置、景区治安管理、景区游船(艇)安全管理、漂流旅游安全管理、景区安全标志系统设置,以及旅游景区常见安全问题处理等几方面内容。

为了加强景区管理,早在1985年国务院就颁布了《风景名胜区管理暂行条例》,但此条例对景区安全管理的规定仅在第三十六条中得以体现。第三十六条规定:"风景名胜区管理机构应当建立健全安全保障制度,加强安全管理,保障游览安全,并督促风景名胜区内的经营单位接受有关部门依据法律、法规进行的监督检查。"随着景区安全事故的发生及其危害程度的加大,国家加大了对旅游景区(点)安全管理的重视程度。2003年2月24日发布的《旅游区(点)质量等级的划分与评定》(GB/T 17775—2003)和全国性行业管理法规《旅游区(点)质量等级评定办法》的制定和实施中都把"旅游安全"作为旅游区(点)质量等级划分、评定的重要内容。

游览安全管理的任务是研究游览活动中的安全规律与特点,发现、分析和消灭游览活动中存在的安全隐患和不安全因素,采取适当的管理措施和手段,确保游览安全。具体包括:建立健全安全组织和制度;加强设施设备的安全管理,制定安全操作规程;审查基建工程的安全程度,组织落实各项安全核查工作;配置安全设施设备,对游览区域进行安全监控;防范、控制与处理游览安全事故。

五、研学旅行娱乐安全管理

(一)研学活动中的娱乐

随着旅游业的发展,我国的旅游活动安排不再是以前的"白天看庙,晚上睡觉",各种各样的娱乐活动丰富了旅游者的旅游活动内容。健康、文明的旅游娱乐活动不仅可以开阔旅游者的眼界、充实旅游者的旅游活动内容,还能帮助旅游者进一步了解区域文化,起到推动文化交流的作用。

由于旅游娱乐场所的复杂性、旅游娱乐活动的特殊性,以及各种人为或意外因素的存在,旅游娱乐安全问题时有发生。

(二)研学活动中的旅游娱乐安全

旅游娱乐安全指旅游者在旅游期间进行娱乐活动时的安全。旅游娱乐安全事故指旅游者在娱乐时遭受火灾、打架斗殴、偷窃、黄赌毒、游乐设施问题等事故的伤害性行为或事件。

旅游娱乐安全主要有火灾、打架斗殴、偷窃、黄赌毒以及游乐设施安全事故等五种表现形态。

(三)研学活动中的旅游娱乐安全管理内容

由于火灾、打架斗殴、偷窃与其他旅游活动环节的表现形态类似,本节着重论述旅游娱乐中黄赌毒和游乐设施的安全管理。

1. 黄赌毒的防控与管理

黄赌毒不仅危害人们身心健康,还危及旅游业的健康发展。必须加大对黄赌毒的打击与控制力度;加强对旅游者进行禁黄赌毒的教育与管理。

2. 游乐设施的安全管理

游乐园(场)是游览与娱乐的混合体,根据《游乐园(场)安全和服务质量》,游乐园(场)是指设有游艺机和游乐设施,开展各项游艺、游乐活动,供游客娱乐、健身的场所。国标明确规定了游乐园(场)的娱乐目的,因此,我们把游乐园(场)的安全管理纳入娱乐安全管理范畴。根据这个标准,水上世界也属游乐园(场)中一个专门的类别,是专供游客游泳或戏水的水上游乐活动场所。

游乐设施的安全管理要树立"安全第一,预防为主"的意识;确保游客生命财产安全;配备必要的、充足的、有效的各项安全设施设备,确保游乐设施安全运营;建立健全各项安全管理制度、安全操作规程,并确保严格执行;建立完整的游乐设施维修、保养制度,以及专人、专职负责制度。

六、研学旅行购物安全管理

(一)研学活动中的旅游购物

旅游购物是旅游活动六个环节中最薄弱的也是最有发展空间的环节。客观存在着的旅游购物安全问题不能不说是制约我国旅游购物发展的因素之一。

(二)研学活动中的旅游购物安全

旅游购物安全指旅游者在旅游期间的购物活动中的安全,旅游购物的安全事故指旅游者在购物时遭受欺诈、偷窃、抢劫、勒索及火灾等事故的伤害性行为或事件。

旅游购物安全管理主要应从旅游购物行业安全管理和旅游者购物安全教育两方面入手。

旅游购物安全主要表现为:欺诈、偷窃、抢劫、勒索,以及火灾三种形态。

1. 欺诈

欺诈是旅游者旅游购物中最容易出现的安全问题。欺诈往往表现为以次充好,冒充古董、真迹的制品,销赃,抬高价格,宰客等形式。

2. 偷窃、抢劫、勒索

偷窃也是旅游购物中比较常见的安全问题。犯罪分子常利用旅游者集中精力挑选商品、营业员集中精力推销商品的时机作案。

抢劫、勒索则是旅游购物中的极端表现形态。犯罪分子为了达到获取钱财的目的,会通过犯罪行为危害游客安全。

3. 火灾

由于多数旅游购物商场的商品系可燃物,而且商场一般都在室内,很容易发生火灾。

(三)研学活动中的旅游购物安全管理内容

在旅游活动六个环节的安全管理中,购物安全管理相对较为薄弱。由于旅游购物安全涉及旅游者个人行为以及商场的行业管理行为,因此,旅游购物安全管理可以从旅游购物行业安全管理和旅游者购物安全教育两个方面入手。

1. 旅游购物行业安全管理

旅游购物行业安全管理主要指对旅游购物商店、旅游商品供给者的安全控制与管理。行业安全控制和管理的内容包括:制定与实施旅游购物法规;设立旅游定点购物商场;规划建设,形成定点旅游购物街(或区域);挂牌经营与评优;监督检查;惩罚;规范行业制度,提高导游人员素质。

2. 旅游者购物安全教育

旅游购物由旅游者和旅游商品供给者双方共同完成,两者缺一不可。在加强旅游购物行业安全管理的同时,也应加强对旅游者的购物安全教育,让旅游者睁开"雪亮的眼睛",提高警惕,增强消费安全意识。

第四节 研学旅行安全管理组织体系

旅游业综合性强、覆盖面广、产业链条长,涉及交通、质检、食品卫生、消防气象、公安、出入境管制等多个领域,任何一个环节出现问题,都可能给旅游者生命财产造成重大损害。因此,旅游安全不仅仅是旅游部门负责的安全。《旅游法》规定:"县级以上人民政府统一负责旅游安全工作。县级以上人民政府有关部门依照法律、法规履行旅游安全监管职责。"旅游安全事件的防控与管理必须要落实"党政同责、一岗双责",遵循管行业必须管安全、管业务必须管安全、管生产经营必须管安全的原则,形成"政府统一领导、部门依法监管、企业全面负责"的旅游安全责任体系与工作体制。

在组织机构体系建立上,研学旅行安全管理组织机构除了包括以下的安全管理机构外,还有其他的组织机构要求,本节主要对综合性安全管理机构、旅游行业安全管理机构、旅游救援机构以及其他相关机构四个组织进行探讨。

一、综合性安全管理机构

(一)应急管理部

1.国务院应急管理办公室

国务院是突发公共事件应急管理工作的最高行政领导机构。在国务院总理领导下,通过国务院常务会议和国家相关突发公共事件应急指挥机构,负责突发公共事件的应急管理工作;必要时,派出国务院工作组指导有关工作。为进一步加强应急管理工作,全面履行政府职能,根据《国务院关于实施国家突发公共事件总体应急预案的决定》(国发〔2005〕11号)和中编办《关于增设国务院办公厅国务院应急管理办公室的批复》(中央编办复字〔2005〕47号),国务院办公厅设置国务院应急管理办公室(国务院总值班室),承担国务院应急管理的日常工作和国务院总值班工作,履行值守应急、信息汇总和综合协调职能,发挥运转枢纽作用。

2018年9月13日,根据党的十九届三中全会审议通过的《深化党和国家机构改革方案》和第十三届全国人民代表大会第一次会议批准的《国务院机构改革方案》,经报党中央和国务院批准,对国务院办公厅职责、机构和编制做出调整:国务院办公厅应急管理职责划入应急管理部,不再保留国务院应急管理办公室。

2.中华人民共和国应急管理部

中华人民共和国应急管理部主要的职责是组织编制国家应急总体预案和规划,指导各地区各部门应对突发事件工作,推动应急预案体系建设和预案演练。建立灾情报告系统并统一发布灾情,统筹应急力量建设和物资储备,并在救灾时统一调度,组织灾害救助体系建设,指导安全生产类、自然灾害类应急救援,承担国家应对特别重大灾害指挥部工作。指导火灾、水旱灾害、地质灾害等防治。负责安全生产综合监督管理和工矿商贸行业安全生产监督管理等。

中华人民共和国应急管理部包括国家防汛抗旱总指挥部、国务院抗震救灾指挥部、国务院安全生产委员会、国家森林草原防火指挥部、国家减灾委员会五个议事机构,具体推进各项安全管理工作。

(二)外交部门

外交部涉及安全的主要职责有:调查研究国际形势和国际关系中全局性、战略性的问题;研究分析政治、经济、文化、安全等领域外交工作的重大问题;为党中央、国务院制定外交战略和方针政策提出建议;负责协调处置境外涉外突发事件,保护境外中国公民和机构的合法权益,参与处置境内涉外旅游突发事件。

当发生入境旅游与出境旅游安全事件时,外交部门是旅游安全的相关管理机构。

(三)卫生部门

旅游安全涉及旅游者饮食健康、公共卫生安全等情况时,需要卫生部门紧密配合实行综合管理。卫生部门的职责主要有:承担食品安全综合协调;组织查处食品安全重大事故;组织制定食品安全标准;负责食品及相关产品的安全风险评估、预警工作;制定食品安全检验机构资质认定的条件和检验规范;统一发布重大食品安全信息;负责公共卫生安全事件应急工作;制定公共卫生事件应急预案和政策措施;负责突发公共卫生事件监测预警和风险评估;指导实施突发公共卫生事件预防控制与应急处置;发布突发公共卫生事件应急处置信息。

(四)安全生产监督管理部门

国家安全生产监督管理局的主要职责有:组织起草安全生产综合性法律法规草案;拟定安全生产政策和规划;指导协调全国安全生产工作;分析和预测全国安全生产形势,发布全国安全生产信息,协调解决安全生产中的重大问题;承担国家安全生产综合监督管理责任,依法行使综合监督管理职权,指导、协调、监督检查国务院有关部门和各省、自治区、直辖市人民政府的安全生产工作;监督考核并通报安全生产控制指标执行情况,监督事故查处和责任追究落实情况;承担安全生产监督管理责任,按照分级、属地原则,依法监督检查生产经营单位贯彻执行安全生产法律法规情况及其安全生产条件和有关设备(特种设备除外)、材料、劳动防护用品的安全生产管理工作;承担工矿商贸作业场所(煤矿作业场所除外)职业卫生监督检查责任;负责职业卫生安全许可证的颁发管理工作,组织查处职业危害事故和违法违规行为;制定和发布安全生产规章、标准和规程并组织实施,监督检查重大危险源监控和重大事故隐患排查治理工作,依法查处不具备安全生产条件的生产经营单位;负责组织国务院安全生产大检查和专项督查,根据国务院授权,依法组织特别重大事故调查处理和办理结案工作,监督事故查处和责任追究落实情况;负责组织指挥和协调安全生产应急救援工作,综合管理全国生产安全伤亡事故和安全生产行政执法统计分析工作;负责监督检查职责范围内新建、改建、扩建工程项目的安全设施与主体工程同时设计、同时施工、同时投产使用情况;组织指导并监督特种作业人员(煤矿特种作业人员。特种设备作业人员除外)的考核工作和工矿商贸生产经营单位主要负责人。安全生产管理人员的安全资格(煤矿矿长安全资格除外)考核工作,监督检查工矿商贸生产经营单位安全生产和职业安全培训工作;指导协调和监督全国安全生产行政执法工作。组织拟定安全生产科技规划,指导协调安全生产重大科学技术研究和推广工作;组织开展安全生产方面的国际交流与合作;承担国务院安全生产委员会的具体工作。承办国务院交办的其他事项等。

（五）公安部门

公安机关其任务是维护国家安全,维护社会治安秩序,保护公民的人身安全。人身自由和合法财产,保护公共财产,预防、制止和惩治违法犯罪活动,保障改革开放和社会主义现代化建设的顺利进行。公安机关的职能决定了它在旅游安全管理中充当极其重要的角色。

（六）海事部门

国家海事局负责行使国家水上安全监督和防止船舶污染、船舶及海上设施检验、航海保障管理和行政执法,并履行交通部门安全生产等管理职能。同时,分支海事局作为海上搜救分中心办公室,协助省级搜救中心组织、协调责任区内的搜救行动,处理海上搜救分中心的日常业务。

（七）教育部

教育部是中华人民共和国国务院主管教育事业和语言文字工作的国务院组成部门。其主要职责包括拟订教育改革与发展的方针、政策和规划,起草有关法律法规草案并监督实施;负责各级各类教育的统筹规划和协调管理,会同有关部门制订各级各类学校的设置标准,指导各级各类学校的教育教学改革,负责教育基本信息的统计、分析和发布;负责推进义务教育均衡发展和促进教育公平,负责义务教育的宏观指导与协调,指导普通高中教育、幼儿教育和特殊教育工作;指导全国的教育督导工作,负责组织和指导对中等及中等以下教育、扫除青壮年文盲工作的督导检查和评估验收工作,指导基础教育发展水平、质量的监测工作;指导以就业为导向的职业教育的发展与改革,制订中等职业教育专业目录、教学指导文件和教学评估标准,指导中等职业教育教材建设和职业指导工作;指导高等教育发展与改革,承担深化直属高校管理体制改革的责任;负责本部门教育经费的统筹管理,参与拟订教育经费筹措、教育拨款、教育基建投资的政策,负责统计全国教育经费投入情况;统筹和指导少数民族教育工作,协调对少数民族和少数民族地区的教育援助;指导各级各类学校的思想政治工作、德育工作、体育卫生与艺术教育工作及国防教育工作,指导高等学校的党建和稳定工作;规划、指导高等学校的自然科学和哲学、社会科学研究,协调、指导高等学校参与国家创新体系建设和承担国家科技重大专项等各类科技计划的实施工作,指导高等学校科技创新平台的发展建设,指导教育信息化和产学研结合等工作;拟订国家语言文字工作的方针、政策,制订语言文字工作中长期规划,制订汉语和少数民族语言文字规范和标准并组织协调监督检查,指导推广普通话工作和普通话师资培训工作;负责协调我国有关部门开展与联合国教科文组织在教育、科技、文化等领域国际合作,负责与联合国教科文组织秘书处及相关机构、组织的联络工作等。

在研学旅行方面,教育部也颁布了多个与研学旅行相关的重要政策文件,进一步指导研学旅行活动的落地实施,将研学旅行等综合实践课程纳入学校教育学分系统等。

二、旅游行业安全管理机构

(一)文化和旅游部

文化和旅游部是根据党的十九届三中全会审议通过的《中共中央关于深化党和国家机构改革的决定》《深化党和国家机构改革方案》和第十三届全国人民代表大会第一次会议批准的《国务院机构改革方案》设立。

文化和旅游部的主要职责包括贯彻落实党的文化工作方针政策,研究拟订文化和旅游政策措施,起草文化和旅游法律法规草案;统筹规划文化事业、文化产业和旅游业发展,拟定发展规划并组织实施,推进文化和旅游融合发展,推进文化和旅游体制机制改革;管理全国性重大文化活动,指导国家重点文化设施建设,组织国家旅游整体形象推广,促进文化产业和旅游产业对外合作和国际市场推广,制定旅游市场开发战略并组织实施,指导、推进全域旅游;负责公共文化事业发展,推进国家公共文化服务体系建设和旅游公共服务建设,深入实施文化惠民工程,统筹推进基本公共文化服务标准化、均等化;指导、推进文化和旅游科技创新发展,推进文化和旅游行业信息化、标准化建设;负责非物质文化遗产保护,推动非物质文化遗产的保护、传承、普及、弘扬和振兴;统筹规划文化产业和旅游产业,组织实施文化和旅游资源普查、挖掘、保护和利用工作,促进文化产业和旅游产业发展;指导文化和旅游市场发展,对文化和旅游市场经营进行行业监管,推进文化和旅游行业信用体系建设,依法规范文化和旅游市场等十三项内容。

文化和旅游部下设办公厅、政策法规司、人事司、财务司、艺术司、公共服务司、科技教育司、非物质文化遗产司、产业发展司、资源开发司、市场管理司、文化市场综合执法监督局、国际交流与合作局(港澳台办公室)、机关党委(党组巡视工作领导小组办公室)等。

办公厅负责机关日常运转工作。组织协调机关和直属单位业务,督促重大事项的落实。承担新闻宣传、政务公开、机要保密、信访、安全工作。

政策法规司主要负责拟订文化和旅游方针政策,组织起草有关法律法规草案,协调重要政策调研工作;组织拟订文化和旅游发展规划并组织实施;承担文化和旅游领域体制机制改革工作;开展法律法规宣传教育;承担机关行政复议和行政应诉工作。

公共服务司主要负责拟订文化和旅游公共服务政策及公共文化事业发展规划并组织实施；承担全国公共文化服务和旅游公共服务的指导、协调和推动工作；拟订文化和旅游公共服务标准并监督实施；指导群众文化、少数民族文化、未成年人文化和老年文化工作；指导图书馆、文化馆事业和基层综合性文化服务中心建设；指导公共数字文化和古籍保护工作。

科技教育司主要负责拟订文化和旅游科技创新发展规划和艺术科研规划并组织实施；组织开展文化和旅游科研工作及成果推广；组织协调文化和旅游行业信息化、标准化工作；指导文化和旅游装备技术提升；指导文化和旅游高等学校共建和行业职业教育工作。

产业发展司主要负责拟订文化产业、旅游产业政策和发展规划并组织实施；指导、促进文化产业相关门类和旅游产业及新型业态发展；推动产业投融资体系建设；促进文化、旅游与相关产业融合发展；指导文化产业园区、基地建设。

资源开发司主要承担文化和旅游资源普查、规划、开发和保护；指导、推进全域旅游；指导重点旅游区域、目的地、线路的规划和乡村旅游、休闲度假旅游发展；指导文化和旅游产品创新及开发体系建设；指导国家文化公园建设；承担红色旅游相关工作。

（二）省市区文化和旅游管理部门

省市区文化和旅游管理部门的主要职责一般包括：组织起草文化和旅游地方性法规、规章草案，组织拟订政策措施；统筹规划地区文化事业、文化产业相关门类和旅游业发展，拟订发展规划并组织实施，促进文化和旅游融合发展，推进文化和旅游体制机制改革；践行社会主义核心价值观，把握正确导向，指导、管理文艺事业，指导具有导向性代表性示范性文艺作品的创作生产，推动各门类、各艺术品种发展；指导、协调地区重大文化和旅游活动；负责地区文化公共事业发展，推进公共文化服务体系建设和旅游公共服务建设等内容。

三、旅游救援机构

（一）国际性救援机构

1. 国际SOS救援中心

国际SOS救援中心的前身是亚洲紧急救援中心(AEA)创建于1985年。1998年7月AEA全面兼并国际SOS救助公司(International SOS Assistance)创建了世界上第一家国际医疗风险管理公司——国际SOS救援中心。

目前国际SOS救援中心是全球最大的医疗救援及健康管理公司。同时它也是全球偏远地区现场医疗服务的最主要提供者，中心服务的对象包括个人、旅行团体、自助旅行者以及旅居国外的移民者。服务中所涉及的费用由中心与委托机构办理，个别没与中心建立关系的客户也可以在发生意外时向中心求助，所需费用由中心与客户、家属、保险公司等协商解决。

国际救援中心在我国的包括北京在内的几个城市开设了分支机构，其中包括24小时紧急救援报警中心、国际诊所和/或办公室。1989年7月国际救援中心正式在北京设办事处,开始协调处理中国境内的紧急救援事务。1995年1月经批准,国际SOS救援中心又与北京市红十字会合作建立了具有国际水准的北京国际SOS救援中心。2001年8月救援中心上海办事处也正式成立。

国际SOS救援中心提供的服务范围包括:旅游信息服务;协助客户办理出发前的准备工作。如协助用户申办签证、免疫通知、推荐并预订酒店等;帮助解决旅途中的问题;承接客人的法律顾问;进行医疗救助等。

2.其他国际救援公司

目前,在我国发展的国际救援机构还有安盛旅行援助服务有限公司、欧乐国际救援机构、蒙迪艾尔救援机构、路华救援机构(曼弗雷国际救援公司在中国的分支机构)等。

(二)国内救援机构

1.民政部救灾司

民政部救灾司的主要职责是拟订救灾工作政策;承办救灾组织、协调工作;组织自然灾害救助应急体系建设;承办灾情组织核查和统一发布工作;承办中央救灾款物管理、分配及监督使用工作;会同有关方面组织协调紧急转移安置灾民、农村灾民毁损房屋恢复重建补助和灾民生活救助;承办生活类救灾物资储备工作;组织和指导救灾捐赠;拟订减灾规划,承办国际减灾合作事宜。

根据2018年3月13日国务院机构改革方案,组建应急管理部,将民政部的救灾职责并入应急管理部,民政部撤销救灾司。

2.卫健委卫生应急办公室

卫生应急办公室的主要职责包括:承担卫生应急和紧急医学救援工作,组织编制专项预案,承担预案演练的组织实施和指导监督工作;指导卫生应急体系和能力建设;发布突发公共卫生事件应急处置信息。

3.中国国际旅行社旅行救援中心

中国国际旅行社旅行救援中心成立于1991年2月,是国内最早从事旅游救援的专业机构,目前已经建立了比较完善的旅游救援网络,一些海外旅游救援机构还在中心安装了专线服务电话,服务内容涉及游客旅途中的方方面面。

四、其他相关机构

(一)旅游企业安全管理小组

旅游企业安全管理小组主要是旅游企业为了有效防范和应对旅游安全事件而专门成立的旅游安全组织。

(二)旅游安全培训机构

旅游安全培训机构是以旅游从业人员和旅游者为培训对象,采用多种方式提高受训对象旅游安全管理水平和旅游安全知识、技能的旅游安全组织。它既可以由旅游政府部门组建,也可以通过市场来运作、实施企业化经营。

(三)旅游保险公司

旅游保险是对旅游安全的切实保障。它是一种经济契约关系和旅游风险管理方法,是以缴纳保险费建立起来的保险基金,对保险合同约定范围内的灾害事件所造成的损失,承担赔偿责任,进行经济补偿或给付的一种经济形式。它担负着为旅游者分散旅游风险、分摊旅游损失的重要职能,同时也成为旅游经营者正常经营与持续发展的保险机制。

旅游保险并不是一个独立险种,而是随着旅游业发展而产生的一个新的保险领域,是旅游活动中各种保险项目的总称。从1990年发展至今,我国基本上形成了具有旅行社旅客责任险、游客意外伤害保险、旅游人身意外伤害保险、住宿游客人身保险、旅游救助保险和旅游救援保险等险种的保险体系。

旅游安全救援系统是旅游安全管理系统中的核心,担负着应急救援的重要任务。当灾害已无法控制,旅游应急救援机构要迅速采取行动,启动应急救援预案,按照应急预案的操作步骤紧张、有序地进行。

研学旅行安全救援系统是包括核心机构、救援机构、外围机构,由旅游接待单位、旅游救援中心、保险、医疗、公安、武警/海军、消防、通信、交通等多部门、多人员参与的社会联动系统。

第五节 研学旅行安全管理实施体系

安全、有序、稳定是研学旅行安全管理的目标,研学旅行安全管理的主要内容包括研究安全风险、发现安全漏洞、解决安旅行安全问题。

研学旅行安全管理是从防范事故、化解危机到恢复正常的研学旅行秩序,是一项全方位、全过程的管理工作。通过研学旅行安全管理,可以消除风险与危害因素,部门负责控制运营过程中设施设备事故的发生,保障研学旅行系统内人员的安全与健康的应急预案,保护研学旅行各方的资源和财产安全。

在研学旅行安全管理过程中,要健全包括安全应急预案与演练、安全防范与应对、安全保障与管理、安全事故事后恢复与重建在内的过程实施体系,通过法治、行政、经济、科技、管理和教育等手段,确保在研学旅行安全管理全过程中发挥应有的管理效能。

一、研学旅行安全应急预案与演练

研学旅行的安全服务体系是涉及单位多、关联业态多、参与人数多、服务环节多、涉及安全内容多、安全风险点多、安全管控难度大的一个系统。安全服务单位涉及政府、学校、机构和研学目的地等多个部门,安全内容涉及交通安全、食品安全、住宿安全、身体安全、心理安全、财产安全、活动安全等多个方面的内容。同时,各个学龄段的学生个体、家长对安全的理解差异较大、对安全技能掌握得不全面;对研学旅行的所有从业者来说,安全防控的难度更大、安全服务的要求更高、安全管理责任更重,研学安全的目标更高,需要科学地完善安全应急预案与演练。

(一)研学旅行安全应急预案

根据《旅游安全管理办法》,旅游经营者应当承担旅游安全的主体责任,加强安全管理,建立健全安全管理制度,关注安全风险预警和提示,妥善应对旅游突发事件。

1. 研学旅行安全应急预案的概念

研学旅行安全应急预案,就是针对研学旅行过程中有可能发生的突发安全事件,为保证迅速、有序、有效地进行应急管理、组织指挥相关应急资源和应急行动,预先制订的有关计划、程序和具体安排。应急预案有应急处理预案、应急处置预案、应急救援预案等多种不同表述。

2. 研学旅行安全应急预案的类型

根据突发事件的性质、演变过程和发生机理,研学旅行安全应急预案主要分为四类:因自然灾害导致的研学旅行安全应急预案;因事故灾难导致的研学旅行安全应急预案;因突发卫生事件导致的研学旅行安全应急预案;因突发社会安全事件导致的研学旅行安全应急预案。

按照对象范围,研学旅行安全应急预案可以分为综合预案、专项预案、现场预案。

按照事故后果的危害程度和影响范围,研学旅行安全应急预案可以分为企事业单位级研学旅行安全应急预案;县级研学旅行安全应急预案;地级市级研学旅行安全应急预案;省级研学旅行安全应急预案国和国家级研学旅行安全应急预案。

(二)研学旅行安全应急演练

《中华人民共和国突发事件应对法》《国家突发公共事件总体应急预案》规定,为加强对应急演练工作的指导,应促进应急演练规范、安全、节约、有序地开展。

1. 研学旅行安全应急演练

应急演练是在事先虚拟的事件(事故)条件下,应急指挥体系中各个组成部门、单位或群体的人员针对假设的特定情况,执行实际突发事件发生时各自职责和任务的排练活动。简单地讲,应急演练就是一种模拟突发事件发生的应对演习。

2. 研学旅行安全应急演练类型

1)根据组织形式划分

根据组织形式划分,研学旅行安全应急演练可分为桌面演练和实战演练。

(1)桌面演练。

桌面演练是指参演人员利用地图、沙盘、流程图、计算机模拟、视频会议等辅助手段,针对事先假定的演练情景,讨论和推演应急决策及现场处置的过程,从而促进相关人员掌握应急预案中所规定的职责和程序,提高指挥决策能力和协同配合能力。

(2)实战演练。

实战演练是指参演人员利用应急处置涉及的设备和物资,针对事先设置的突发事件情景及其后续的发展情景,通过实际决策、行动和操作,完成真实应急响应的过程,从而检验和提高相关人员临场组织指挥队伍调动能力、应急处置技能和后勤保障能力等应急能力。

2)根据内容划分

根据内容划分,研学旅行安全应急演练可分为单项演练和综合演练。

(1)单项演练。

单项演练是指只涉及应急预案中特定应急响应功能或现场处置方案中的一系列应急响应功能的演练活动,注重针对一个或少数几个参与单位(岗位)的特定环节和功能进行检验。

(2)综合演练

综合演练是指涉及应急预案中多项或全部功能的演练活动,注重对多个环节和功能进行检验,特别是对不同单位之间的应急机制和联合应对能力的检验。

3)根据目的与作用划分。

根据目的与作用分,研学旅行安全应急演练可分为检验性演练、示范性演练和研究性演练。

(三)研学旅行安全应急预案与演练的基本内容

由于重大事故往往突然发生,扰乱正常的生产、工作和生活秩序,如果事先没有制定事故应急预案,容易因慌张、混乱而无法实施有效的抢救措施;若事先的准备不充分,可能发生应急人员不能及时到位,延误抢救,甚至导致事故扩大等情况。

制定应急预案,是在事故发生前制定各种事故特别是重大事故的应急预案。要做到事故突发时能准确、及时地采取恰当的应急处理方法,将事故消灭在萌芽状态,还必须对事故应急预案进行培训和演练,使各级应急机构的指挥人员、抢险队伍、企业职工了解和熟悉事故应急的要求和自己的职责。只有做到这一步,才能在发生紧急状况时采用预案中制定的抢险和救援措施,及时、有效、正确地实施现场抢险和救援,最大限度地减少人员伤亡和财产损失。

1.研学旅行安全应急预案的基本内容

研学旅行安全应急预案一般采用"1+4结构"。

"1+4结构"主要包括:

(1)基本预案,是对该应急预案的总体描述;

(2)应急功能设置(又称应急程序),着眼于突发事件发生时通常采取的一系列基本的应急行动和任务,主要的对象是应急执行机构;

(3)特殊风险预案,即根据潜在的风险类型,说明处置此类风险应该设置的专有应急功能或有关应急功能所需的特殊要求;

(4)标准操作程序,用以说明各项应急功能的实施细节,从而为应急组织和个人提供履行应急功能设置中规定的职责的详细指导;

(5)支持附件,主要包括有关支持保障系统的描述和有关的附图表。

研学旅行应急预案的核心内容应包括危险性分析、组织结构及职责任务预防与预警、应急响应、信息发布、后期处置、综合保障、监督管理等。

2.研学旅行安全应急演练的基本内容

应急演练组织单位要根据实际情况,并依据相关法律法规和应急预案的规定,制定年度应急演练规划,按照"先单项后综合、先桌面后实战、循序渐进、时空有序"的原则,合理规划应急演练的频次、规模、形式、时间、地点等。

研学旅行安全应急演练的基本内容就是培训和演练:

一方面,根据相关人员情况的分析结果确定培训内容和方法。

另一方面,要对演练准备内容、演练组织、演练方式、演练范围与频次的规定进行评价、总结和追踪。

二、研学旅行安全的防范与应对

研学旅行安全的防范,贯穿研学旅行的前期准备、过程组织和后期跟踪等整个周期的安全管理,在安全事故发生后采取合理有效的应对措施,降低事故的伤害程度,减小事故造成的影响,对确保研学旅行顺利开展有着十分重要的意义。

(一)研学旅行安全的防范

1.建立流程化的安全管理制度

组织方、承办方及供应方应针对研学旅行活动,分别制定流程化的安全管理制度,构建完善有效的安全防控机制。

2.配备专职安全管理人员

组织方和承办方应根据各项安全管理制度的要求,明确安全管理责任人员及其工作职责,在研学旅行活动过程中安排安全管理人员随团开展安全管理工作。

3.安全教育

安全教育包括工作人员安全教育和学生安全教育。

4.制定应急预案

组织方、承办方及供应方应制定和完善包括地震、火灾、食品卫生、治安事件、设施设备突发故障等在内的各项突发事件应急预案,并定期组织演练。

(二)研学旅行安全的应对

不同的安全事故有不同的特点、规模、程度、性质和后果,应对的程序不尽相同。

1.前期处置

现场处置时,首先要做出正确反应并及时控制局势。因此,需采取果断措施,迅速隔离险境,力争把突发事故所造成的损失降低到最低程度,为恢复正常状态提供保证;同时,根据现场的具体情况辨识危险源,确认其位置及危害程度,并对其进行分类处理。

2.启动预案

通过初步研判了解清楚安全事故发生的原因、过程、性质,及时向组织方和承办方汇报，并迅速会同有关职能部门分析讨论，确定符合预案启动的条件后，制定相应对策并启动应急预案，采取有效措施立即处理，防止事件影响扩大。

3. 应急救援

在应急救援中，要遵循先人后物的原则进行抢救。应急救援的基本任务包括组织抢救受害人员，组织撤离或者采取措施保护危险区域的其他人员；及时做好学生的思想工作；查明事件原因，做好现场保护，以及事故调查取证工作，防止证据遗失。

4. 信息发布

信息发布要遵循及时、准确、公开、透明的原则。主动发布事件及其处置的准确、权威信息，积极回应各方关切，与家长进行有效沟通。

5. 评估总结

处置工作结束以后，需要对整个事件进行评估。通过全面收集信息，了解安全事故所造成的破坏程度，从社会效应、经济效应、心理效应和形象效应等多方面评估有关措施的合理性和有效性，并如实撰写详尽的安全事故处置报告。

三、研学旅行安全保障与管理

（一）研学旅行安全保障机制构建

随着旅游业的发展，有关旅游安全的法律、法规已经陆续出台，这些法律、法规的落实是研学旅游安全进行的基本保障。

其一，通过建立、完善相关研学旅游安全法律、法规，制定安全保障准则与规范。

其二，大力加强对研学旅行的监督和管理，并且建立相应的责任追究机制，从责任追究机制上推进安全监督管理。

其三，根据我国国情、区域实际情况与文化环境等建设研学基地，建立研学旅游基地划分标准和数据库，为各个年龄阶段的中小学生匹配区域内最佳、最安全的研学旅游基地。

（二）研学旅行安全的行政管理保障

研学旅行是一项社会综合活动，需要社会多个部门的通力协作、合力推进。

研学旅行安全责任主体主要有教育行政部门、学校、旅游、交通、公安、食品卫生、保险监管等部门。建立研学旅行安全保障机制需要从部门联动机制、日常管理机制、安全责任界定机制、安全"三防"工作机制、安全保险托底机制五个方面入手，成立相关研学旅行工作领导小组，做好出行规划、行前审批和日常监管，并在活动开展前签订学校、家长学生、旅行社、服务机构等的安全责任协议书，将安全责任界定清晰，同时购买相应的旅游保险，确保旅游活动安全有保障。

（三）研学旅行安全的责任单位保障

学生是研学旅行的主体，对其进行安全教育是研学旅行安全工作的重中之重。在研学活动开展前，学校要开展好安全教育和演练工作。通过编制研学旅行手册，加强研学旅行安全教育等方式,增强教育引导和规范,提高研学安全意识。同时,在学校的日常教育中,设置一些应对研学旅行中安全问题的在校健康课程,并适时开展研学旅行安全应急演练,让学生树立较强的危险防范意识,更好地掌握逃生技能,从而有效预防与避免安全事故的发生,对学生的成长也大有裨益。

在研学活动的组织过程中,一方面,学校可以利用实地踩点、电话踩点和借鉴踩点三种踩点方式,以及公开招标的形式,做好安全保障;另一方面,为了有效应对突发情况,学校应制定各类有效的工作预案并开展教师研学旅行培训,落实教师的安全职责。当然,学校在研学旅行前、旅行中、旅行后都要做好和家长的沟通工作,这样不仅能减少学校与家长之间的矛盾,让家长认可学校、信赖学校,还能让家长助力提升研学旅行安全性。

(四)研学旅行安全的社会资源保障

研学旅行安全的社会资源保障涵盖了研学旅游基地基础安全责任制度保障、保险保障和智能化安全网络保障。

研学旅游基地基础安全责任制度是研学旅游开展的重要地方载体。

出行前,学校投保学生意外险、校方责任险等,充分发挥了保险保障职能,能为研学旅行的学生们更好地保驾护航。

此外,在科技发达的时代,要学会"向科技要安全",通过在营地和基地里打造智能化的安全网络,实时定位学生位置和监测学生的活动轨迹,配备亲情通话、健康监测,实施脱团管理和告警信息管理等项目,开展智慧研学,从而全方位地保障学生的安全。

四、研学旅行安全事故事后恢复与重建

安全事故会对旅游者、旅游企业和旅游地造成综合性的影响。常规旅行安全事故的恢复与重建工作主要包括事件发生场所环境和秩序的恢复,对旅游者、从业人员和旅游企业等涉事主体进行善后赔偿,对旅游者和从业人员等涉事人员进行心理干预和调控等。这些工作通常是由涉事的责任企业或个人予以承担和执行的。相比之下,自然灾害等重大突发事件发生后,旅游业所进行的恢复重建工作要格外艰巨,其恢复重建的任务更强调系统性和完整性。

(一)恢复与重建的任务分解

恢复与重建是旅游地恢复旅游产业功能、推动旅游经营秩序正常化的重要基础。从应急管理的角度来看,旅游业恢复重建是旅游应急管理的关键环节,也是旅游业由非常态转向常态的重要机制。作为一个系统工程,重灾后旅游业的恢复与重建有其特定的战略任务体系。重大灾难可能会全面改变受灾地旅游业的产业状态,会给旅游产业、旅游产品、旅游市场等带来结构性的影响。

1. 旅游产业功能的恢复

旅游产业功能的恢复是通过恢复重建工作实现旅游产业的食、住、行、游、娱、购等产业功能体系的复原,使旅游产业以健康、健全的状态恢复全面运作,从而实现其接待

服务功能。在旅游产业的功能体系恢复中,对可以直接恢复使用的工种进行优先恢复工作,可以降低功能恢复成本、提升功能恢复效率;对不能直接恢复功能的设施,要通过优化重建的方式进行功能改进和提升恢复。

2. 旅游设施项目的重建

旅游设施项目的重建是指通过全面评估旅游业在灾害中遭受的损失,对不能恢复功能的旅游基础设施、旅游产业要素设施等进行实体重建,以实现旅游业的功能再生。为了恢复旅游产业的运作功能而新设立的旅游基础设施和产业要素设施的建设工作,也属于旅游设施项目重建工作的范畴。

3. 旅游发展格局的调整

重大灾害会破坏旅游地的资源产品,但也可能为旅游地提供新的产品形态。因此,灾后有必要对旅游业的生产力布局进行战略调整,并对灾后旅游业的产业结构进行战略优化。这是适应灾后旅游业发展的新形势、新情况,是推动灾后旅游业健康发展的重要前提。

4. 旅游竞争力的提升

灾后旅游业的恢复重建虽然面临重重困难,但旅游业也获得了调整产业结构、通过恢复重建实现提档发展、跨越式发展的战略机会。通过恢复重建工作,旅游业可以高标准、高品质地开展旅游基础设施和产业要素设施的建设工作,并从区域整体竞争力提升的角度进行战略优化,从而提升灾后旅游产业的发展水平。

灾后旅游业的恢复重建是旅游地市场发展振兴的战略契机。虽然突发事件给受灾地旅游业的基础设施和旅游形象造成了重大伤害,但也会使国内和国际高度关注受灾区域,无形中提升了受灾区域的知名度。

(二)恢复与重建的运行机制

恢复与重建是一个庞大的系统工程,需要处理部门、地区、行业等复杂的利益相关者关系,需要承担艰巨的恢复重建任务,建立清晰、系统的运作机制是恢复重建工作取得成功的关键。

旅游安全事故事后恢复与重建中的运作机制一般包括以下几个方面:

1. 以体制机制建设为旅游业恢复重建的核心驱动力

为推动旅游业恢复重建的顺利开展,灾区旅游主管部门应紧密依托国家所确立的救灾体制,在上级旅游主管部门和灾区政府的领导与支持下,极力推动地方旅游管理部门在管理机制上的创新,确立明确的恢复重建体制,建立具体的恢复重建领导机构和执行机构,并明确其职责、义务和工作方式,以更好地领导和组织恢复重建工作。

2. 以战略定位和重建规划为旅游业恢复重建的战略驱动力

旅游恢复重建的战略定位是明确旅游业在恢复重建整体框架中的结构地位及其发展方向的总体决策谋划。恢复重建规划则是在战略谋划基础上对恢复重建工作所提供的具体的工作指引。两者在宏观和微观层次为旅游恢复重建工作提供了基本方向和行动纲要。因此,战略定位应该为旅游业的恢复重建提供战略层次的驱动力量,恢复重建规划则应为旅游业恢复重建提供战略驱动的具体保障。

3. 以结构性战略任务为旅游业恢复重建的运作目标

旅游突发事件会对旅游业生产要素和市场要素造成极大的破坏。因此,恢复重建工作一开始就应该将旅游业生产能力恢复重建和旅游业市场恢复振兴作为核心的结构性战略任务。同时,应积极进行生产力布局调整和战略优化,将旅游业的提档发展、跨越式发展作为恢复重建的关键运作目标。明确的目标导向会使旅游业的恢复重建进程具有任务明确、阶段清晰、战略稳定和导向有力的特征,有利于推动恢复重建工作的整体进程。

4. 以评估总结机制为旅游业恢复重建的技术监督力量

灾后旅游业损失评估可以明确旅游突发事件对旅游业造成的具体损失,为恢复重建的科学定位提供技术基础。同时,项目评估、中期评估和总结评估等一系列的评估方式可以对旅游业的恢复重建进程、恢复重建质量和恢复重建成效等进行系统的监督与反馈,可以有效提升恢复重建工作的质量。

5. 以系统的保障机制为旅游业恢复重建的运作基础

旅游业的恢复重建工作是一个庞大的系统工程,需要庞杂的资源支撑。为此,各级人民政府和旅游行政管理部门应发布支持政策,为旅游业的恢复重建提供从财政、金融税费到土地、人力和技术等多方向的产业扶持政策,为旅游产业的恢复重建提供资金、土地、人力和组织管理决策等方向的系统化的保障措施,大力推动恢复重建工作的进程。

6. 以社会动员机制为旅游业恢复重建的资源整合方式

受灾地区可借助国家的强大支持,通过行政动员、法令动员、舆论动员和自发动员等社会动员方式,筹集大量的社会资源来支持旅游业的恢复重建,有效弥补灾区旅游业恢复重建资源的不足。这样既可以为灾区旅游业的恢复重建提供一定的资源基础,也可以增强灾区旅游业发展的社会基础。

本章小结

1. 安全管理体系就是基于安全管理的一整套体系,体系包括"软件"和"硬件"两方面。"软件"方面涉及思想、制度、教育、组织、管理;"硬件"包括安全投入、设备、技术、运行维护,等等。构建安全管理体系的最终目的就是实现企业安全、高效运行。研学旅行安全管理是研学旅行各直接与间接参与者遵照国家与安全相关的法律、法规、规章、标准和制度等,采取各种管理措施和技术方法,防范、控制和消除研学旅行中的不安全因素,包括人的不安全行为、物的不安全状态和环境的不安全条件,从而保障研学旅行的安全运行和可持续发展。

2. 研学旅行安全管理体系是以学生为安全管理的中心,以政府行政管理部门为主导,以主办方、承办方、供应方为主责,以家长为辅助。

3. 研学旅行安全管理法律与制度体系包括国内安全相关政策法规、国内旅游安全相关政策法规、国内研学旅行安全相关政策法规、安全管理工作制度、安全管理技术规程、安全管理责任制度、安全管理检查制度、安全应急救援制度和安全调查处理制度。

4. 旅游安全保障是旅游安全学研究和旅游安全工作的最终目的，而旅游安全管理是实现旅游安全保障这一最终目标的有效途径。研学旅行安全管理体系，涵盖旅游活动的六个环节即饮食安全、住宿安全、旅行安全、游览安全、购物安全、娱乐安全，确保研学人员在食、住、行、游、娱、购各环节的安全。

5. 在组织机构体系建立上，研学旅行安全管理组织机构包括综合性安全管理机构、旅游行业安全管理机构、旅游救援机构以及其他相关机构四个主要组织。

6. 安全、有序、稳定是研学旅行安全管理的目标，研学旅行安全管理实施体系要涵盖健全安全应急预案与演练、安全防范与应对、安全保障与管理、安全事故事后恢复与重建在内的过程实施体系。

思考与训练

1. 结合本章所学内容，谈谈如何从食、住、行、游、娱、购六个方面去建立研学旅游过程中的安全保障体系。

2. 通过对研学旅行安全管理的相关法律和制度规定的学习，探讨如何构建研学旅行安全管理的法治化体系结构。

3. 研学旅行安全管理涉及诸多管理机构，请谈谈在组织机构体系建构上应如何形成"政府统一领导、部门依法监管、企业全面负责"的旅游安全责任体系与工作体制。

第五章
研学旅行旅游要素安全与管理

本章目标

1. 掌握研学旅行在食、住、行、游、购五个环节上的安全管理要点。
2. 理解研学旅行住宿安全的表现形态、安全问题产生的原因及安全管理的基本要求。
3. 理解研学旅行餐饮安全的表现形态、安全问题产生的原因、安全管理制度及应急处置方法。
4. 理解研学旅行游览安全的表现形态、安全事故类型,以及研学旅行前、旅行中的安全注意事项。
5. 理解研学旅行交通安全管理的指导思想、安全风险识别及安全预防工作要点。

知识框架

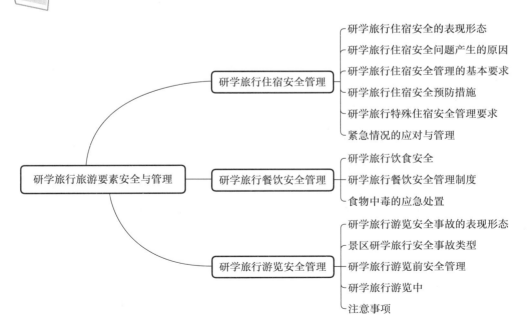

研学旅行安全管理

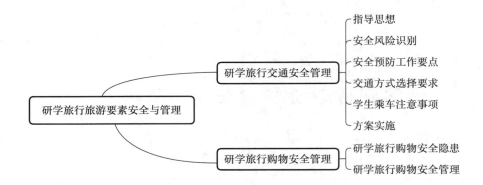

1. 掌握研学旅行旅游要素安全与管理的内涵。
2. 掌握研学旅行在食、住、行、游、购五个环节上的安全管理表现形态和特征。
3. 掌握研学旅行住宿安全管理、餐饮安全管理、游览安全管理、交通安全管理、购物安全管理的基本要求和注意事项。

39名学生8天研学旅行中食物中毒,教育局:活动已报备,学校不违规[①]

2019年7月,四川内江第二中学700余名学生赴京研学旅行分两批次出发,21日陆续返程,行程8天。在此次研学旅行中,世纪明德公司安排周密,为同学们制定了科学合理的研学游览路线。7月22日下午6点,四川省内江市第二中学参加暑期研学活动的391名师生搭乘由北京西开往重庆西的列车。18时许,39名营员陆续出现了恶心、呕吐、腹泻等症状,经卫生部门初步诊断为细菌性集体食物中毒。世纪明德公司第一时间启动应急预案,对发病营员展开全力医治。其中,24名营员于7月23日零点左右在郑州站下车送医,7名营员于7月23日凌晨4点半左右在汉口站下车送医,8名营员于7月23日早上9点左右在恩施站下车送医。同时,世纪明德公司责令河南及湖北公司指派专人负责所有发病营员的医治、送返等全部工作。公司承担所有相关费用,以全力救治营员为第一要务。截至7月25日零点,所有发病营员体征平稳并已陆续康复出院、返程。

有学生及家长称:此次研学旅行往返若乘坐普通火车,研学旅行费用为每人3800元;若选择乘坐高铁,则每人4800元。对于此次研学旅行,有的认为较有意义,但游览

---

① 《内江研学途中39名食物中毒学生陆续康复返程,组织方:待检测结果》,红星新闻,https://baijiahao.baidu.com/s?id=1639985104939201821&wfr=spider&for=pc。

走马观花,太累了;有的则认为费用太贵,不划算。而对于此次返程用餐,有的是由旅行社安排和发放的,也有学生自带的零食。

校方官方微信称,游览线路由世纪明德公司制定。7月24日,内江市教育局相关负责人表示,学校此次研学旅行组织不违规。那么,如何预防研学旅行安全事故呢?需要建立健全研学旅行安全管理体系。

1. 主办方:守住合作底线,掌握实施主导权

(1)在课程设计上发挥主导作用。

目前,多数学校在规划研学旅行课程时,以旅行社提供的方案为主导。但是,学校显然比旅行社更懂教育,学校应根据学生实际和教育要求,在制定研学旅行课程方案中发挥主导作用,杜绝"只旅不学"现象,这在坚持课程教育取向的同时,降低了安全风险。

(2)对承办方、服务方能力进行评估。

对于选择承办方,学校要根据其资质、经验、人力、安全保障方案等进行综合评估,尤其是针对承办方选定的食宿、交通、研学场所,学校要提前进行踩线考察,排查可能存在的安全隐患,进而做出选择。

(3)加强师生安全教育。

除了通过常规会议对参与研学旅行的师生进行安全教育外,还可邀请旅行社或户外安全专家对师生实施安全教育和应急演练,提高师生的安全意识和应急能力;同时,在研学旅行过程中,教师在做好学生管理工作的同时,要加强对承办方和服务方的监督和管理,切实督促其履行服务职责。

2. 承办方:履行服务职责,做好安全保障工作

(1)进行实地考察。

如研学旅行路线可能涉及水、电等方面的危险,在设计行程时要引起注意,尽量做好路线调整和特殊应急预案。

对于食宿、交通、研学基地的资质、安全条件进行考察,从源头上减少研学旅行的安全风险。

(2)强化人员素质。

要按照《研学旅行服务规范》的要求,配备足够的工作人员,如安全员、研学导师、导游,加强对这些人员进行培训,提升这些人员的安全管理能力。

应提前划分好责任,充分考虑可能发生的各种情况,将每一项工作责任落实到个人。

3. 供应方:严格履行合同,提升活动安全等级

(1)制订完善的接待计划。

与一般旅游团队接待计划不同的是,研学旅行团队的旅行者大多是未成年人,加之他们对外出有强烈的新奇感,管理难度较大。所以,各供应方应提前做好接待计划,落实好人员和安全管理职责。

(2)确保活动设施设备安全。

对于车辆、餐饮原材料、住宿环境、景区设施等,相关供应方应提前进行检查,排除安全隐患。交通供应方还应向当地交通管理部门备案,并为学生及带队老师购买乘车保险;餐饮供应方应确保门店干净整洁、食物卫生;住宿供应方应检查房间内外设施和环境,确保师生的人身及财产安全;研学基地等企业应对其重点区域,如水域等,设置专人管理,排除安全风险。

4.政府部门:加强监督管理,保障活动安全开展

根据《关于推进中小学生研学旅行的意见》要求,教育行政部门要负责督促学校落实安全责任,审核学校报送的活动方案和应急预案;文旅部门负责审核开展研学旅行的企业或机构的准入条件和服务标准;交通部门负责督促有关运输企业检查学生出行的车、船等交通工具;公安、市场监管等部门加强对研学旅行涉及的住宿、餐饮等公共经营场所的安全监督。为此,各地相关部门应进一步制定具体的措施,保障研学旅行活动的安全有效开展。

思考:

研学旅行在住宿安全管理、餐饮安全管理、游览安全管理、交通安全管理、购物安全管理等方面都存在着很多不稳定因素,本案例中的安全事故属于研学旅行中的餐饮安全事故,如何更好地预防安全事故的发生需要我们掌握研学旅行在食、住、行、游、购几个环节上的安全管理上的表现形态和特征。希望通过本章学习能让同学们熟练掌握研学旅行旅游要素安全与管理的内容。

第一节 研学旅行住宿安全管理

住宿是研学旅行活动中重要的一环,在整个旅游活动中,学生基本上都处于陌生的环境中,只有在住宿处,才相对独立和安全。但是,住宿环节实际上是研学旅行中安全问题的高发环节。

一、研学旅行住宿安全的表现形态

(一)住宿的场所分析

目前,研学旅行中的住宿,常见的有以下几种形式:经济型酒店、青年旅社、民宿、承接研学旅行的基地。

1.经济型酒店

经济型酒店又称有限服务酒店,其最大的特点是房价便宜,其服务模式为B&B(住宿+早餐)。经济型酒店最早出现在美国,如今在欧美国家已是相当成熟的酒店形式。根据经济型酒店的特点和中国的实际情况,经济型酒店的定义可以总结为:以大众旅行者和中小商务者为主要服务对象,以客房为唯一或核心产品,价格实惠、服务标准、环境舒适、硬件上乘、性价比高的现代酒店业态。

优点:干净整洁,住宿条件优越。

缺点:不利于组织管理,房间数量较少,学生或团队要分开居住使得安全隐患增加,人员鱼龙混杂,学生安全无保障,地理位置大多处于市区,出入交通安全不能保障。

2.青年旅社

青年旅社又称青年旅馆、青年旅舍,与传统意义上的青年旅行社(旅游公司)不是同一个概念。青年旅社以安全、经济、卫生为特点,接待对象以14—17岁的青年为主,青年旅社以床位论价。室内设备简单,有高低床、硬实的床垫和厚实的被褥,带锁的个人衣柜,使用集体浴室和洗手间。硬件要求结实、美观、实用、方便,以自助为主,设有如洗衣房、自助餐厅等,还有康乐室和公共活动室等,青年人可根据自身特点组织各种文体活动。

优点:容纳学生数量多,便于团队聚集管理。

缺点:卫生方面不能保障,工作人员配备较少,学生外出无记录,容易产生安全隐患。住宿人员较为复杂,不利于学生成长。

3.民宿

民宿是指利用自用住宅空闲房间,结合当地人文景观、自然景观、生态资源、环境资源及农林渔牧生产活动,为外出郊游或远行的旅客提供个性化住宿场所。除了常见的饭店以及旅社,其他可以提供旅客住宿的地方,例如民宅、休闲中心、农庄、农舍、牧场等,都可以归纳成民宿。

优点:具有当地文化特色或独特之处,环境优雅,可让学生放松身心。

缺点:每户客房较少,大型研学团队无法集体入住,分散居住不利于管理。安保措施不够完善,存在较大的安全隐患。

4.研学活动基地

研学活动基地自身或周边拥有良好的餐饮住宿条件和配套设施,具有独特的研学旅行资源、专业的运营团队、科学的管理制度以及完善的安全保障措施,能够为进行研学旅行的学生提供良好的学习、实践活动。

优点:有承接研学旅行团队的经验,住宿安排制度已经成熟。基地大多为内部活动使用,外人无法进入,有专人管理宿舍,安全有保障。

缺点:位置较偏僻,交通便利性差,需乘坐基地车辆出入。

(二)住宿安全问题类型

住宿安全事故是指研学旅行的学生在目的地或营地住宿期间,因住宿设施、环境等问题引起的学生意外事故。研学旅行住宿中的安全问题主要表现为三种类型:以偷盗为主的犯罪行为、火灾、设施不完善引起的安全问题等。

1.以偷盗为主的犯罪行为

我国研学旅行住宿中常见的犯罪形式主要是偷盗。从犯罪的主体角度看,研学旅行住宿偷盗案件有以下几种:

一是社会上不法分子进入住宿场所偷盗。

二是住宿场所内部员工借工作之便进行偷盗。

三是其他客人利用住店之机进行偷盗。

从盗窃手段来看,研学旅行住宿偷盗案件有以下几种:

第一,以偷盗小件贵重物品为主。比如,手提包、首饰等,小件贵重物品是盗贼瞄准的目标。这些物品体积小,便于藏匿和携带。

第二,"抽签式"盗窃现金。窃贼从客人的钱包、信封或抽屉里抽出少量现金占为己有。这种盗窃手段一般不易被人察觉。

第三,"偷梁换柱"式偷盗。有些窃贼利用空的或内装杂物的提包、拉杠箱在饭店大堂、餐厅里偷偷掉换客人的提包、拉杠箱。

第四,技能化偷盗。犯罪分子的作案手段往往体现出较高的技能化。

2.火灾

火灾是因失火而造成的住宿场所人员伤亡和财产损失的灾害。近些年来,饭店行业火灾频频发生。2017年2月25日,南昌市海航白金汇酒店发生火灾,导致10人死亡、13人受伤[①]。纵观各饭店发生的火灾,普遍具有以下几个特点:

(1)功能复杂,消防困难。

饭店内部的功能一般较为复杂,设备繁多,存在多种火源,既容易引起火灾,又给防火工作和灭火工作带来一定的困难。

(2)人员密集,伤亡严重。

饭店每天都聚集着大量的人员,发生火灾时,要将饭店内所有人员尽快撤离到安全地方,难度较大。尤其是绝大多数客人对他们所住的饭店的内部结构不熟悉。在发生火灾时,往往不知所措,给救灾工作带来相当大的困难。

(3)可燃物多,毒气量大。

饭店客房内的各种家具、地毯等物品多以木材、棉毛和化纤为原料,这些材料非常容易燃烧,燃烧时又会产生大量的烟雾和有毒气体。饭店中会有聚氨酯、聚碳酸酯及其他合成材料,在燃烧过程中也会释放出各种有毒的物质,混在火场烟雾之中。有研究人员对393起建筑物火灾中死亡1464人的死因进行分析发现,烟雾和有毒气体造成的缺氧窒息和中毒导致死亡的人数高达1062人,占总数的72.5%[②]。

高层饭店,由于人员多、疏散距离和时间长,内部地形复杂,再加上发生火灾后大楼断电、自然采光少,极容易造成混乱和拥挤,人员伤亡大大高于低层饭店。如日本东京的新日本饭店(10层)发生火灾,造成33人死亡、28人受伤。巴西乔尔马大厦(25层)火灾造成227人死亡、500多人受伤。美国希尔顿酒店(30层)发生火灾造成358人伤亡。

3.设施不完善

经过调查,有的研学基地仅提供了最基本的生活设施,基础设施相对较差,资源配备不完善,内部硬件设计跟不上不断发展的住宿需求。比如有的公共厕所照明条件不足;有的上下铺不稳固;有的消防安全设施缺乏。

---

①《江西省南昌市白金汇海航酒店唱天下KTV"2·25"重大火灾事故应急处置工作情况》,《中国应急管理》,2017(2)。

②娄树立《浅谈高层建筑的火灾特点及预防对策》,《四川建筑科学研究》,2009(2)。

二、研学旅行住宿安全问题产生的原因

住宿成为研学旅行安全问题高发环节的主要原因:

(1)旅行住宿是一种很生活化的活动内容,私密性较强,因此相应的安全管理难度较大。

(2)旅行住宿涉及生活中的诸多方面,潜在的安全隐患和环节相应增加。

(3)旅行住宿的私密性同样为犯罪分子等创造了"私密"环境,使得不安全问题难以发现。

(4)旅行住宿可以让旅行者在游览等活动后进入一种放松状态,旅行者自以为有了安全庇护所,所以放松了警惕。

三、研学旅行住宿安全管理的基本要求

研学旅行住宿应以安全、卫生和舒适为基本要求,研学旅行组织者要提前对住宿营地进行实地考察,住宿营地应具备如下条件:

(1)应具备相应经营资质和服务能力。

(2)应便于集中管理。

(3)应方便承运,汽车可安全进出、停靠。

(4)应有健全的公共信息导向标识,并符合《公共信息图形符号》(GB/T 10001)的要求。

(5)应有完善的防火、防盗、监控安防设施和安全逃生通道。

四、研学旅行住宿安全预防措施

研学旅行住宿安全预防措施主要有以下几点:

(1)研学旅行应选择长期合作、资质齐全的准三星以上酒店、研学旅行基地入住,统一住宿,统一管理,酒店或基地在醒目处张贴安全提示语。

(2)选择符合国家标准的酒店,签订合作协议,明确安全责任。

(3)设计科学合理的入住流程,学生人数无论多少,确保入住顺畅、安全。学生首次入住酒店,应与安全员、领队老师沟通,讲解入住规则,提前分配房间和房卡,避免秩序混乱,以班、组为单位按顺序进驻酒店,防止因拥堵造成不便。如有事故,联系队医及时采取急救措施,情节严重者拨打急救电话120处理。

(4)醒目的安全提示。与宾馆负责人沟通,在宾馆的配合下张贴安全宣传提示标语,监督宾馆服务人员按时完成入住前的所有准备工作,并进行检查。

(5)住房设施破旧/破损的应急措施。因住房内设施(包括水电暖)破旧或学生无意造成破损出现事故的,及时联系酒店采取应急处理措施。如有学生受伤,则马上联系队医或酌情拨打急救电话处理,事后根据实际情况追究酒店或相关人员责任。

(6)加强安全培训和警示,带领学生熟悉逃生通道,严禁学生在酒店使用明火,禁止随意移动或破坏宾馆内消防设施。定期对客房内的设施以及消防器材进行检查,发现问题,及时解决。

(7)应在学生入住后尽早进行首次查房,帮助学生熟悉房间设施,解决相关问题。

(8)宜安排男、女学生分区(片)住宿,女生片区管理员应为女性,学生、老师及其他人员均不准进入异性客房,确需进入的,必须有带队老师会同有关人员同时进入。

(9)应制定住宿安全管理制度,安排专人定时定点开展巡查、夜查工作,保证学生睡眠质量,处理突发状况。

五、研学旅行特殊住宿安全管理要求

选择在露营地住宿时应该重点考查以下内容:

(1)露营地应符合《休闲露营地建设与服务规范》(GB/T 31710)的要求。

(2)应在实地考察的基础上,对露营地进行安全评估,并充分评价露营地的接待条件、周边环境和可能发生的自然灾害对学生造成的影响。

(3)应制定露营安全防控专项措施,加强值班、巡查和夜查工作。

六、紧急情况的应对与管理

(一)火灾事故

(1)当研学驻地或研学活动地点发生火灾时,现场安全员、研学导师等要迅速组织学生疏散。工作人员应指导学生以湿毛巾捂住口鼻,指挥学生俯身快步通过安全出口,进行人员疏散。

(2)根据火势,立即报警。拨打消防中心火警电话,同时迅速报告指挥中心及安全领导小组,组织有关人员携带消防器具赶赴现场进行扑救。

(3)逃生的主要原则是"先救人,后救物",莫贪恋财物。

(4)派出人员到主要路口等待引导消防车。消防车到来之后,要配合专业消防人员做好辅助工作。无关人员要远离火灾现场附近的道路,以便于消防车驶入。

(5)研学中发生火灾事故,首先要保护学生的人身安全,扑救要在确保人员不受伤害的前提下进行,禁止组织学生灭火。

(6)火灾第一发现人应在第一时间查明原因,如是电源引起的,应立即切断电源。

(二)停电事故

(1)住宿地发生停电事故时,要保证所有工作人员留守在各自的工作岗位上。

(2)向学生及工作人员说明:这是停电事故,正在采取紧急措施排除故障恢复电力供应。

(3)如在夜间,可用手电照明,帮助滞留在走廊及电梯中的学生转移到安全地方。

(4)派遣维修人员,找出停电原因。如果是外部原因,应立即与供电单位联系,弄清停电具体原因以及恢复电力供应的时间等;如果是内部原因,则应组织专业力量抢修,及时排除故障,恢复供电。

(5)在停电期间,安全员要加强巡逻,防止有人趁机作案。

第二节 研学旅行餐饮安全管理

研学旅行中的饮食安全直接影响着研学团队的健康状况,因此,保障研学旅行中的饮食安全对于整个研学旅行活动具有重要的意义。

一、研学旅行饮食安全

食品安全事故是指食源性疾病及食品污染等源于食品对人体健康有危害或者可能有危害的事故。研学旅行饮食安全问题一般都是发生在旅行活动中的饮食场所,主要包括饭店餐饮场所、社会餐饮场所和户外餐饮场所。

(一)引发饮食安全问题的原因

引发研学旅行活动中饮食安全问题的原因主要有以下几种:
(1)餐饮企业操作不当和违规经营。
(2)旅行者因各种原因,没有注意个人卫生。
(3)旅行者因水土不服,导致身体发生疾病。
(4)旅行者因旅途劳累,缺乏必要的营养而引发疾病。
(5)其他意外原因。

(二)研学旅行饮食安全的表现形态

1. 食物中毒

开展研学旅行,学生至少要在外就餐一次,加之学生会自行购买零食,部分行程时间超过一天的还需要在外住宿,客观上存在诱发食宿安全事故的可能。食物中毒对旅行者的伤害较大,严重的可能危及旅游者的生命安全。例如,2019年7月22日,四川省内江市第二中学参加暑期赴京研学旅行的师生中有39名学生在返程列车上出现拉肚子、呕吐、发烧等症状,经卫生部门诊断,为细菌性集体食物中毒,而食物是旅行社准备的方便食品[①]。

2. 疾病

研学旅行饮食中引发疾病的原因主要有餐饮业主提供变质饮品、食品而引发疾病;旅行者饥不择食,没有注意饮食卫生;水土不服;旅途劳累,营养不良。饮食引发的疾病类型较多,例如,肠道感染、胃肠功能紊乱、胃炎、恶心、呕吐、腹泻等。

3. 营养不良引发的疲劳症

营养不良引发的疲劳症指研学旅行活动中因地域变迁,体力付出而营养素摄入不足引起的种种疲劳症状。研究表明,多数旅游活动所需的能量属于中等体力活动以上

---

① 程亚龙《四川一中学赴京研学团返途火车上39名学生食物中毒,警方介入调查》。

的能量消耗,旅途中能量不足是造成旅行疲劳的最主要因素①。比如,旅行过程中免不了要乘车船,而车船的颠簸和晃动也会使旅行者产生疲劳感和胃肠不适。此外,在旅行活动中,异地气候的变化、饮食结构的改变、水质的不同等,也容易使旅游者产生胀气等消化不良的症状。

(三) 研学旅行中的科学饮食

由饮食所引发的生理反应主要有以下几个种:

1. 口味改变造成的食欲不振

在旅途中,若饭菜口味不适合旅行者,会造成其胃口不佳、食欲不振、饭量下降、厌食等。例如,以大米为主食的人,可能不习惯面食;习惯重油、偏咸菜品的人,可能会不适应清淡、略带甜味的菜品。

2. 饮食习惯改变引起消化功能乱症状

饮食结构、习惯的改变极易引起旅行者出现消化功能紊乱等一系列生理反应。沿海地区,海产品丰富、蛋白质含量较高。烹饪上,为了保持海产品的鲜香,一般不会选择大火烹饪。有些旅行者食后可能会出现腹胀、不消化等反应。沿海地区的旅行者到以牛羊肉为主食的地区,进食红肉较多,也容易出现消化不良、腹胀、反酸等反应。

3. 饮食不当造成的腹泻

在旅行过程中,有时卫生条件较差,夏季食用水果、冷饮较多,加之天气热食物容易变质,若不注意食品卫生,很容易引发腹泻等肠道疾病。

4. 水土不服

水土不服是一种生理性的不适反应,是由地理条件、水质、饮食习惯等引起的。这些生理反应一般需 2 3 天的调节适应,才会逐渐减轻或消失。

研学活动中科学饮食可以在给旅行者提供有足够能量与营养素的食品的同时,适当满足旅行者口感上的需求。考虑到在研学过程中学生活动量较大,可以在食谱中适量增加含脂肪食物的比例,同时适当增加维生素、矿物质的摄入量,调节人体机能。

二、研学旅行餐饮安全管理制度

研学旅行餐饮安全管理应以保障食品卫生安全为前提来选择餐饮服务提供方。要提前制定就餐座次表,组织学生有序进餐。须督促餐饮服务提供方按照有关规定,做好食品留样工作。应在学生用餐时做好巡查工作,确保餐饮服务质量。

(一) 采购与索证

不得采购无资质的供应商提供的食品和原料。

采购时必须注意食品的生产日期和保质期,并索取查看产品的检验合格证明。

---

① 郑向敏《旅游营养学》,厦门大学出版社,1993年版。

(二)食品储存管理

(1)食品入库时要做好登记,加密封条并标注好入库日期,特殊食品要放入特殊环境储存,不相关食品不能在一个环境中存放。
(2)食品出库时也要做好登记,遵守先入先出的原则。

(三)食品安全培训

(1)定期进行食品安全培训,制订计划并归档。
(2)定期对员工进行个人卫生检查及培训。

(四)餐具的洗涤和消毒

(1)设置独立的餐饮具洗刷消毒间,消毒间内配备消毒、洗刷保洁设备。
(2)消毒员须熟练掌握洗刷消毒的程序和方法。

(五)食品卫生检查

(1)定期进行食品卫生检查并做好登记,杜绝食品中毒事件发生。
(2)定期对食品的添加剂、配餐间的卫生等进行检查。

(六)食品留样

(1)每餐每样食品都必须有专人负责留样,留样后密封保存,以免污染。
(2)做好留样记录,标明留样时间、品名、餐次、留样人,48小时无安全事故发生方可倒掉。

(七)就餐管理

(1)带队老师应提前到岗,组织学生统一开餐。
(2)学生就餐时不能随意调换位置,要注意节约粮食,避免浪费。
(3)如饭菜出现质量问题,不得食用,并及时向带队老师反映情况。
(4)就餐时要注意正确的就餐姿势,不要趴在桌上,进餐时禁止说笑、打闹,如有特殊情况,应与带队老师联系,饭菜吃完后才能离开餐桌。
(5)如果有饮食禁忌,要提前告知带队老师或研学导师。

(八)注意事项

(1)要保证食材绝对新鲜。
(2)在菜谱设计上,要荤素搭配,保证营养,如有低龄儿童,要注意尽量避免菜谱中出现鱼类等,以防鱼刺卡在喉咙。
(3)就餐时要做好食品安全事故保障工作,救援人员及各类救援物资要准备到位。

三、食物中毒的应急处置

（1）如发生学生集体食物中毒事件，安全员要第一时间通知指挥中心，拨打110、120，报警并及时将中毒学生送至医院治疗。根据中毒人数和中毒情况，指挥中心可以紧急联系相关部门安排专车将学生送至医院，相关负责人要尽快赶到现场处理事故。

（2）确认餐厅已经做好所有食物的取样工作，以备卫生部门检查。如是食用食堂和餐厅以外的食物所致，也要联系食品提供者积极配合取样，同时派专人现场协助。

（3）迅速排查食用致毒食物学生、教师名单，并检查他们的身体状况。

（4）指导安全员、研学导师做好学生和家长的稳定工作。

（5）积极配合上级有关部门做好诊治、检查、事故处理等工作。

（6）如事件与食堂或餐厅有关，须按照协议追究其责任。

第三节　研学旅行游览安全管理

游览是研学旅行活动中的核心内容，游览环节研学旅行者兴致最高，但这个时候也最容易发生安全事故。

研学旅行游览安全事故指学生在研学目的地、研学营地、景区等场所体验性学习时发生的意外伤害事故。研学营地、景区是研学旅行的主要场所，景区安全事故发生频率较高，设施问题导致的事故占比较大。以2017年为例，媒体披露的旅游景区因为旅游设施引发的人身伤害事故就有19起，占景区全部人身伤害事故总数近20%，居于首位①。

一、研学旅行游览安全事故的表现形态

研学旅行游览安全主要有：景区犯罪、自然灾害、游览设施安全事故以及其他意外事故四种表现形态。

（一）景区犯罪

景区犯罪是研学旅行游览安全中常见的表现形态之一，主要形式是盗窃、抢劫和人身攻击。由于研学景区地形相对复杂，隐蔽性较强；景区游客数量呈两极分化现象，旺季游人如织，淡季寥寥无几，这些都为景区犯罪提供了便利条件。2018年8月8日，有家长爆料，12岁的双胞胎女儿在参加研学夏令营期间遭到男教练猥亵，公安机关正式立案，涉事男教练已被开除②。

---

① 陈磊、赵婕《安全事故多发　景区旅游安全亟须完善立法》，《法制日报》。
② 朱香《警惕夏令营里的性侵》，《中国科学报》，2018-08-10。

（二）自然灾害

自然灾害也是研学旅行游览安全中常见的表现形态，通常包括气象灾害、地质地貌灾害和其他自然灾害三大类①。气象灾害包括台风、洪水、雪崩、沙尘暴等；地质地貌灾害包括地震、火山喷发、海啸、滑坡、泥石流等；其他自然灾害中有代表性的如森林火灾。

2021年5月22日，第四届黄河石林山地马拉松百公里越野赛，受突变极端天气影响，出现冰雹、冻雨等灾害性天气，导致气温骤降，参赛人员失温，共有21名参赛人员遇难。

（三）旅游设施安全事故

旅游设施安全事故是指因景区空中、地面、水面上游览交通服务设施问题而发生的安全事故。最常见的游览设施安全事故有景区缆车索道事故，游艇、竹筏等漂流事故，围栏、护栏失控事故等。

例如，2021年2月13日，湖南省邵阳县五峰铺镇弄子口景区的高空游乐设施突发故障，造成10余人受伤送医，其中3人伤势较重②。上述事件表明，游览设施安全事故在景区中时有发生，其所带来的危害是触目惊心的。

（四）其他意外事故

其他意外事故是指在游览中由其他不可控、不可预期的因素引起的安全事故。

例如，2018年11月8日，安徽阜阳鸿远希望小学六年级的某学生在参加学校统一组织的研学旅行中，在老师用餐期间，被一个石制灯具砸中身亡③。

二、景区研学旅行安全事故类型

从旅游景区类型角度看，研学旅行安全事故主要为人文资源类型景区研学旅行安全事故。人文资源类型景区多建在人口集中的城镇，有些城镇本身就是旅游景区。这类景区人口构成复杂，旅行活动以观光、购物、饮食等为主，人为造成的安全事故有偷盗、欺骗、食物中毒等。

人文资源类型景区研学旅行安全事故分类见表3-1。

表3-1 人文资源类型景区研学旅行安全事故分类

景区类型	研学旅行活动	安全事故类型	安全事故举例
主题公园	刺激型娱乐活动（海盗船、集体娱乐活动）	设施、设备事故类，游客健康突变类，盗窃类	停电、撞伤、心脏病突发、人员走失等

---

① 陶家元《旅游地自然灾害的防治》，收录于《区域旅游开发的理论与实践》，1994年版。
② 袁文良《游乐设施频惊魂 堵住漏洞当协力》。
③ 张楠《中小学研学旅行应急管理平台的构建》，首都经济贸易大学毕业论文，2019年。

续表

景区类型	研学旅行活动	安全事故类型	安全事故举例
度假区	休闲活动、会议、一般性观光活动	食物中毒类、盗窃类、火灾类	食物中毒、财物被盗等
首都、城市	购物、会展、参观（博物馆、植物园、古建筑等）	购物欺骗类、交通事故、迷路、盗窃、食物中毒、火灾类等	假货、人员走失、食物中毒、财物丢失等
成熟的旅游中心地	一般性观光活动、美食、刺激型娱乐活动、节庆活动、购物	盗窃、暴力类、食物中毒类、欺骗类、设施和设备事故类等	食物中毒、撞伤或摔伤、假货等

三、研学旅行游览前安全管理

（1）组织研学旅行活动前必须制定应急方案，并有详细的安全保障措施，要把活动可能的安全风险告知学生和家长，把安全内容纳入自愿报名协议、研学旅行工作全过程。

（2）研学旅行活动前要坚持安全第一的原则，针对活动内容，对学生进行相关设施的安全培训，教授突发事故发生时的逃生技巧等，并在每次到达新集合地点时清点学生人数，避免学生走失。

（3）出发前与学校沟通，筛查学生的身体状况，身体条件不适合的学生不能参加研学活动。

（4）配备专业队医，学生一旦发生伤病，要及时处理，达到送医条件的及时送医治疗。

四、研学旅行游览中

研学旅行活动中，凡参加研学旅行活动的学校领导及安全小组成员必须对活动过程进行全程监控，直至将参与活动人员全部安全带回出发点。

研学旅行活动如有野炊、爬山等项目时，要注意防火、防摔、防食物中毒。活动地点附近有河流、水库的，没有组织措施或不具备安全条件的，不能让学生下水。

如遇突发意外事故，要迅速启动应急预案，并在第一时间报告主管部门。

（一）导游讲解服务

导游讲解服务应符合《导游服务规范》(GB/T15971)的要求。

应将安全知识、文明礼仪作为导游讲解服务的重要内容，随时提醒、引导学生安全旅游、文明旅游。

应结合教育服务要求，提供有针对性、互动性、趣味性、启发性和引导性的讲解服务。

（二）医疗及救助服务

应提前调研和掌握研学营地周边的医疗及救助资源状况。

宜聘请具有职业资格的医护人员随行提供医疗及救助服务。

学生生病或受伤，应第一时间请队医进行治疗，如有条件应及时送往医院或急救中心治疗，妥善保管就诊医疗记录。返程后，应将就诊医疗记录复印并转交家长或带队老师。

（三）自然灾害处置

(1)指挥中心及时关注自然灾害及异常情况，随时保持联系。

(2)发生自然灾害，以"生命安全第一"的原则安排活动，必要时可以取消行程。

(3)对可预见的自然灾害，应在未发生灾害前，做出安全部署，对不可预见的自然灾害(如地震、龙卷风等)，应尽力采取保护和自救措施，事后应及时施救，并将事实情况按照规定程序进行汇报。

(4)发生自然灾害时，安全员及其他工作人员要时刻与学生在一起，全力保障学生人身安全。

(5)灾害过后，要第一时间查看学生是否到齐，是否有受伤学生，做好学生的安抚工作。

(6)当遇到雾霾、沙尘暴等恶劣天气，如相关部门宣布中小学生停课时，不得安排任何外出活动，可在基地或酒店举行室内活动，如研学导师交流、专家培训、安全知识讲座、团体辅导等。

五、注意事项

学校和承担服务的委托企业或机构要为研学实践教育活动配备足够的工作人员，如带队老师、安全员等，随行人员数量与学生数量比例不低于1∶15。

要加强对学生在安全防范、安全自救方面的教育，主办方、承办方及供应方应制定和完善包括地震、火灾、食品卫生、治安事件、设施设备突发故障等在内的各项突发事件的应急预案，定期开展研学旅行安全应急演练，增强师生应对安全突发事件的能力。如遇恶劣天气或特殊情况，学校应及时取消或暂停研学实践活动。学校应加强对研学实践教育计划执行情况的监督，不得随意变更路线和活动内容等。

第四节　研学旅行交通安全管理

旅行是旅行者借助各种交通工具或交通方式，由居住地到旅行目的地或由旅行目的地到居住地或者是旅行目的地间的空间位移活动。

旅行中的安全问题要引起重视：

（1）旅行是必须借助交通工具(飞机)或方式(如航空或徒步)的空间位移,旅行中的不可控因素较多。

（2）旅行者对即将开始的"旅行生活"的热切期盼和旅途中的辛苦劳顿,容易引发一些意外事件。

（3）旅游旺季造成的运力相对不足等形成的旅游交通"瓶颈"问题,导致旅行中发生安全问题在所难免。

研学旅行交通安全管理的目的就是要分析研学旅行中存在的安全隐患,杜绝或减少旅行中不安全事故的发生,使研学旅行者能够顺利出行。

一、指导思想

研学旅行交通安全管理的指导思想是安全第一,预防为主,确保旅行师生乘坐交通工具的安全运行。

二、安全风险识别

研学旅行安全主要有交通事故、疾病、犯罪、自然灾害等四种表现形态。其中,交通事故、疾病是较为突出的表现形态。

（一）交通事故

研学旅行交通事故指运载研学旅行师生及相关人员的交通工具在行进过程中因过错或者意外造成人身伤亡或者财产损失的事件,也是研学旅行各环节中影响较大、发生频率较高的安全事件。

根据《关于推进中小学生研学旅行的意见》,小学阶段研学旅行以乡土乡情为主,初中阶段以县情市情为主,高中阶段以省情国情为主。无论哪个阶段的研学旅行,基本都需要借助交通工具,因而具有潜在的交通安全风险,实践中研学旅行交通事故也时有发生。如2017年11月13日,湖北恩施来凤县实验小学组织310名学生赴武汉市参加研学旅行活动,其中一辆车行在下高速时,不慎与交通附属设施发生碰撞,造成9名学生受轻伤①。

按照交通工具的不同,研学旅行交通事故可分为四种类型：

1.道路交通事故

道路交通事故是指旅行者乘坐汽车等发生的撞车、翻车等车祸以及车祸后发生的爆炸、火灾引发的安全事故。

2.高速公路事故

严格地讲,高速公路属于道路交通事故,但随着高速公路的发展,发生于高速公路上的重大交通事故数量呈急剧上升之势,高速公路已经成为道路交通事故的多发区,故单独作为一类,敲响警钟。

---

①《实验小学生赴汉研学途中发生交通事故9名学生受轻伤》。

3. 水难事故

水难事故指在海域或江、河、湖面乘坐轮船、游船等水上交通工具而引发的翻船、沉船等危及人身、财产安全的事故。

4. 航空事故

航空事故指乘坐飞机而引发的不安全事故。

(二)疾病

研学旅行途中的疾病指旅行者在旅途中因个人身体原因或他人原因而发生的或因被传染而发生的病症,也包括因运动量大、旅途劳累、交通工具颠簸晃动及噪声、污染等因素造成旅行者产生身体不适等生理反应而引发疾病甚至死亡的事件。对于旅行者而言,这些疾病可能是新疾,也可能是旧疾。

旅行中的生理反应和疾病主要分为以下几种:

1. 晕动症

晕动症也称运动症。这种生理反应主要是人在车、船或飞机运动过程中发生的。由于交通工具在行进过程中会产生加速度,刺激人的前庭器官,使人异常兴奋,产生一系列植物神经反应而出现晕动症状。晕动症最初表现为头晕眼花、头痛,症状加剧时会出现恶心呕吐、面色苍白、手脚冰凉,严重时会晕倒、脉搏减弱、血压下降。

2. 上火

上火是旅行者在旅行过程中常出现的一种生理反应现象。旅行者在研学活动中常处于精神兴奋/紧张、情绪不稳定、睡眠不足和作息不规则等应激状态。上火是人体处在应激状态下所反映出来的一种生理现象,主要表现为面红耳赤、眼花耳鸣、口干舌燥等。此外,外界环境变化频繁、交通工具的颠簸和发出的噪声、参观游览活动量,大以及旅行中出汗多、饮水少等都是引发旅行者上火的因素。

3. 传染病

由于旅行交通工具内人员密集度高,若有传染病源存在,旅行者在旅途中就极易被传染。其中常见的传染病有痢疾、伤寒、流行性感冒以及红眼病等。

(三)犯罪

犯罪是指在旅行过程中,发生在旅行者身上的抢劫、欺诈等不安全行为。由于旅行途中鱼龙混杂,存在着各种不安全因素,旅行中的犯罪时有发生。

(四)自然灾害

自然灾害是指旅行者在研学过程中遭遇地震、山崩、泥石流、台风、海啸等人力不可抗的自然因素而引发的灾害。自然灾害具有突发性、不确定性的特点,一旦发生则破坏性极大,且大多难以控制、不可预测。

三、安全预防工作要点

（一）合作伙伴选择

通过资质审查、现场考察、走访车队历史合作伙伴等方式严格甄选交通合作对象，要符合或高于行业规范的基本标准。车辆舒适度及车队规模、信誉度、安全口碑等是重点考察内容，严禁使用不符合国家标准的车辆和没有资质的驾驶人接送研学旅行人员。

（二）资质审核与实地考察

合作之前需要审核车队的经营及交通安全相关资质，与车队达成合作意向之后，公司会在正式合作之前，组织人员进行组队试用。

（三）合作协议签署

在最终考察完毕后，签署正式合作协议，明确双方权责、合作时间、用车标准、规范要求、结款事项及赔偿责任等各项规定。

（四）合作期间

1. 提前调度

制作车辆调度安排表，获取车辆司机信息。

2. 有效沟通

督促带队人员与司机提前沟通，确认接站、行程、入住等交通信息。

3. 实时监控

适当通过定位系统等对车辆行驶、安全等情况进行监控；预留足够备用车辆，用于应急事件调用。

4. 随时提醒

指挥中心应提醒安全员密切关注车辆运行过程中的气候及路况变化，及时提醒驾驶员有效预测和预防各类道路交通安全事故的发生。

5. 严格监督

安全员须提醒驾驶员每日定时进行车辆检查，并确保消防及紧急逃生器材齐全有效，对司乘人员进行严格监督，要求司乘人员严格遵守各项车辆安全管理规定，并保证学生人身安全。

四、交通方式选择要求

（1）单次行程在 400 km 以上的，不宜选择汽车，应优先选择铁路、航空等交通方式。

（2）选择水运交通方式的，水运交通工具应符合《水路客运服务质量要求》(GB/T

16890)的要求,不宜选择木船、划艇、快艇。

(3)选择汽车客运交通方式的,行驶道路不宜低于省级公路等级,驾驶人连续驾车不得超过2小时,每次停车休息时间不得少于20分钟。

(4)应提前告知学生及家长相关交通信息,以便其掌握乘坐交通工具的类型、时间、地点以及需准备的有关证件。

(5)宜提前与相应交通部门取得工作联系,组织绿色通道或开辟专门的候乘区域。

(6)应加强交通服务环节的安全防范,向学生宣讲交通安全知识和紧急疏散要求,组织学生安全有序乘坐交通工具。

(7)应在承运全程随机开展安全巡查工作,并在学生上、下交通工具时清点人数,防范滞留或走失。

(8)遭遇恶劣天气时,应认真研判安全风险,及时调整研学旅行行程和交通方式。

五、学生乘车注意事项

(一)候车注意事项

(1)学生候车时应听从带队人员安排,站在指定位置候车,不要站在指定位置以外的地方,以免影响交通、危害自身安全。

(2)学生要安静有序地等待大巴到达,不要追逐打闹、大声喧哗,也不允许擅自离开候车地点。

(3)不得伸手拦车,应等待大巴停稳后有序上车,不得插队。

(4)带队人员应在上车前检查学生的随身携带物品,禁止学生携带易燃易爆物品及管制刀具等,以防发生安全事故。

(二)乘车注意事项

(1)上车后应抓好扶手走至座椅处,并系好安全带。

(2)大巴在行驶过程中,学生不得将头、手、胳膊伸出窗外,以免发生危险;不得向车窗外丢弃任何物品;不得在车上追逐打闹、大声喧哗,不要随意走动;禁止与司机攀谈,以免影响司机正常驾驶,发生危险。

(三)下车注意事项

(1)待大巴停稳、车门打开后再解开安全带,有序下车,不要相互推搡。

(2)下车前应环顾四周,注意周围车辆。

(3)下车后不要随意走动、远离队伍,应听从带队老师安排,不可擅自行动。

(四)突发事件处置原则

为快速平息和妥善处置各类突发性事件,根据事件的特点、性质、程度、规模等具体情况,采取相应对策。

1.遇事不惊

队医、安全员等工作人员须时刻保持清醒的头脑,有效组织司乘人员避险。

2.快速处置

突发事件的发生和发展过程短促,处置工作应遵循"反应快,行动快,报告快"的基本原则。

3.尽可能减少损失

在处置突发性事件时,要坚持"以人为本"的原则,在保障司乘人员生命安全的前提下,尽可能减少财产遭受损失。

六、方案实施

(一)交通事故应急预案

1.学生

发生交通事故时,学生要听从辅导员的指挥,不要惊慌,根据工作人员要求,拉住前面学生的衣服,到安全地方集合。

2.安全员

发生交通事故时,安全员要第一时间告诉大家不要惊慌,并组织学生有序下车,避免由于争抢踩踏导致连带事故发生。如果交通事故后果比较严重,安全员要提醒学生拉住前一名学生的衣角,眼睛不乱看,迅速、有序地撤离。

3.研学导师

发生交通事故时,研学导师应第一时间下车,把警示牌摆在车后30米处,如果天色较暗或者能见度较低,可以把书包或者显眼的衣物摆在路中间,避免后来的车辆造成二次伤害。

4.司机

司机要及时打开双闪,拨打报警电话,并将事故概况告知接待负责人。

5.队医

突发性事件中如遇人员受伤,要在保证周围环境安全的前提下,立即组织紧急救护工作,并及时将伤者送往附近医院诊治。必要时第一时间拨打急救电话。

6.安全应急领导小组

安全应急领导小组成员要尽快到达现场,组织抢救和善后处理工作。组长负责全面指挥,副组长负责人员调集,检查工作落实情况,配合组长工作;其他成员负责综合协调、联络督查、车辆调度、安抚家长、劝退围观群众、隔离现场,督查学生撤离,畅通通道,保证公安、救护车辆顺畅进入等。所有人员到达现场后,各司其职立即开展工作。

7.法务负责人

法务负责人应及时赶到现场,负责现场处理、证据收集、事后谈判协商、处理后续事宜,尽一切努力保障学生合法权益。

8.安全中心

进行善后处理的同时,安全中心要及时调查交通事故原因,实事求是,配合有关部门调查,提供相应证据,出具事件报告,报送学校,并在公司存档。

9.心理咨询师

如果学生心理受到惊吓,经初步评估会影响到学生后续的生活和学习,可以尝试通过一些活动调节学生情绪,情形严重者可委托心理咨询师进行心理干预。

(二)火灾事故紧急逃生预案

(1)发生火灾时,学生应听从安全员指挥,避免由于争抢踩踏而导致连带事故的发生及人身损伤。

(2)研学导师应根据火灾情况,迅速做出判断,保证学生以最快的速度有序离开车厢,同时安抚学生的情绪,使其保持冷静。

(3)学生、老师要按照安全员的指示,先压低身体,屏住呼吸,或用毛巾或衣物遮掩口鼻(用湿毛巾遮住口鼻效果更好),然后尽快找到通风口顺畅呼吸。切记不可大喊大叫,防止将烟雾吸入呼吸道,造成呼吸道损伤和肺部损伤。

(4)安全员应指挥学生从最近的出口有序离开,如门、窗等。车门是首选紧急出口,如果车门能够正常开启,不要堵住车门,迅速逃离。

(5)学生在行进时应俯身弯腰行走,这样可以较好地避开烟尘和火焰灼伤。如果车门处有火,应听从安全员的指导,用衣服包住头部,迅速冲过车门。

(6)如果短时间内无法下车,应迅速寻找灭火器(车载灭火器通常放在司机座椅后,也有的在后门垃圾桶的位置),找到后应正确使用灭火器进行灭火,但严禁学生参与灭火工作。

(7)如果车门无法打开,可使用安全锤敲碎就近的车窗逃生。使用锤体尖头一侧捶打玻璃,要捶打每块玻璃的四个角落,而不要捶打玻璃的中部位置。

(三)生理反应应急预案

1.晕动症

学生一旦出现晕动症症状,应立即让学生自然放松后躺下休息,保持平稳呼吸,让学生服下镇定药物等,以减缓其晕动症症状。

2.上火

学生一旦出现口干舌燥、兴奋、失眠、血压升高、胃反酸、胃痛等上火症状时,要注意安抚其情绪,注重其饮食卫生和饮食营养,补充足够的水分,以避免体液失衡。

(四)传染性疾病应急预案

(1)安全员与队医对于传染病,应当做到早发现、早报告、早隔离、早治疗,对传染病病人和疑似传染病病人应采取就地隔离、就地观察、就地等待医疗部门治疗的措施。

(2)发现传染病病人和疑似病例,要立即报告当地疾控与卫健部门等,及时、妥善处理,防止疫情扩散。

(3)队医对学生应采取必要的保护措施,发放必要的防护用品,提醒学生注意个人卫生。

（4）一旦发生疫情，严控人员进出。
（5）学生的活动场所要采取必要的消毒措施。

第五节　研学旅行购物安全管理

在旅游业发达国家，旅游购物收入一般可占旅游总收入的40%—60%，而我国仅占20%。客观存在着的旅游购物安全问题不能不说是制约我国旅游购物发展的因素之一。

研学旅行购物安全指旅行者在研学期间的购物活动的安全。研学旅行购物的安全事故指旅行者在购物时遭受欺诈、偷窃、抢劫、勒索及火灾等事故或事件。

一、研学旅行购物安全隐患

（一）旅游产品价格虚高

我国旅游产品存在价格虚高的现象，商场向游客销售商品的行为本身没有过错，但由于旅行社、全陪（领队）会因游客购物而从商场获得一定的回报，所以旅游商品的价格被人为地抬高，有的甚至高得很离谱。

（二）购物次数过多、时间过长

旅行社安排旅游购物，本来是为了方便游客购买当地有特色和纪念意义的商品，但现在旅行社安排购物的目的，很大的程度上已经转变成旅行社弥补团费不足和获利的重要途径。在旅游行程中，许多旅行社每天为游客安排两次购物，购物时间与游览时间已严重失衡，购物似乎变成了行程中的重头戏。

（三）旅游商品的销售不规范

一些商场经营人员知道游客一般都很热衷金银首饰、天然珠宝等，而游客维权意识不强，当游客发现商品有质量问题时，由于没开发票或没有索要注明商品真正的规格和品质的保证书，而无法追究商家的责任。

（四）旅游商品雷同，旅游商品质量差

许多地方旅游商品大同小异，缺少代表地域或者旅游景区特色的商品，没有创意，千品一样，质量差，无法激起游客的购买欲望。这种状况如不及时改善将会严重阻碍旅游购物的发展，甚至会影响旅游业经济收入。相当一部分旅游商品的质量、款式、价格等对游客缺乏足够的吸引力。

（五）全陪（领队）从中积极引导甚至误导

由于游客的购物多少与旅行社、全陪（领队）的利益直接相关，一些全陪（领队）对于拉动游客购物特别热情，还不时以商品款式新、价格优、国内不易购买等理由，向游客推荐旅游商品，怂恿游客购买。

（六）旅游购物市场失序

假冒伪劣商品充斥市场，欺客宰客现象严重，行业从业人员不自律。在旅游购物市场中，以假充真、以次充好、"三无"商品等劣质商品较多；有些旅游景区的购物环境非常混乱，小商小贩围追堵截、强买强卖，严重影响了游客的旅游体验，降低了游客的购买欲望。

（七）缺乏品牌产品

我国旅游购物市场中品牌商品很少，有注册商标的品牌商品更少，这势必削弱我国旅游商品在世界市场上的竞争力。目前，我国生产旅游商品企业的数量逐年增加，真正能生产品牌产品或有希望发展成为品牌企业却屈指可数，还有待进一步发展。

二、研学旅行购物安全管理

研学旅行购物安全管理主要应从旅游购物行业安全管理和旅行者购物安全教育两方面入手。

（一）旅游购物行业安全管理

旅游购物行业安全管理主要指对旅游购物品店、旅游商品供给者的安全控制与管理。行业安全控制和管理的内容包括：

1. 旅游购物法规的制定与实施

我国现有关于消费、购物的法规有《消费者权益保护法》。该法规把游客笼统归为消费者，考虑到旅游购物的特殊性，有必要把旅游购物作为一个专项内容写进《消费者权益保护法》中，旅游购物行业也可根据自己的特点制定相应的规则条例，以保证旅游者的购物权益。

2. 设立旅游购物定点商场

针对信誉良好、口碑较好、各项评估优良的旅游商场，可由相关职能部门将其确定为旅游购物定点商场，并对其进行相应的监控与管理，使其成为方便游客、让游客买得放心的购物场所。

3. 规划建设，形成定点旅游购物街（或区域）

有意识地引导或规划专门的旅游购物街（或区域），并规定或限制只有达到定点旅游购物商场要求的旅游商店才有资格进入购物街（或区域）。同时，对区域内旅游商店进行监控、检查，责令不合格商店停业整顿或搬迁，以维护旅游购物街（或区域）的声誉，为游客提供安全、放心、方便的购物环境。

4. 挂牌经营与评优

相关部门可采用各种评选方式，每年评出信誉好、服务质量好、无游客投诉的优秀旅游购物商店，授予诸如"十佳旅游购物商店"之类的称号，或参考旅游饭店的星级评定来评定星级旅游购物商店，并挂牌经营。

5. 监督检查

由工商、旅游、消防等部门联合定期或不定期地对旅游购物商店进行监督、检查、评比，对优秀者给予表扬、嘉奖，对不合格者，取消旅游购物定点商店资格或降低星级水平。

6. 惩罚

对游客投诉多、违反规章的商店，予以适当的惩罚。可以根据情节轻重，处以罚款，停业整顿，取消旅游购物定点商店资格，责令退出旅游购物街（或区域），吊销营业执照等处罚。严重者还可追究法律责任。

7. 规范行业制度，提高导游人员素质

目前，旅行社和导游"坑客""宰客"现象屡见不鲜，导游带团"逛"商店获取回扣的现象也时有出现。这些现象，不仅让游客感到购物消费不安全，也扰乱了旅游市场秩序，破坏了旅游业的声誉。要从根本上消除这些现象，要对旅行社、旅游购物商店乃至整个旅游行业进行全面整顿，规范行业制度，提高行业监督力度。同时，还要提高旅游业从业人员的整体素质，树立、培养他们为游客创造安全购物环境的意识及职业道德。

（二）旅行者购物安全教育

研学旅行购物行为是旅行者和旅游商品供给者双方共同完成的，两者缺一不可。在加强旅游购物行业安全管理的同时，也应加强对研学旅行者的购物安全教育，让其提高警惕，增强消费安全意识。

1. 增强消费安全意识

应让旅行者意识到，旅行安全问题绝不只存在于住宿、旅行、游览和饮食过程中，也存在于旅游购物之中，让旅行者树立旅行购物的安全意识和自我保护、自我防范的意识。要加强对旅行者的旅行常识、购物常识的宣传与教育。导游带团前往旅游购物场所时要根据各种旅游购物场所的不同情况，提醒旅行者购物时应注意的问题和预防的事项，以免旅行者在生疏的购物环境中被"坑骗"。

2. 避免购买假货

研学旅行购物中假冒伪劣商品较多，其严重扰乱了市场秩序，还给旅行者造成财物损失，甚至可能危及旅行者的身体健康和生命安全。

1) 违法犯罪分子常用的欺诈拐骗方式

在研学旅行中，违法犯罪分子常用如下方式对旅行者进行欺诈拐骗：

（1）利用虚假广告推销假冒伪劣商品。

（2）以部分商品或商品的外形来代替整体商品。

（3）违法团伙在公共场合假装抢购廉价物品，引诱旅行者上当。

2)旅行者购物时的注意事项

为避免在旅行财物中购买假货,旅行者在购物时应注意如下几点:

(1)购物时最好随团,并在导游的陪同下到定点旅游购物商店购物。

(2)不能贪图便宜,防止被"物美价廉"的假象迷惑。

(3)应注意经营者是否具有经营此类商品的经营权、经营者的真实企业名称和营业标记。

(4)查清所购物品是否有生产厂家的地址及联络电话,以及物品的商标等是否齐全完整。

本章小结

1. 研学旅行中,住宿的主体常见的有以下几种方式:经济型酒店、青年旅社、民宿、承接研学旅行的基地,其住宿中的安全问题主要表现为以偷盗为主的犯罪行为、火灾、设施不完善等。因此,研学旅行住宿应以安全、卫生和舒适为基本要求,提前对住宿营地进行实地考察。

2. 研学旅行饮食安全问题一般都是发生在旅行活动中的饮食场所,主要包括饭店餐饮场所、社会餐饮场所和户外餐饮场所,其安全问题的表现形态主要有食物中毒、疾病、营养不良引发的疲劳症,研学旅行餐饮安全管理应以保障食品卫生安全为前提,选择餐饮服务提供方。应提前制定就餐座次表,组织学生有序进餐。应督促餐饮服务提供方按照有关规定,做好食品留样工作。应在学生用餐时做好巡查工作,确保餐饮服务质量。

3. 研学旅行游览安全主要有:景区犯罪、自然灾害、旅游设施安全事故以及其他意外事故四种表现形态。从旅游景区类型的角度,研学旅行安全事故主要为人文资源类型景区研学旅行安全事故,人为造成的安全事故如偷盗、欺骗、食物中毒等占比较高。

4. 研学旅行交通安全管理的目的就是要分析研学旅行中存在的安全隐患,杜绝或减少旅行中不安全事故的发生,使研学旅行者能够顺利地出行。研学旅行安全主要有交通事故、疾病、犯罪、自然灾害等四种表现形态。其中,交通事故、疾病是较为突出的表现形态。

5. 旅游购物是我国旅游活动中安全防范较为薄弱的环节之一。旅行者在研学旅行购物时可能遭受欺诈、偷窃、抢劫、勒索及火灾等事故或事件,因此,研学旅行购物安全管理主要应从旅游购物行业安全管理和旅行者购物安全教育两方面入手。

学习拓展

案例评析

思考与训练

1. 请从旅游食、住、行、游、购几个旅游要素的角度,谈谈在研学旅行中自己最关注的旅行安全问题以及原因。

2. 根据本章的学习内容,探讨旅游活动中各个环节中的安全管理表现形态和内容。

3. 请利用网络搜索近三年研学旅行安全事故,按照旅游食、住、行、游、购等要素进行统计分类,并对比分析,查找事故发生的环节。

第六章
研学旅行安全应急预案与演练

本章目标

1. 掌握研学旅行安全应急预案的基本类型。
2. 理解研学旅行安全应急演练的概念,并掌握其主要的分类。
3. 掌握研学旅行安全应急预案的内容。
4. 掌握研学旅行安全应急预案的编制要求和程序。

知识框架

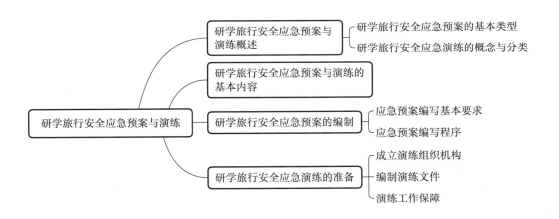

学习重点

1. 研学旅行安全应急预案的分类和各类型区别。
2. 研学旅行安全应急演练的基本类型和特征。
3. 研学旅行安全应急预案的基本内容。
4. 研学旅行安全应急预案的编写基本要求和编写程序。

茫崖开展地学旅游和应急救援演练[①]

为贯彻茫崖市委、市政府2022年首季开门红保障全年稳定工作安排,激发生态旅游新活力,2022年2月23日,茫崖市文体旅游广电局联合海西州蓝天应急救援中心,与市应急管理局、共青团茫崖市委、中国移动通信集团有限公司茫崖分公司共同开展了地学旅游和游客及车辆应急救援演练。

茫崖市文体旅游广电局与海西州蓝天应急救援中心组织9辆车43人赴老茫崖戈壁滩,首次围绕地质研学旅游开展救援,活动旨在锻炼各部门的应急处置和保障能力,为旅游旺季提前进行人力物力准备和方案准备。活动假设在戈壁滩寻找玉石的游客迷失方向、通信失联、意外受伤等多种情形开展应急救援演练。

活动以地质研学课开始,文体旅游广电局负责人首先向参演人员和游客代表介绍了地学旅游的定义、茫崖地质研学发展过程及意义、本地玉石和奇石的种类及品质等。大家对"星空瀚海、秘境茫崖"有了深入认识,对人与大自然和谐相处、保护生态环境有了新的理解。蓝天应急救援队负责人从技术的角度系统介绍了野外应急救援小知识,提高了旅游者自我保护意识和能力。

参演单位人员克服天气寒冷、风沙较大等不利因素,演练了失联游客搜救、方向辨别、应急通信保障、营救被困车辆、自制担架救援受伤游客等科目。应急管理局和文体旅游广电局对演练的整体情况进行了评估,为完善工作方案和预案提供了素材;共青团茫崖市委从发动青年志愿者和赴野外开展活动探索经验;移动茫崖分公司启动应急保障车辆,与后方建立了有效的通信联系,在汇报失联区域情况时进行了人机演练。

此次成功举办的为期一天的研学旅游+应急救援,为今后开展生态型研学旅游奠定了扎实基础。活动集地质研学沉浸体验和应急救援演练为一体,大家在旅行和演练中有效提升了综合素质,进一步深化了热爱大自然和安全第一的理念。

思考:

结合本案例,谈一谈茫崖市开展地学旅游,以及游客、车辆应急救援演练所获得的成效。

第一节　研学旅行安全应急预案与演练概述

研学旅行是由学校根据区域特色、学生年龄特点和各学科教学内容需要,组织学生通过集体旅行、集中食宿的方式走出校园、拓宽视野、丰富知识,加深与自然和文化

[①]《茫崖开展地学旅游和应急救援演练》,http://k.sina.com.cn/article_1784473157_6a5ce64502002foxv.html。

的亲近感,增加对集体生活方式和社会公共道德的体验。研学旅行继承和发展了我国传统游学、"读万卷书,行万里路"的教育理念和人文精神,成为素质教育的新内容和新方式,以期提升学生的自理能力、创新能力和实践能力。

应急预案指面对突发事件如自然灾害、重特大事故、环境公害及人为破坏的应急管理、指挥、救援计划等。它一般应建立在综合防灾规划上。应急预案的重要子系统包括:完善的应急组织管理指挥系统,强有力的应急工程救援保障体系,综合协调、应对自如的相互支持系统,充分备灾的保障供应体系,综合救援的应急队伍等。从文体角度看,应急预案是重要的应用文体。

一、研学旅行安全应急预案的基本类型

(一)根据突发事件的性质、演变过程和发生机理分类

根据突发事件的性质、演变过程和发生机理分类,研学旅行安全应急预案主要分为四类,如表6-1所示。

表6-1 研学旅行安全应急预案分类(按突发事件的性质、演变过程和发生机理分类)

自然灾害	事故灾害	公共卫生事件	社会安全事件
(1)水旱灾害; (2)气象灾害; (3)地震灾害; (4)海洋灾害	(1)安全事故; (2)环境污染和生态破坏事故	(1)重大传染病疫情; (2)重大动植物疫情; (3)食品安全与职业危害事件	(1)重大群体性事件; (2)重大刑事案件; (3)涉外突发事件

(1)自然灾害导致的研学旅行安全应急预案,包括洪水、暴风、暴雨、大雾等气象灾害和山体滑坡、崩塌、泥石流等地质灾害安全应急预案。

(2)事故灾难导致的研学旅行安全应急预案,包括交通运输事故,其他各类重大安全事故等安全应急预案。

(3)公共卫生事件导致的研学旅行安全应急预案,包括突发性重大传染性疾病疫情、群体性不明原因疾病、食物中毒事件应急预案,以及其他严重影响公众安全健康的事件等安全应急预案。

(4)社会安全事件导致的研学旅行安全应急预案,包括外国游客、辖区外游客等在本行政区域内发生的旅游安全突发事件应急预案,在大型旅游节庆活动中人群过度拥挤、火灾、建筑物倒塌、踩踏等造成的旅游安全突发事件及相应的安全应急预案。

(二)按对象范围分类

按对象范围分类,研学旅行安全应急预案可以分为综合预案、专项预案、现场预案。

1. 综合预案

综合预案又称总体预案,是组织应对各类突发事件的综合性文件。综合预案通常复杂庞大。

2. 专项预案

专项预案是综合预案的组成部分,是针对具体的突发事件类别而制定的计划和方案。

3. 现场预案

现场预案直接针对特定的具体场所。

二、研学旅行安全应急演练的概念与分类

(一)研学旅行安全应急演练的概念

应急演练是应急指挥体系中各个组成部门、单位或群体的人员针对假设的特定情况,执行实际突发事件发生时各自职责和任务的排练活动。简单地讲,应急演练就是模拟突发事件发生的应对演习。

(二)研学旅行安全应急演练的分类

1. 按组织形式划分

按组织形式划分,应急演练可分为桌面演练和实战演练两种。

(1)桌面演练。

桌面演练是指参演人员利用地图、沙盘、流程图、计算机模型、视频会议等辅助手段,针对事先假定的演练情景,讨论和推演应急决策及现场处置的过程。它可以促进相关人员更好地掌握应急预案中所规定的职责和程序,提高指挥决策和协同配合能力。桌面演练通常在室内完成。

(2)实战演练。

实战演练是指参演人员利用应急处置涉及的设备和物资,针对事先设置的突发事件情景及其后续的发展情景,通过实际决策、行动和操作,完成真实应急响应的过程,从而检验和提高相关人员的临场组织指挥能力、队伍调动能力、应急处置能力和后勤保障能力等。实战演练通常要在特定场所完成。

2. 按内容划分

按内容划分,应急演练可分为单项演练、综合演练和研究性演练。

(1)单项演练。

单项演练是指只涉及应急预案中特定应急响应功能或现场处置方案中的一系列应急响应功能的演练活动,注重针对一个或少数几个参与单位(岗位)的特定环节和功能进行检验。

(2)综合演练。

综合演练是指涉及应急预案中多项或全部应急响应功能的演练活动,注重对多个环节和功能进行检验,特别是对不同单位之间应急机制和联合应对能力的检验。

(3)研究性演练。

研究性演练是指为研究和解决突发事件应急处置的重点、难点问题,试验新方案、新技术、新装备而组织的演练。

不同类型的演练相互组合,又可以形成单项桌面演练、综合桌面演练、单项实战演练、综合实战演练、示范性单项演练、示范性综合演练等。

第二节 研学旅行安全应急预案与演练的基本内容

为确保研学旅行活动能够安全有序进行,并切实保障参与活动师生的生命财产安全,故结合学校和承办方实际情况,须制定安全应急预案,具体如下。

一、安全领导小组

安全领导小组的主要职责包括:

(1)统一领导和协调本次研学旅行活动中的安全工作,制定安全预案和安全措施,安排安全工作,处置突发事件。

(2)抓好本次研学旅行活动各类安全事故预防和应急准备工作,督促检查各班研学旅行活动中安全工作的执行情况。

二、职能小组的分工及职责

在安全领导小组下成立具体职能工作组,分指挥部、辅导员组、安全组、后勤组、医护组五个工作小组。

(一)指挥部

1.总指挥

职责:负责统筹安排指挥本次活动过程的所有事宜,做好各项工作的布置和落实。

2.副总指挥

职责:协助总指挥工作,检查督促各项工作的落实情况,并做好学校和旅行社相关事宜的沟通与协调。

(二)辅导员组

1.组长

职责:负责对接旅行社服务人员,安排辅导员组成员的工作。

2.副组长

职责:负责中心随团老师的组织管理与工作安排,并协调活动中的相关事宜。

3.辅导员

做好学生的管理和活动的组织,处理学生的请假等突发事情。

4.随团老师

中心安排,每车2名随团老师。

职责:协助辅导员做好学生相应工作,协助处理有关安全、生活事宜,并监督车辆行驶状况、防止违规操作等。

(三)安全组

1.组长

负责统筹安排各项安全工作。

2.副组长

协助组长检查督促各种安全措施的落实情况及安全设备的准备情况,做好安全员的组织与分工,针对有关车辆和学生活动中出现的不安全因素或违规行为及时制止,做好掉队学生的安排和意外安全事故的组织处置工作。

(四)后勤组

1.组长

负责统筹安排各项后勤工作。

2.副组长

职责:负责所需物品准备与保管;负责协调安排本次活动所有人员的生活;协调饭菜的准备,组织学生有序就餐;负责监督食品安全工作,积极应对各种突发的食品安全问题,提醒同学们注意饮食卫生。

(五)医护组

1.组长

负责统筹安排各项医护工作。

2.成员

医护组的成员主要指队医。

职责:携带专业急救箱,对伤员或病患进行伤病的处理和救治。

三、安全风险分析

此次出行乘坐的主要交通工具为汽车,车辆状况、驾驶员精神状态、驾驶技术、道路安全是本次出行最大的安全因素,因此必须要求旅游公司对车辆进行仔细的保养维护和安全检查,有必要在签订合同时让其出具车辆的年审合格证书原件及复印件;同时要做好对驾驶员的安全教育工作,要求驾驶员保持饱满的精神状态,切忌疲劳驾驶;道路方面总指挥要未雨绸缪,计划好出行时间,尽量错峰出行,严格按照旅行社指定的路线行进,将安全风险降至最低。

四、安全要求

(一)车辆及行驶安全要求

(1)旅行社安排的车辆要手续齐全、车况良好,驾驶员要有相关资质、业务熟练、责任心强。

(2)出发前中心和旅行社安排专人对车辆及驾驶员的有关手续、车况、驾驶员是否饮酒等进行详细核查。

(3)行驶过程中,所有车辆要按编号有序行驶,要跟随指挥车辆,保持一定车距,不得随意超车,不得超速。

(4)每次出发或停车时,都要听从指挥部的指挥,统一行动,在行驶过程中如出现意外事故,随车安全员和司机要及时向指挥部报告。到达参观点停车时,每辆车之间保持一定车距。

(5)在行驶过程中,司机不得接打手机以及做其他影响驾驶的事情。安全员要做好行驶过程中的安全检查和监督工作,发现问题及时解决或报告。

(二)乘车安全要求

(1)上下车要有序进行,不得拥挤,要按座位表安排的位置就座,不得抢占座位。

(2)上车后,所有人员要扣好安全带,安全员要进行逐一检查落实。车辆行驶过程中,不得在车内来回走动,不得把手、头等伸出窗外,不得向窗外乱扔物品。

(3)每次上车,要按座位顺序排好队,安全员先上,学生队列的排尾同学先上(队尾同学坐在后边),工作人员待全部人员都上车后再上车。上车后,工作人员要清点人数,并向指挥部报告。

(4)下车时,学生依次下车后,自觉排成两队,在工作人员的带领下,向车辆前方行进十米左右,待全部人员下完,安全员整队,学生听候命令行动。注意,要留两名工作人员最后下车,检查是否有滞留的学生和物品。

(三)参观活动安全要求

(1)在去往参观点的路上,所有学生都要服从工作人员的统一指挥,不得擅自行动。

(2)活动过程中要有序进行,不得拥挤,不得追逐打闹,不要到沟边、河边等危险的地方。

(3)行进过程中要保持两路纵队,靠右行走。

(4)过马路时,安全员要进行交通管制,确保安全后,再指挥学生通过。

(5)活动过程中安全员要密切关注交通、场所、学生等的有关事宜,发现安全隐患要及时采取防范措施。

(6)在每一个参观点活动结束或休息结束时,要清点各班人数,并报告指挥部。

(四)生活安全要求

(1)要穿舒适的服装,尽量穿运动鞋。

(2)可适量带一些水,不要过量。

(3)集体用餐时,要听从工作人员指挥,按序就餐。

(4)生活组要严把饭菜质量关,确保饮食安全。

五、安全教育

(1)旅行社要做好本社辅导员及司机的安全教育工作,强化安全意识和责任。

(2)中心要制定活动的安全制度,活动针对参加活动的老师组织安全教育专题会。

（3）组织学员学习安全制度，明确有关要求。

（4）出发前，中心要针对所有参与活动的人员组织召开安全教育大会，强调以下安全要求：

① 本次活动听从领导小组指挥和安排，不得私自行动。

② 后勤组负责车辆的联系和协调，按相关手续保证车辆安全。

③ 学生往返集合地途中要注意交通安全。

④ 各辅导员要按规定及时清点学生数量，做好学生全程活动管理工作。教育学生乘车时注意安全，汽车开动时不要来回走动，不得将头、手等伸出车窗。

⑤ 学生不得擅自脱离团队。

⑥ 学生要有秩序参观、文明参观，做到语言文明、行为文明，要听从工作人员的安排。

⑦ 要注意饮食安全。不吃"三无"产品及过期、霉变食物。

⑧ 工作人员要注意观察学生的情况，如学生有身体不适，必须及时处理。

⑨ 牢记研学旅行须知。

一切行动听指挥，不擅自行动不离队；

按时集合指定地，排队上车不争挤；

出发、集合和用餐，三个时间要牢记；

乘车头手勿伸外，不讲粗话不起哄；

车牌、老师手机号，记于卡片不离身；

贵重物品少带宜，活动用品要备齐；

言行、如厕讲文明，身体不适、突发事；

通知老师须及时，平安相伴研学旅。

六、突发事件报告制度

如发生突发事件，则工作人员谁在现场谁为第一安全处置及报告人。第一时间将简要情况通过电话汇报给学校安全领导小组。

突发事件报告时，报告内容要包括以下几个方面：

（1）发生突发事件的时间、地点、事件经过、伤亡人数、财产损失等。

（2）突发事件发生的原因、性质的初步判断。

（3）突发事件抢救处置的情况和采取的措施。

（4）突发事件的报告班级、班主任。

注意：未经安全领导小组批准，任何人不得擅自对外发布事件信息。

七、应急事故处理

（一）处理程序

（1）如遇突发事件，第一时间报告领导小组。

（2）所发生的事件在自己能够处理的范围之内的，安全组和随团老师要组织学员做好各种应急工作，采取应急措施；如果不能处理，需要相关部门处理的，要保护好现场，及时拨打110、120向有关部门求救。

（3）突发事件处理完成后，要及时向安全领导小组汇报处理情况。

(二)具体处理方法

1.旅行前

(1)如遇恶劣天气和自然灾害不能出行,则将活动延期。

(2)如遇特殊情况,学员身体不适,则向随团老师汇报。

(3)若有同学晕车,要提前做好准备,同时了解其是否有过敏史,不过敏者在开车前半个小时服用晕车药,对晕车药过敏者,可以食用相关食品预防晕车。

(4)学生应将随团老师和安全员的电话号码记在小卡片上,随身携带。

2.旅途中突发事件处置措施

1)突发食物中毒事件处置措施

(1)发现人员有疑似食物中毒症状后,队医立即进行简要处置,现场人员迅速报告安全工作小组。

(2)迅速拨打120等待急救。

(3)视情况,紧急启用自备车辆护送病人就近选择医院治疗。

(4)迅速向安全组报告,必要时要通知学生家长。

(5)封存相关食物,配合卫生监督部门查明事件原因。

(6)积极做好师生和家长的安抚工作,稳定相关人员情绪,控制事态扩大,积极做好善后工作。

2)突发意外伤害事件处置措施

(1)学生在活动中发生跌伤、晕厥、落水、被动物咬伤等意外事件,队医应立即进行简要处理。

(2)紧急情况下,立即拨打120等待急救。

(3)视情况,紧急启用自备车辆,安排随团医生或当地社区医生护送病人到医院抢救治疗,防止发生二次伤害。

(4)迅速向安全组报告,必要时要通知学生家长。

3)突发学生打架斗殴事件处置措施

(1)发生学生打架斗殴事件,应立即向随团老师及安全组报告。

(2)随团老师与辅导员共同解决打架斗殴事件,如有学生受伤,应立即按照突发意外伤害事件处置措施进行处置。

(3)采取必要措施,预防打架斗殴事件后续事件发生。

(4)迅速报告安全组。

(5)做好善后调解处理工作。

4)突发学生走失事件处置措施

(1)发现人员走失,应立即向带队领导和安全组组长汇报。

(2)随团老师协同辅导员及相关领导等要积极组织搜救,并由其他辅导员和随团老师组织好其他学生的活动。

(3)学生走失时间超过两个小时,立即报警备案。

(4)报告安全组组长,积极做好师生和家长的工作,控制事态恶化。

5)突发交通安全事件处置措施

(1)中心和旅行社必须第一时间做到:立即抢救伤员并拨打急救电话120;拨打110报案;立即向中心领导小组报告;保护好现场,通知受伤学生家长。

(2)做好其他师生的稳定工作,随团领导、教师及辅导员要管理好其他学生,以免出现混乱局面。

(3)安全组组长要及时赶到现场,指导协调处置事件的善后工作。

6)突发火灾处置措施

(1)学生驻地或活动地点发生火灾时,辅导员、安全员等负责迅速组织疏散学生。安全员尽量用手势指挥学生俯身快步通过安全出口进行疏散。

(2)根据火势,立即报警。拨打火警电话119,报告内容为:"×××发生火灾,请迅速前来扑救,详细地址是××××。"待对方放下电话后再挂机。同时迅速报告安全组,组织有关人员携带消防器具赶赴现场进行扑救。但是严禁组织学生救火。

(3)组织人员逃生的原则是先救人、后救物。

(4)派出人员到主要路口等待引导消防车辆。消防车到来之后,要配合消防专业人员扑救或做好辅助工作。

注意事项:发生火灾事故后,要首先保护师生的人身安全。

7)突发外来侵害导致的恶性伤亡事故处置措施

(1)加强安全工作,阻止外来不明人员进入活动场所。

(2)发生爆炸等恶性事故,及时报警,现场工作人员应尽快疏散学生,对伤员进行救治。

(3)发生绑架等突发事件,应及时报警,并配合公安部门提供相关破案线索。

(4)发生打架斗殴致人伤残等突发事件时,应第一时间报警,及时送伤者入医,保护现场,调查原因。

(5)发生师生伤亡的恶性事故时,现场工作人员应立即拨打110报警,保护现场,并报告安全组。

(6)如有师生受伤,应紧急联系队医进行现场急救,无能力救治或者无法判断伤亡情况的,应及时向公安部门、医疗救治中心等求助。

8)突发地震、洪灾、暴雨等自然灾害事件处置措施

(1)安全人员应及时关注自然灾害及异常情况,随时保持联系和通知。

(2)发生自然灾害,以生命安全第一的原则安排活动,必要时可以取消行程。

(3)对可预见性自然灾害,应在未发生前,做出安全部署,对不可预见的自然灾害如地震、龙卷风等,应尽力采取保护和自救措施,事后应及时施救。

(4)发生自然灾害时,安全员要和随团老师一直与学生在一起,全力保障师生的人身安全,灾害过后,要第一时间查看师生是否到齐,是否有师生受伤,做好师生的安抚工作。

八、工作要求

(一)明确职责

研学旅行过程中,随团老师和各小组成员要明确自己的职责,时时注意学员的动向,确保研学旅行安全、顺利进行。

(二)听从指挥

所有成员按照指定时间准时集合,在研学旅行过程中不得擅自离队,一切行动听指挥,如有紧急事情,学生要向随团老师报告,随团老师需要向直接领导报告,得到允许后方可离开。

(三)遵守制度

研学旅行过程中全体成员必须遵守各种规章制度,特别注意活动区的安全提示,争做文明旅行者。

第三节 研学旅行安全应急预案的编制

研学安全一直都不容忽视,研学机构除了要做好安全防范措施、行前安全培训外,还应注意准备应对突发情况的应急预案。没有应急预案的研学旅行,就如同没有灭火器的篝火晚会,总让人担心安全隐患。

应急预案,顾名思义,是遭遇突发情况的紧急解决方案,它可以有效预防和控制可能发生的事故,最大限度降低事故造成的损害。可以说,安全注意事项和安全防范措施是以预防事故发生为目的的,而应急预案是在出现安全事故或紧急情况时,为将损失降到最低而采取的必要措施。

应急方案可分为两类:综合性应急预案和专业性应急预案。

研学旅行应急预案的编写应遵循"以人为本、依法依规、符合实际、注重实效"的原则,以应急处置为核心,明确应急职责,规范应急程序,细化保障措施。

一、应急预案编写基本要求

(1)符合有关法律、法规、规章和标准的要求。

(2)有明确的应急保障措施、具体的应急程序和处置措施,并与其应急能力相适应。

(3)应急预案基本要素齐全、完整,应急预案附件提供的信息准确。

(4)应急组织和人员的职责分工明确,并有具体的落实措施。

(5)应急预案的内容与相关应急预案相互衔接。

二、应急预案编写程序

结合研学旅行工作实际,研学应急预案编制过程,应做到以下几个方面:

（一）成立应急预案编制工作组

研学机构可根据企业自身情况，组织相关人员参与编写，组建编写小组，明确工作职责和任务分工，制订工作计划，组织开展应急预案编制工作。

（二）收集相关资料

应急预案编制工作组，应收集与预案编制工作相关的法律法规、技术标准、应急预案案例，进行线路勘查，收集课程资源中与预案编制相关的环境、设施、气象、地质、人文等有关资料。

（三）进行风险评估

风险评估的主要内容包括：
(1)分析研学旅行课程实施过程中存在的危险因素，确定事故危险源。
(2)分析可能发生的事故类型及后果，并指出可能产生的次生、衍生事故。
(3)评估事故的危害程度和影响范围，提出风险防控措施。

（四）应急能力评估

全面调查和客观分析评估研学旅行活动各参与方的应急能力，并依据评估结果，完善应急保障措施。

（五）编制应急预案

依据风险评估以及应急能力评估结果组织编制应急预案。应急预案编制应注重系统性和可操作性，做到与相关部门的应急预案相衔接。

（六）应急预案评审

应急预案编制完成后，应组织评审。评审分为内部评审和外部评审，内部评审由本单位主要负责人组织有关部门和人员进行。外部评审由本单位组织外部有关专家和人员进行评审。应急预案评审合格后，由单位主要负责人（或分管负责人）签发实施，并进行备案管理。

第四节 研学旅行安全应急演练的准备

应急演练是各类事故及灾害应急准备过程中的一项重要工作，对于评估应急准备状态、检验应急人员实际操作水平，以及发现并及时弥补应急预案中的缺陷和不足等具有重要意义，有利于增强应急预案的科学性、可行性和针对性，完善应急准备，提高工作人员的应急处置能力。

应急演练工作参与人员众多,涉及各部门之间的协调合作,演练过程中也存在一定的危险性,演练的顺利、安全、高效进行,需要充分的应急演练准备工作来进行保障。应急演练准备工作主要包括下面三个方面的内容:

一、成立演练组织机构

成立组织机构是根据需要成立应急演练领导小组以及策划组、技术保障组、后勤保障组、评估组等工作机构,并明确演练工作的职责和分工。

(一)领导小组职责

(1)领导应急演练筹备和实施工作。
(2)审批应急演练工作方案和经费使用。
(3)审批应急演练评估总结报告。
(4)决定应急演练的其他重要事项。

(二)策划组职责

(1)负责应急演练的组织、协调和现场调度。
(2)编制应急演练工作方案,拟定演练脚本。
(3)指导参演单位进行应急演练准备等工作。
(4)负责信息发布。

(三)技术保障组职责

(1)负责应急演练安全保障方案的制定与执行。
(2)负责为应急演练提供技术支持,主要包括应急演练所涉及的通信设备、设备安全隔离等。

(四)后勤保障组职责

(1)负责应急演练的会务、后勤保障工作。
(2)负责所需物资的准备,以及应急演练结束后物资的清理归库工作。
(3)负责人力资源管理及经费使用管理等。

(五)评估组职责

(1)负责根据应急演练工作方案,拟定演练考核要点和提纲,跟踪和记录应急演练进展情况,发现应急演练中存在的问题,对应急演练进行点评。
(2)负责针对应急演练实施中可能出现的风险进行评估。
(3)负责审核应急演练安全保障方案。

二、编制演练文件

（一）编制演练工作方案

演练工作方案主要包括：
(1)应急演练的目的与要求。
(2)应急演练的场景设计。
(3)参演单位和主要人员的任务及职责。
(4)应急演练的评估内容、准则和方法，并制定相关具体评定标准。
(5)应急演练总结与评估工作的安排。
(6)应急演练技术支撑和保障条件，参演单位联系方式，应急演练安全保障方案等。

（二）编制演练脚本

演练脚本主要包括以下内容：
(1)演练模拟事故情景。
(2)处置行动与执行人员。
(3)指令与对白、步骤及时间安排。
(4)视频背景与字幕。
(5)演练解说词等。
(6)应急演练技术支撑和保障条件、参演单位联系方式、应急演练安全保障方案等。

（三）编制评估指南

评估指南主要包括以下内容：
(1)相关信息。
应急演练的目的、情景描述、应急行动与应对措施简介等。
(2)评估内容。
应急演练准备、应急演练方案、应急演练组织与实施、应急演练效果等。
(3)评估标准。
应急演练目的实现程度的评判指标。
(4)评估程序。
针对评估过程做出的程序性规定。
(5)附件。
演练评估所需要用到的相关表格等。

三、演练工作保障

（一）组织保障

落实演练总指挥、现场指挥、演练参与单位(部门)和人员等，必要时考虑替补人员。

（二）资金与物资保障

落实演练经费，演练交通运输保障，筹措演练器材、演练情景模型。

（三）技术保障

落实演练场地设置、演练情景模型制作、演练通信联络保障等。

（四）安全保障

落实参演人员、现场群众、运行系统安全防护措施，进行必要的系统(设备)安全隔离，确保所有参演人员和现场群众的生命财产安全，确保运行系统安全。

（五）宣传保障

根据演练需要，对涉及的演练单位、人员及社会公众进行演练预告，宣传应急相关知识。

（六）其他准备事项

根据需要准备应急演练有关活动安排，进行相关应急预案培训，必要时可进行预演。

本章小结

1. 根据突发事件的性质、演变过程和发生机理，研学旅行安全应急预案主要分为自然灾害导致的研学旅行安全应急预案、事故灾难导致的研学旅行安全应急预案、公共卫生事件导致的研学旅行安全应急预案、社会安全事件导致的研学旅行安全应急预案四类。根据对象范围分，研学旅行安全应急预案可以分为综合预案、专项预案、现场预案。

2. 研学旅行安全应急演练按照组织形式可分为桌面演练和实战演练；按内容可分为单项演练和综合演练和研究性演练。

3. 研学应急预案编制过程应包括成立应急预案编制工作组、收集相关资料、进行风险评估、应急能力评估、编制应急预案、应急预案评审六个方面。

学习拓展

案例评析

思考与训练

1. 设计一份关于某项研学踩线安全的实践方案。
2. 设计一份关于某项研学旅行活动的安全应急演练方案。
3. 设计一份研学实践安全评估方案。

第七章
研学旅行安全的防范与应对

本章目标

1. 了解研学旅行安全防范与应对的概述,了解预防研学旅行安全事故的对策。
2. 熟悉不同类型研学旅行安全事故的应对措施。
3. 掌握不同类型研学旅行安全事故的应急处理措施。

知识框架

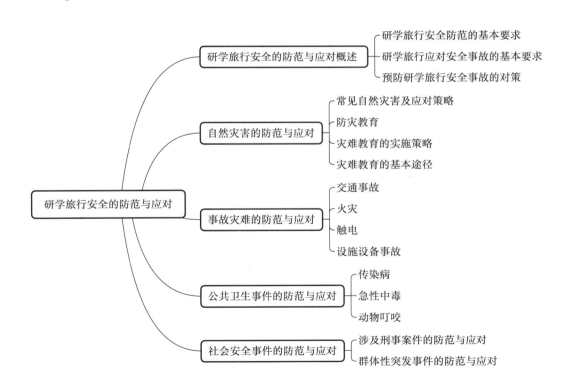

学习重点

1. 研学旅行安全防范的基本要求、研学旅行安全应对的基本原则。
2. 掌握不同类型研学旅行安全防范措施。
3. 学会不同类型研学旅行安全应对措施。

学习导入

危险！43名研学小学生被困高速！[①]

2023年5月8日，山东省公安厅交管局五支队历城二大队民警在巡逻过程中发现，一辆大巴车停在港沟收费站内广场转弯主干线视角盲区处，经询问，车辆因为故障移动不了，只能停在行车道内。考虑到车上43名小学生和同车老师的安全，在救援车辆到来之前，民警引导，老师配合，把43名小学生转移到距离故障地点不足100米的港沟收费站院内。同时，民警协调大巴驾驶员联系救援车辆赶到港沟收费站口接应。在救援车辆到达后，民警王瑛配合老师引导学生有序登上救援大巴。直到望着大巴车平稳离开，民警才继续执行巡逻任务。

值得注意的是，在引导学生转移时，一辆过路的小型汽车突然径直撞在了民警摆放在大巴后的警示锥形桶上。虽然未与大巴发生碰撞，但也提醒我们，车辆发生故障时或发生事故后，人及时撤离的重要性。

思考

1. 你觉得交警为何要对车上的学生和老师进行转移？如果没有转移可能会出现什么危险？
2. 请进一步思考研学旅行中的安全防范如何真正做到预防。

第一节　研学旅行安全的防范与应对概述

随着国务院《关于促进旅游业改革发展的若干意见》的出台，其中关于"积极开展研学旅行"的内容，引发了行业内的热议。研学旅行已经成为继家庭教育、学校教育之外的又一种教学手段，可以培养孩子的社会责任感，提高综合能力。但是，研学旅行是

[①]《山东高速交警.危险！43名研学小学生被困高速！》，https://baijiahao.baidu.com/s?id=1765313844051802197&wfr=spider&for=pc。

新兴的行业体系,关于各类的安全管理细则,都没有系统的、具体的标准和内容。所以在研学旅行这种形式被慢慢接受的同时也带来不容小觑的安全问题,它既是各机构转型升级的机遇,也是一个挑战。近年来,中小学生研学旅行安全事故频发,引起了全社会的广泛关注,社会各界对学生安全的期望与要求越来越高。研学旅行是中小学生校外教育活动的重要形式,学生安全直接关系到研学旅行的质量。

一、研学旅行安全防范的基本要求

(一)建立流程化的安全管理制度

组织方、承办方、供应方等应针对研学旅行活动,从各自的职责出发,结合研学旅行的活动特点和流程,制定安全管理制度,以确保研学旅行的安全开展。

1. 申报审批流程

实行组织学生集体外出活动申报审批制度,研学旅行活动要提前向研学旅行活动的管理方申报,管理方主管领导审批后方可进行。

审批流程:家长签订风险告知书、自愿报名协议后统一提交承办方,承办方将风险告知书、自愿报名协议及附上的活动流程与场地实地考察报告上报管理机构,管理机构同意后方可实施。

2. 集合汇报与请销假制度

研学旅行中,要每日三次或三次以上集合点名;学生如遇特殊事情离队需要提前向带队老师请假,回来后找带队老师销假。前往新的目的地之前必须完成列队点名。

3. 风险排除制度

对车辆、住宿场地以及活动开展需要的设施设备要先进行风险排查再启动、入住或使用。风险排查主要包括机械故障排查、设备老旧隐患排查、水灾隐患排查、火灾隐患排查、山体滑坡隐患排查、泥石流隐患排查,等等。

租用的车辆必须要有正规的营运证,随团老师才能组织学生有序登车。

提前勘查住宿地到派出所、医院的距离与路线;进入研学目的地前需要对目的地的人流量、地理条件、气候条件进行评估,对使用的活动设施设备进行安全评估,不带学生进入有踩踏风险、自然灾害风险的地方。

制作安全标语、旗帜,时刻提醒学生注意安全。

4. 列队制度

所有参与研学旅行的学生必须遵守列队制度,集体行动时必须以列队形式行进,不允许出现三五成群扎堆行进的现象。

5. 行前动员制度

在出行之前一定要进行全体师生的动员活动,以高度的责任心对每个学生的安全负责;同时对学生加强安全教育,强调按照研学旅行流程行事,确保外出活动万无一失。

6. 技术保障制度

研学旅行活动中,凡参加研学旅行活动的组织方、承办方与供应方等均必须保证手机畅通。如进入山区等偏远地区,通信设备不得少于两种,不能仅靠手机通信,因为手机进入到山区或者在远离信号基站的地方会没有信号或信号较差无法联系,此时需要准备短波对讲机或通过卫星电话通信。需要为每一位学生配备一个定位手表或手环,以便后台统一监控和管理。

7.信息反馈制度

研学旅行活动中,承办方与供应方应及时发布研学旅行活动的各类消息,以便组织方和学生家长掌握研学旅行团的动态和状况。

(二)配备专职安全管理人员

研学旅行活动中,组织方和承办方应根据各项安全管理制度的要求,明确人员安全管理责任,在研学旅行活动过程中安排安全管理人员随团开展安全管理工作。

1.组织方人员配置

(1)应至少派出一人作为组织方代表,负责督导研学旅行活动按计划开展。

(2)随团老师要全程带领学生参与研学旅行的各项活动。

2.承办方人员配置

(1)应为研学活动配置一名项目组长,项目组长全程随团活动,负责统筹协调研学旅行的各项工作。

(2)应至少为每个研学旅行团队配置一名安全员,安全员在研学旅行过程中随团开展安全教育和防控工作。

(3)应至少为每个研学旅行团队配置一名研学导师,研学导师负责制订研学旅行教育工作计划,在随团老师、导游等工作人员的配合下开启研学旅行教育服务。

(4)应至少为每个研学旅行团队配置一名导游,导游负责提供导游服务,并配合相关工作人员提供研学旅行教育服务和生活保障服务。

3.供应方人员配置

(1)应配备数量适宜的专职医务人员,专职医务人员作为队医,负责研学旅行期间学生各类疾病以及伤害性事故的应急处理。

(2)应指定一名中高级管理人员接受专业培训,考试合格后担任内审员。内审员负责对照相关标准及相关工作要求,检查供应方提供的设施设备是否达到安全使用标准,督促供应方就所存在的问题及时整改。

(3)配备专职设备安全检查人员,设备安全检查人员负责对相关技术设施设备进行常态化的安全检查及维护。

(三)进行安全教育

1.工作人员安全教育

制订安全教育和安全培训专项工作计划,定期对参与研学旅行活动的工作人员进行培训。培训内容包括安全管理工作制度、工作职责与要求、应急处置规范与流程等。

2.学生安全教育

(1)对参加研学旅行活动的学生进行多种形式的安全教育。

(2)提供安全防范教育知识读本。
(3)召开行前说明会,对学生进行行前安全教育。
(4)在研学旅行过程中对学生进行安全知识教育,根据行程安排及具体情况及时进行安全提示与警示,强化学生安全防范意识。

(四)制定应急预案

组织方、承办方及供应方应制定和完善包括地震、火灾、食品卫生、治安事件、设施设备突发故障等在内的各项突发事件应急预案,并定期组织演练。

二、研学旅行应对安全事故的基本要求

(一)研学旅行中应对安全事故的基本原则

研学旅行的主体为未成年人群体,应对安全事故的能力相对较弱,所以在遇到安全事故时,应坚持以下原则。

1. 快速反应原则

快速反应原则是处置研学旅行中安全事故的根本原则。安全事故本身具有不确定性和危害性,一旦事故发生而没有立即采取有效的应急处置措施,没有及时控制整个事件的发展,将可能导致整个突发事件处置失败。

2. 以人为本原则

处置研学旅行中的安全事故应当把人的生命和健康放在第一位,这一原则应当优先于其他任何原则,要最大限度地减少人员伤亡,保证学生的身体健康、财产安全。

3. 程序性原则

首先要考虑抢救受害人员的生命,保证人们最基本的生存条件;其次以现场检伤分类标准衡量轻重缓急;再次必须考虑现场救援人员的实际救援能力;最后确定出单次的应急救援与处置程序。

4. 公开透明原则

研学旅行中发生安全事故,通常会引起社会的高度关注,需要各方的支持与参与,因此信息的发布和披露至关重要。这就要求在应对安全事故时,在信息披露、原因调查和责任追究等环节都保持公开透明,确保公众的知情权。

(二)研学旅行中应对安全事故的基本程序

不同的安全事故有不同的特点、规模、程度、性质和后果,应对的程序不尽相同,概括起来大致应包含以下几点。

1. 前期处置

现场处置时,首先要做出正确反应并及时控制局势,需采取果断措施,迅速撤离险境,力争把突发事故所造成的损失降到最低,为恢复正常状态提供保证。同时,根据现场的具体情况找到危险源,确认其位置及危害程度,并对其分类处理。

2.启动预案

通过初步研判了解研学旅行安全事故发生的原因、过程、性质,及时向组织方和承办方汇报,并迅速会同有关职能部门分析讨论,确定符合预案启动的条件后,制定相应对策,并启动应急预案,采取有效措施,立即处理,防止事件影响扩大化。

3.应急救援

应急救援要遵循先人后物的原则。救援的基本任务包括:组织救援受害人员,组织撤离或者采取其他措施保护危险区域的人员;及时做好学生的安抚工作;做好现场保护以及事故调查取证工作,防止证据遗失。

4.信息发布

信息发布要遵循及时、准确、公开、透明的原则,主动发布事件及其处置的准确、权威信息,积极回应各方关切,与家长进行有效沟通。

5.评估总结

处置工作结束以后,需要对整个事件进行评估。通过全面收集信息,了解安全事故所造成的破坏情况,从社会效应、经济效应、心理效应和形象效应等多方面评估有关措施的合理性和有效性,并如实撰写详尽的安全事故处置报告。

三、预防研学旅行安全事故的对策

(一)主办方:守住合作底线,掌握实施主导权

1.在课程设计上发挥主导作用

目前,多数学校在规划研学旅行课程时,以旅行社提供的方案为主导。但是,学校显然比旅行社更了解学生的需求,学校应根据学生的实际情况和教育的要求,在制定研学旅行课程方案中发挥主导作用,杜绝"只旅不学"现象发生。

2.对承办方、供应方的能力进行评估

选择承办方时,学校要根据其资质、经验、人力、安全保障方案等进行综合评估,尤其对于承办方选定的食宿、交通、研学场所,学校要提前进行踩线考察,排查可能存在的安全隐患,进而做出选择。

3.加强师生安全教育

除了通过常规会议对参与研学旅行的师生进行安全教育外,还可邀请旅行社或户外安全专家对师生进行安全教育和应急演练,提高师生的安全意识和应急能力;同时,在研学旅行过程中,老师在做好学生管理工作的同时,要加强对承办方和供应方的监督和管理,切实督促其履行服务职责。

(二)承办方:履行服务职责,做好安全保障工作

1.进行实地考察

如研学旅行路线可能涉及水、电等方面的危险,在设计行程时要引起注意,尽量将路线进行调整或做好特殊预案。对于食宿、交通、研学基地的资质、安全条件进行考

察,从源头上减少开展研学旅行的安全风险。

2.强化人员素质

要按照行业规范要求,配备随行项目组长、安全员、研学导师、导游,加强对相关人员的培训,提升这些人员的安全管理能力。应提前划分好责任,充分考虑可能会发生的各种情况,将每项工作责任落实到个人。

(三)供应方:严格履行合同,提升活动安全等级

1.制订完善的接待计划

与一般旅游团队接待计划不同的是,研学旅行团队学生大多是未成年人,加之外出的新奇感,管理的难度加大。所以,各供应方应提前做好接待计划,落实好人员和安全管理职责。

2.确保活动设施设备安全

对于车辆、餐饮原材料、住宿环境、景区设施等,相关供应方应提前进行检查,排除安全隐患。交通供应方还应向当地交通管理部门备案,并为学生及带队老师购买乘车保险;餐饮供应方应确保门店干净整洁、食物健康卫生;住宿供应方应检查房间内外设施和环境,确保师生的人身、财产安全;针对研学基地等企业,其重点区域,如水域等,要设置专人管理,排除安全风险。

(四)政府部门

加强监督管理,保障活动安全开展,教育部门要负责督促学校落实安全责任,审核学校报送的活动方案和应急预案;文旅部门负责审核开展研学旅行的企业或机构的准入条件和服务标准;交通部门负责督促有关运输企业检查学生出行的车、船等交通工具;公安、市场监管等部门要加强对研学旅行涉及的住宿、餐饮等公共经营场所的安全监督。为此,各相关部门应进一步制定具体的措施,保障研学旅行活动的安全有效开展。

第二节 自然灾害的防范与应对

研学旅行是学生成长过程中非常重要的活动,会留下非常美好的回忆,是亲子游无法取代的。我国幅员辽阔,地形和气候条件复杂,自然条件和人文地理文化差异大,在研学旅行途中,可能会遇见各种各样的自然灾害,如果处置不当,将会导致严重的后果,而安全又是研学旅行的重中之重。因此,在开展研学旅行前,我们要做到有备,才能无患。

一、常见自然灾害及应对策略

（一）雷雨大风

雷雨大风指在出现雷、雨天气现象时，平均风力大于等于6级、阵风大于等于8级的天气现象。当雷雨大风发生时，乌云滚滚，电闪雷鸣，狂风夹伴强降水，有时伴有冰雹。雷雨大风涉及的范围一般有几公里至几十公里。

1. 研学途中遇见大风时的注意事项

（1）要注意走路时少走高层楼之间的狭长通道，因为狭长通道会形成"狭管效应"，风力在通道中会加大，会给行进中的人带来一定的危险。

（2）不要在广告牌和老树下长期逗留，避免被砸伤。

2. 研学途中遇见雷雨时的注意事项

（1）不宜躲在树下。

（2）不宜高举雨伞等带有金属的物体。

（3）不要在户外旷野中跑步。

（4）不要停留在阳台、窗户边，雷雨过程中，不要接触电源开关和电气设备。

（5）外出的人应就近寻找相对干燥、背风处躲避，切勿冒雨赶路。

（6）雷雨时，如果感到头发竖起，应立即双脚合并，抬起脚跟，双手抱膝，下蹲，双手避免触地，尽量减小与地的接触面。在室内躲雨时，不应依着建筑物或构筑物墙壁站立，宜保持一定的距离。

（7）尽量不接打手机，减少通信设备的使用。

（二）冰雹

冰雹，俗称雹子，有的地区叫"冷子"，夏季或春夏之交最为常见。一般情况下，它是一些小如绿豆、黄豆，大似栗子、鸡蛋的冰粒。

我国除广东、湖南、湖北、福建、江西等地区冰雹较少外，其他各地每年都会受到不同程度的雹灾。尤其是北方的山区及丘陵地区，地形复杂，天气多变，冰雹多，受害重。冰雹对农作物危害很大。猛烈的冰雹会摧毁庄稼、损坏房屋，人被砸伤、牲畜被砸死的情况也常常发生；特大的冰雹甚至比柚子还大，会致人死亡，毁坏大片农田和树木，摧毁建筑物和车辆等，具有较大的杀伤力。

突然遇到冰雹的袭击，一定要保持镇静，迅速采取躲避的措施。如跑进防空洞里，进入岩洞中，躲避在突出的岩石下，粗壮的大树下也可以暂时躲避。如果附近什么也没有，应该采取户外安全避险姿势，即半蹲在地，双手抱头，全力保护头部、胸部与腹部不受到袭击。如果随身携带包、文件夹的，可以临时放在头顶，使危害尽量减小。实在没有物品时，可以把鞋脱下来放在头上，也能起到缓冲的效果。

（三）局部强降雨

强降雨是指降水强度很大的雨，在气象学上一般称为暴雨。

（1）遇到较大范围的路面积水，不要贸然驾车或涉水通过，应先观察再决定是否需绕行。

（2）不要在河道里、桥涵下和山沟峪口逗留行走，一定要通过时，要密切观察周边的动静，确定没有危险后快速通过。

（四）大雾

大雾是指由于近地层空气中悬浮的无数小水滴或小冰晶而造成水平能见度不足500米的一种天气现象。

（1）不要着急，原地扎营，等雾散。

（2）要减少户外活动时间，在户外时戴上围巾、口罩，保护好皮肤、咽喉、关节等部位。

（3）大雾中行车时要打开雾灯，不要使用远光灯。尽量低速行驶，与前车保持安全距离；能见度低时，应靠边停车，打开应急灯，人员远离路面，等雾散。

（4）研学旅途中需密切关注天气预报，及时掌握出行的天气情况。

（五）沙尘暴

沙尘暴是沙暴和尘暴的总称，是荒漠化的标志。沙尘暴是指强风从地面卷起大量沙尘，使水平能见度小于1000米，具有突发性和持续时间较短特点的概率小危害大的灾害性天气现象。其中，沙暴是指大风把大量沙粒吹入近地层所形成的挟沙风暴；尘暴则是大风把大量尘埃及其他细颗粒物卷入高空所形成的风暴。

遇到沙尘暴天气要做到以下几点：

（1）戴上护目镜，最好戴上帽子或在头上包上围巾，以防止对脸部和眼睛的伤害。

（2）走路的人要避让车辆，因为沙尘暴天气能见度低，所以一定要注意安全。

（3）不要在广告牌下或大树下逗留。以防被风刮倒或被东西砸到。

（4）注意保暖。

（5）多喝水，多吃水果，预防疾病。

（六）山洪

山洪是指山区溪沟中发生的暴涨洪水。山洪具有突发性，水量集中流速大、冲刷破坏力强，水流中会挟带泥沙甚至石块等。山洪一般分为暴雨山洪、融雪山洪、冰川山洪等。

遭遇山洪要做到以下几点：

（1）洪水来临时，不要尝试越过已被河水盖过的桥梁，这时应迅速离开河道。

（2）陷入山洪之中时，一定要设法保证呼吸顺畅，然后要尽力冲出水面，或者抓住岸边任何可救命的物体，如岸边的石头、树枝、枯藤之类的物体，也可以抱住水中的一些漂浮之物。

（3）如果多人陷入山洪之中，大家可以相互搀扶，手拉手共同行动，也可以利用腰带互相牵连，一起冲出洪水包围。

（4）如果洪水较急，落水者很快就会被冲到较远的地方，这时可尽快扔给落水者一些物品，如木板、树干、脸盆等，落水者抓住这些东西，就可以借助其产生的浮力获得生存机会。

（七）泥石流

泥石流是指在山区或者其他沟谷深壑、地形险峻的地区，因为暴雨、暴雪或其他自然灾害引发的山体滑坡并携带有大量泥沙以及石块的特殊洪流。泥石流具有突然性，其流速快、流量大、破坏力强。泥石流的主要危害是冲毁城镇、工厂、矿山、乡村，造成人畜伤亡，破坏房屋及其他工程设施，破坏农作物、林木。

（1）如果我们身处山中，当听到雷声轰鸣时有可能会遇到泥石流，此时我们要向地势高的地方跑，切忌匆忙下山，强大的泥石流滑下会把我们冲走。

（2）当我们在谷底时突遭泥石流，不要慌张地四处逃窜，先辨别泥石流的路径，避开泥石流可能到之处，不要在河边、堤坝处逗留。

（3）当我们在山林里发生泥石流时，向树木多而粗壮的地方跑，实在避不开泥石流，一定要紧紧抱住粗壮的大树。

（4）当我们住在山下的村庄遭遇泥石流时，不要拥挤，向两边散开，来不及跑就往最高的地方爬，如房顶，并且紧紧抓住牢固的东西。

（八）地震

地震又称地动、地振动，是地壳快速释放能量过程中造成的振动，其间会产生地震波的一种自然现象。地球上板块与板块之间相互挤压碰撞，造成板块边沿及板块内部产生错动和破裂，是引起地震的主要原因。地震开始发生的地点称为震源，震源正上方的地面称为震中。破坏性地震的地面振动最强烈处称为极震区，极震区往往也就是震中所在的地区。地震常常造成严重人员伤亡，能引起火灾、水灾、有毒气体泄漏、细菌及放射性物质扩散，还可能造成海啸、滑坡、崩塌、地裂缝等次生灾害。

（1）不要惊慌失措，一定要冷静，寻找掩体，保护好自己。

（2）如果地震正在发生，你可以快速跑到一个空旷地带。

（3）护住自己的头部。

（九）森林火灾

气象与森林火灾的关系非常密切，晴朗、高温、大风天气，会使森林中可燃物的含水量下降到40%以下，这时最容易发生森林火灾。空气湿度也是火险天气中的关键因素。当空气湿度小于60%时，也有发生森林火灾的可能。

降水量减少，无雨日较长，森林可燃物的含水量将不断下降，森林火灾发生的可能性和严重性也随之增大。森林火灾是一种突发性强、破坏性大、处置扑救极为困难的自然灾害。近年来，随着全球气候变暖和异常天气增多，森林火险等级持续升高，森林防火面临的形势非常严峻。

在研学旅行中，对于森林火灾的避险要注意以下的内容：

如果遇上初发的森林火灾,火势较小时,可以用水浇、土埋、灭火器喷射等方式来扑灭火苗,或用扫把、大树枝等扑打,第一时间将火灾消灭在萌芽状态,避免小火蔓延成火灾。

若火势蔓延迅速,难以控制,应立即避险,迅速拨打全国统一的森林防火报警电话12119,不要盲目与大火对抗。迅速离开危险区域,远离火源。

(十)沼泽

沼泽指长期受积水浸泡、水草茂密的泥泞地区。沼泽广泛分布于我国东北地区的黑龙江和内蒙古北部,新疆北部和青藏高原也是沼泽分布较多的地区。

(1)研学中途经湿地,小心留意寸草不生的黑色平地和青色的泥炭藓沼泽,应沿着有树木的地方走,因为两者都长在硬地上。

(2)可以向前投几块大石头或用力踩脚,验证地面是否坚硬。

(3)陷入沼泽时,不要慌张、不要挣扎。寻找可借力的草丛树木,张开双手,增大与沼泽的接触面积,放松身体,小幅度调整姿势,松动泥浆,直到浮在沼泽上,缓缓爬离危险区域。

(十一)流沙

所谓流沙就是沙像液体一样可以流动,也就是可以流动的沙。常出现在地基不稳的沙漠、海岸、河岸,当重物置于沙体之上时,就会沉到沙底部。

流沙通常由沙子或浸满水和盐的黏土组成。流沙表面看起来是固体,当踩进去的时候,沙子就会变得像液体一样。如果陷到了某些湿流沙中,需要小幅度地摆动双腿,使沙子重新"液体化"。自救的关键在于保持镇定,身体向后倾斜,使体重分布得更加平均,等待重新浮到流沙表面。

二、防灾教育

要对学生进行六大核心素养的培养,包括人文底蕴、科学精神、学会学习、健康生活、责任担当、实践创新。现有的学校学科课程主要遵从学科的逻辑和价值,培育学生的核心素养;灾难教育则可以通过主题整合,推动六大核心素养的培育。

当前中小学灾难教育主要包括以下五个方面的内容:

(一)生命理解教育

任何教育都只是人类生存和发展的手段,人的成长和发展是教育的终极目的。台湾地区学者高震东先生认为,学生就是"学生活的知识,学生存的技能,学生命的意义"。灾难带给人的严重后果包括生命的消亡与伤害、物质条件的丧失与破坏、精神的折磨乃至崩溃,所有这些,都指向对人的生命的危害。人的生命是唯一的,人的生命至高无上的。

灾难教育要教育孩子们在灾难面前如何保全生命、如何呵护生命、如何延续生命。灾难教育必须让孩子们理解生命的价值、懂得生命的意义、维护生命的尊严、欣赏生命的绚丽、珍惜生命的美好。

灾难教育要让孩子们懂得生命的可贵及生命的脆弱,从而在灾难面前能够尽全力主动救助生命。灾难教育应该培育学生"以人为本""仁者爱人"的人文底蕴,培养孩子们健康生活。

(二)灾难常识教育

灾难教育要教给孩子们一些易发灾难的基本知识,让孩子们认识灾难、了解灾难,才能有效预防和应对灾难。

(1)知道灾难发生的表征,包括灾难的预兆(如地震前老鼠、蛇、黄鼠狼等动物疯狂逃窜)、灾难的表现(如洪灾冲垮房屋等)。

(2)知晓灾难发生的原因,利于防范灾难。假如学生知道电起火的成因,就会规范使用电器,从而避免了这类灾难的发生。

(3)掌握灾害发生的规律,可以遵循规律,避免灾害造成的危害。如山洪暴发,山洪是沿着山沟和河道等低洼路线奔流,人必须尽快跑到高处。

(4)明确灾难发生的危害。趋利避害是人和动物都有的本性,了解灾难的危害,会让我们在灾难面前产生敬畏感,不会麻痹大意,而是采取科学的应对方法。

(三)防灾技能教育

很多时候,灾难的发生是我们很难预料更是无法改变的事实,我们在灾难面前能做到的就是如何正确地应对灾难。

灾难教育要加强对学生有针对性的应对技能训练,使学生掌握应对灾难的正确方法,能够采取科学的措施应对灾难,在灾难中表现出强烈的求生意志,掌握救助自己、救助他人的技能。

要让学生掌握灾难的预防措施,增强灾难发生时的环境观察能力、独立思考能力、团结协作能力、自我救助能力等。

(四)防灾心理教育

灾难能够给人们带来严重的心理危害,造成心理疾病,从而危害人的一生。因此,灾难教育要特别关注学生的心理健康。

总体来说,就是要在灾难来临时减少焦虑和恐惧,在灾难中不绝望、不惊慌失措,灾难过后不过度悲观,仍然对生活充满信心。学生经受灾难之后,要安排专职心理咨询人员,对学生进行科学的心理干预和心理辅导。

(五)灾难道德教育

灾难面前,人的本性暴露无遗。我们不必用道德来绑架某些受灾者,但我们仍然需要用道德正能量来引导道德认知。

灾难教育必须要对学生进行爱的教育,因为爱而珍惜彼此生命,因为爱身边具体的人而去救助灾难中的人。

灾难教育应该包括责任感教育和纪律教育，学生在灾难面前要听从统一安排，遵守共同秩序，有大局意识。

灾难教育应该包括集体主义教育和团结协作教育，教育学生齐心协力，共同应对灾难的打击和危害，增强战胜灾难的信心和力量。

灾难教育要注重培养学生的奉献精神和大无畏精神，要培育学生责任担当这一核心素养。

三、灾难教育的实施策略

当前，中小学灾难教育存在总体重视不够、缺乏系统规划、教育形式单一、重知识轻技能、学生防灾能力较弱等问题。为了增强中小学灾难教育的针对性和实效性，学校必须采取科学的实施策略。

（一）课程整合策略

目前中小学现有课程体系之外的主题教育名目繁多，各类"进校园"活动给学校师生带来了繁重的工作和学习负担。灾难教育要避免给学生增加额外的学习压力和负担，必须走课程整合之路。

(1) 要将灾难教育整合到学校的课程体系之中，与学校现有课程体系通盘考虑，整体规划，统一安排。

(2) 要将灾难教育有机融入现有的学科课程之中，让孩子们在完成学科教学任务的过程中，潜移默化地接受灾难教育。

(3) 可以将灾难教育融合到学校组织的各类社团活动及综合实践活动之中。

（二）情景体验策略

任何灾难的发生都有其具体场景，每个人在具体的灾难场景下，都会获得各种体验，会产生对生命的敬畏和求生的欲望。

灾难场景和灾难体验会长时期留在体验者的心中，可以增强其防灾意识，使其产生应激行为。中小学灾难教育可以借助电影、电视、网络等技术，给孩子们提供身临其境的感受；可以采取角色扮演的方式，让孩子们置身于灾难情景之中，让其产生心理感受和行为体验；可以采取撰写灾难笔记或者日记的方式让孩子们设身处地地应对灾难。

（三）实践演练策略

防备和应对灾难的方法、技能，只有反复操作，才能熟悉和掌握。2008年汶川地震，绵阳市桑枣中学2300名师生无一人伤亡，得益于叶志平校长10多年长期坚持组织全校师生进行地震应急演练[①]。所以，学校应该有针对性地举行一些灾难应急演练，诸

---

① 《校长叶志平：汶川地震创造极限96秒，为啥全校师生无一伤亡？》，https://baijiahao.baidu.com/s?id=1724823776384962251 3&wfr=spider&for=pc。

如消防演习、地震演习、防化演习等,让孩子们在实践演练中掌握求生器具的使用方法,熟练救助工具的操作,牢记防灾操作步骤,遵守防灾纪律。演练要做到全员参与、随机发生、情景逼真、预案周密、持之以恒。

(四)因地制宜策略

应该结合各地自然环境、气候特点等因素开展有针对性的灾难教育。山区学校应该多组织应对山洪的灾难教育;地震多发地带的学校应该多组织预防地震的灾难教育;沿海地区的学校要多组织应对台风的灾难教育;河湖地区的学校应该多组织应对洪灾的教育;核电站附近的学校必须组织应对核事故的灾难教育。

(五)因人而异策略

中小学灾难教育要遵循人的身心发展规律和认知规律。针对不同年龄阶段的学生,灾难教育的内容、形式和要求应该略有不同,比如地震的防灾教育,小学生只需要懂得怎么逃生就行,中学生特别是高中生则还需要懂得地震的原理、预兆和特征,等等。

幼儿园的灾难教育应该通过游戏的方式进行,小学阶段的灾难教育应侧重采取活动的方式;中学阶段的灾难教育则可以运用实践体验和知识传授等多种方式。灾后的心理治疗,更需要采取因人而异的有针对性的策略,注意保护个人隐私。

四、灾难教育的基本途径

2007年2月,《中小学公共安全教育指导纲要》中提出"提高中小学生面临突发安全事件自救自护的应变能力"。该文件虽没有明确提出"灾难教育"的概念,却将灾难教育的很多内容和要求囊括其中,如"预防和应对社会安全类事故""预防和应对公共卫生事故""预防和应对自然灾害"等。这说明从国家层面,已经将灾难教育整合到公共安全教育之中,作为中小学教育的重要任务。各级各类学校应该贯彻落实国务院和教育部的指示精神,积极运用多种有效途径,切实抓好中小学生灾难教育。

(一)学科教学

现有的学科课程蕴涵着丰富的灾难教育资源。化学学科可以结合学科原理进行防核泄漏事故、防化学污染等的灾难教育,生物学科可以对学生进行防生物灾害如鼠疫、病毒疫情、禽流感等的教育,历史学科可以展示历次世界大战给人们带来的巨大灾难,教育学生爱好和平、珍爱生命等。

(二)校本课程

在规划、开发、实施校本课程的过程中,中小学可以将灾难教育纳入其中,特别是某些灾难多发地区的学校,更需要开发有针对性的灾难教育校本课程。如深圳大亚湾地区的学校,可以开设防核泄漏方面的校本课程等。

（三）学生社团

学校社团是能体现学生学习主动性、满足学生参与欲望和个性发展的学习组织形式。学校可以根据学生的兴趣爱好开展与灾难教育有关的社团活动。

（四）专题教育

经国务院批准，自2009年起，每年5月12日为全国防灾减灾日。中小学校可以灾难教育为主题，在这一天开展丰富多彩的专题教育活动，开设专题教育讲座，组织专题教育宣传，观看专题教育影视。学校也可以具体的灾难事故为内容开展专题教育，如防震专题教育、防化专题教育、防溺水专题教育，等等。

（五）校外研学

2018年5月，全国首家综合性灾难体验中心在南京市江北新区试运营，该中心开创了"体验实操式"培训模式的先河，将应急装备认知与公共安全体验充分融合，让体验者在真实还原的场景中感受灾难现场，为中小学生提供了极佳的灾难教育场所。5·12汶川特大地震纪念馆等均是非常好的灾难教育研学基地。许多教育行政部门建设的综合研学与实践基地，均将灾难教育作为重要课程。

（六）在线网络

网络为灾难教育提供了的途径。一方面，可以借助网络，收集整理灾难教育的各种资源，包括灾难知识、灾难故事、灾难场景、灾难视频、自救演示，等等。另一方面，在面对突发灾难时，学校可以借助网络对学生进行即时性的灾难教育。

（七）家社配合

社会各界可以为中小学灾难教育提供很多帮助。消防部门可以走进学校，为学生展示消防演练，邀请学生体验演练活动；地震局可以邀请学生参观地震预报场所，解释地震预报原理，讲解防震知识；卫生防疫工作者可以为学生进行防疫知识讲座。家长也应该具备生命安全意识和防灾减灾意识，掌握一些防灾的知识和技能，以身示范，参与到学生的灾难教育活动中。

第三节 事故灾难的防范与应对

事故灾难是在人们生产、生活过程中发生的，它直接由人的生产、生活活动引发，违反人们意志的，迫使活动暂时或永久停止并造成人员伤亡、经济损失的意外事件。本节主要讲述在研学旅行过程中事故灾难的防范与应对，包括交通事故、火灾、触电、设施设备事故等几个方面。

一、交通事故

交通事故是指车辆在道路上因过错或者意外造成人身伤亡或者财产损失的事件。交通事故不仅是由不特定的人员违反道路交通安全法规造成的;也可以是由于地震、台风、山洪、雷击等不可抗拒的自然灾害造成的。研学旅行中往往需要频繁地乘坐交通工具,因此交通安全问题成为研学旅行中各方最为关注的安全问题。

(一)道路行走交通事故

1.道路行走交通事故的成因

(1)走路时注意力不集中:一边行走,一边聊天或听音乐、看书、玩手机,或者心不在焉,嬉戏打闹。

(2)违反交通规则:过马路不走人行横道、违反交通信号、违规跨越道路护栏或隔离设施,或有扒车、强行拦车等妨碍交通安全的行为。

2.道路行走交通事故的防范

(1)在研学旅行过程中应有组织、有秩序地列队出行,在人行道内行走,在没有人行道的马路上靠路边行走,不要相互追逐、打闹嬉戏。

(2)在老师或景区工作人员的带领下活动,不要随便离开队伍,行走时要专心,注意周围情况,不要东张西望、边走边看手机。

(3)过马路时,应当走人行横道、过街天桥、地下通道等。通过人行横道时要观察交通信号灯以及车辆通行的情况,在确保安全的情况下迅速通过。

(4)不要突然横穿马路,以免发生意外。

(5)雾、雨、雪天,要穿着色彩鲜艳的衣服,以便机动车司机尽早发现,提前采取安全措施。

3.道路行走交通安全事故的应对

(1)被机动车撞伤,应立即拨打110报警,并拨打120求助;同时请队医检查伤者的受伤部位,并采取初步的救护措施。

(2)发生交通事故不要自行协商解决,应该立即报警,并记录下肇事车辆的车牌号,等候警察前来处理。

(3)请医院开具诊断证明,警察开具交通事故证明书,向保险公司索赔。

(4)迅速向组织方、承办方报告事故情况。

(5)交通事故处理结束后,随团工作人员要形成详细的书面报告,总结事故的起因、经过、人员伤亡以及事后处理情况等。

(二)驾车交通事故

1.驾车交通事故的成因
(1)客观因素。
道路、天气等原因,也可引发交通事故。

(2)车况不佳。

车况不良,尤其是制动系统、转向系统等,没有及时检查、维修。

(3)疏忽大意。

驾驶过程中精力分散、反应迟钝导致采取措施不当。

(4)违反规定。

不按交通法规和其他交通安全规定行车,如酒后开车、超速行驶、争道抢行、超员、疲劳驾驶等。

2.驾车交通事故的防范

(1)研学旅行中应选派责任心强、驾驶技术过硬、有多年驾驶经验的司机。

(2)定期检查车辆状况,保证车况良好。保证灭火器和警示标志、安全锤、逃生门等应急逃生设备完好。

(3)行车前需了解目的地的道路情况以及当天的天气状况。

(4)行车过程中需注意力集中、谨慎驾驶,保证足够的车距,控制车速。

3.车辆交通事故的应对

(1)轻微事故,车辆尽快靠边,做好学生的安抚工作,等待警察进行事故处理。

(2)严重事故,迅速组织学生撤离事故车辆。如车门能正常打开,引导学生有序下车;如车门无法正常打开,取下锤子砸开车窗逃出。尽快将学生疏散到安全区域,清点人数。情况紧急时应当放弃笨重行李物品,保证人身安全。如果有人员伤亡,应该先呼叫救护车。

(3)在高速公路上发生故障或交通事故时,应在故障车来车方向150米外设置警告标志,车上人员应迅速转移至右侧路边或应急车道内,并迅速报警。

(4)警察到来前,保护好现场;如肇事车逃逸,要记下车牌号码、车身颜色及特征,为侦破工作提供线索。请医院开具诊断证明,公安机关开具事故证明书,以便事后向保险公司索赔。

(5)迅速向组织方、承办方报告事故情况。必要时派一辆新的大巴把未受伤和受轻伤的研学旅行者送到酒店或送他们继续旅行。

(6)交通事故处理结束后,要形成详细的书面报告,总结事故的起因、经过及人员伤亡和事后处理情况等。

(三)乘坐交通工具的一般要求

1.乘坐大巴

(1)要排队候车,不要拥挤。

(2)上下车均应等车停稳以后再进行,先下后上,不要争抢。

(3)车辆行驶时,要坐好并系上安全带,防止在紧急刹车时摔倒。

(4)不要把汽油、爆竹等易燃易爆的危险品带入车内。

(5)不要把头、手、胳膊伸出车窗外,以免被对面来车或路边树木等刮伤。

2.乘坐飞机

(1)乘坐飞机前要进行安全检查,也就是安检。所有含有化学成分的固体、液体超规格都不允许随身携带,需要进行托运;各种水果刀等金属物品需要托运;易燃易爆危险品,如火柴、打火机、大容量电池、大容量充电宝等禁止携带和托运;小容量的充电宝、电池,贵重物品如照相机、笔记本电脑、平板电脑等不能托运,只能随身携带。

(2)食品可以携带或者托运,但是饮料包括牛奶、果汁等都是禁止携带和托运的。

(3)上了飞机之后,放好行李,要尽快在座位上坐好,系好安全带。在空乘人员播放、介绍乘机安全指南时,要注意听、注意看。

(4)在飞机上有事情时,按头顶的呼叫按钮,请空乘人员帮忙。

(5)在空乘人员提示关闭手机和电脑时,一定要马上执行。在安全带指示灯亮的时候,不要松开安全带。

3.乘坐火车

(1)在上车之前,要特别注意检查自己的行李,不能把易燃易爆的危险品携带上车。

(2)听从站务人员的安排,在站台一侧的黄色安全线内候车。来车后须等车停稳后再上,注意先下后上;严禁攀爬车窗上车;严禁在站台打闹。

(3)进入车厢后,将自己的行李物品放好,尽快找到自己的位置坐下。不要在车内来回穿行,也不要在车内连接处逗留,以免在上下车拥挤或紧急刹车时被夹伤、挤伤。

(4)倒热水时不要过满,以免在列车晃动时热水溅出烫伤自己或他人。

(5)火车有时会紧急刹车,当有所察觉时,要抓住牢固的物体以防碰撞。

4.乘坐游船

(1)由成年人陪同乘船,全程必须穿着救生衣。

(2)保管好携带的手机、照相机等贵重物品,以免掉入水中。

(3)在航行过程中,应坐稳抓牢,不要在游船上随意走动。如有不适或遇到危险,应大声呼救。

(4)严禁将易燃、易爆及具有腐蚀性的危险物品带上游船。

(5)如遇恶劣天气、紧急事故、突发事件,听从工作人员的指挥。

5.乘坐游轮

(1)出发前检查自己的证件。

(2)自带日用品以及适量的备用药品,如感冒药、治疗腹泻的药、晕船药等。

(3)了解所住客房在船上的位置,了解救生衣存放的位置,熟悉救生衣的穿戴程序和步骤;仔细阅读在房门背后的紧急疏散示意图。

(4)参与一次逃生演习。

二、火灾

火灾是指在时间和空间上失去控制的燃烧所造成的灾害。火灾必须具备以下三个必要条件,即可燃物(像木材、纸张、汽油、酒精等)、氧化剂(氧气,空气中含有氧气)和温度(引火源)。只有这三个条件同时具备才可能发生燃烧现象,缺少任意一个条件,燃烧都无法发生。

（一）研学旅行中常见火灾发生的主要原因

火灾发生的原因多种多样，但是归纳起来都是由于人的不安全行为或者物的不安全状态或者二者兼有所致。根据公安消防部门的统计，超过90%的火灾是由于使用明火不慎、用电不当造成的，具体表现在以下几个方面。

1. 使用明火不慎

在着火的三个条件中，可燃物和氧化剂是客观存在的，而温度又是着火的必要条件，因此，使用明火不慎非常容易引起火灾。下面这些做法极易引发火灾：乱扔未熄灭的烟头；将未熄灭的炉灰倒在可燃物上；蜡烛周围有可燃物；火炉与床、家具等距离过近；燃放烟花爆竹等。

2. 用电不当

随着人们生活水平的不断提高，更多的电器涌入人们的生活，但电器使用稍有不当就可能引起火灾。研学旅行中常发生的情况有：使用大功率电器，超过保险丝超负荷；使用劣质电器；手机等长时间放在床上充电；台灯靠近有易燃物；吹风机接电源并开启后放在可燃物上；电热毯通电时间过长等。

3. 其他因素引发的火灾

实验过程中化学物质自燃、物品受热自燃、雷击、交通事故、人为纵火等。

（二）火灾的防范

1. 建立健全火灾安全管理制度

研学旅行的组织方、承办方、供应方均需根据实际需要，建立健全火灾安全管理制度以及应急预案，时刻保持警惕，把火灾防控放在首位，增强防火意识，切实保障研学旅行顺利开展。

2. 完善消防设施

（1）疏散通道。

在火灾发生时，疏散通道可供建筑物里的人员紧急疏散时使用，因此，设施务求安全、畅通。一般要求建筑物有两个或两个以上方向不同的疏散通道。

（2）指示标志。

整个疏散通道上都需安装指示标志，包括走廊、走廊拐角、交叉通道、楼梯处、出口等。

3. 加强宣传与教育

在研学旅行中要不断强化消防知识的宣传，提高火灾防范意识，主要包括：物质燃烧知识、电器防火知识、建筑防火知识、灭火器使用知识、火灾自救知识等。

4. 深入进行防火检查

定期或不定期地进行防火安全检查，以便及时发现和消除火险隐患，整改消防管理中存在的问题，把火灾事故消灭在萌芽状态，做到防患于未然。对查出的火险隐患要逐条登记，制定具体措施，及时进行整改。

(三)火灾的应对

1. 灭火的基本原理

由燃烧所必须具备的三个基本条件可知,没有其中任何一个条件,火都会熄灭。由此归纳灭火的基本原理为:冷却、窒息、隔离和化学抑制。前三种灭火原理主要是通过物理作用,化学抑制是通过化学作用。

2. 火灾的自救方法

火灾发生时,当大火威胁着在场人员生命安全时,保存生命,迅速逃离危险区域是人的第一需要。火场上,自救是常用的逃生方法,在实施自救行动之前,一定要强制自己保持头脑冷静,根据周围环境和各种自然条件,选择自救的方式。

1)熟悉所处环境

(1)熟知所在地的逃生出口、路线,并在随团老师的带领下进行必要的逃生训练和演练。一旦发生火灾,按逃生训练和演练内容顺利逃出危险地区。

(2)研学旅游过程中,入住饭店或进入商场时,应留心查看安全出口的位置,以及灭火器、消防栓、报警按钮的位置,以便遇到火警时能及时逃生或在火灾初起时及时灭火,并在被围困的情况下及时向外报警求救。

2)立即离开危险地区

(1)在火场发现或意识到自己可能被烟火围困,生命受到威胁时,要立即设法脱险,切不可延误逃生良机。

(2)脱险时,应尽量仔细观察,判明火势情况,明确自己所处环境及危险程度,以便采取相应的逃生措施和方法。

3)选择简便、安全的通道和疏散设施

(1)逃生路线的选择,应根据火势情况,优先选择最简便、最安全的通道和疏散设施。

(2)如果以上通道被烟火封锁,又无其他器材救生时,可考虑利用建筑物的阳台、窗口、屋顶、落水管等脱险,但应注意检查落水管是否牢固。

4)创造避难场所。

(1)在各种通道被阻断、火势较大、无法呼救的情况下,应关紧迎火的门窗,打开背火的门窗,但不能打碎玻璃。如果门窗缝隙或其他孔洞有烟进来,应该用湿毛巾、湿床单、湿棉被等难燃或不燃的物品封堵,并不断向物品上和门窗上洒水,最后向地面洒水,淋湿房间内的一切可燃物,直到消防人员赶到,救助脱险。

(2)避难间及避难场所是为救生而开辟的临时避难场所。因火场情况不断发生变化,避难场所也不会绝对安全,所以不要在有条件疏散时不去疏散而去创造避难间避难,可能会错过逃生的机会。

3. 研学基(营)地内火灾的应对

遇到火情不要慌乱,一切行动听从老师的指挥,采用正确的方法逃生。不要慌乱拥挤、盲目外逃;不要收拾书包等物品,以免耽误逃生时间,要在老师的带领下有组织地疏散。

4. 酒店等公共场所火灾的应对

(1)发现初起火灾,应利用楼层内的消防器材及时扑灭。

(2)要保持清醒的头脑,千万不要惊慌失措、盲目乱跑。

(3)火势蔓延时,应用湿的衣服遮掩口鼻,放低身体行进,浅呼吸,快速、有序地向安全出口撤离。

(4)尽量避免大声呼喊,防止有毒烟雾进入呼吸道。

(5)离开房间后,应关紧房门,将火焰和浓烟控制在一定的空间内。

(6)利用建筑物阳台、避难层,室内设置的缓降器、救生袋、应急逃生绳等进行逃生。

(7)逃生无路时,应靠近窗户或阳台,关紧迎火门窗,向外呼救。

5. 地铁火灾的应对

1)在列车上

(1)按动地铁车厢紧急报警装置及时报警。

(2)利用车厢内的灭火器扑火自救。

(3)如果火势蔓延,应先行疏散到安全车厢。

(4)如果列车无法运行,需要在隧道内疏散乘客,此时乘客要在工作人员的指引下,有序地通过车头或车尾的疏散门进入隧道,或通过打开的疏散平台往附近车站的方向撤离。

(5)乘客切勿有拉门、砸窗跳车等危险行为。

2)在车站内

(1)利用车站站台墙上的"火警手动报警器"联系地铁车站工作人员或直接报告地铁车站工作人员。

(2)在有浓烟的情况下,捂住口鼻身体贴近地面逃离。

(3)要注意朝有光亮的方向撤离。遇火灾不可乘坐车站的电梯或扶梯。

三、触电

触电会对人体外部造成局部烧伤、灼伤,破坏人的身体系统,使人出现昏迷、截瘫、痉挛、呼吸窒息、心室纤维性颤动、心搏骤停甚至死亡等后果。

(一)触电的防范

(1)不要用湿手去接触电源开关。

(2)室内电灯或其他电器损坏要及时找人修理或更换。

(3)不能随便触摸已经接通了电源的电线和电线破损处。

(4)不要在宿舍乱接乱搭电线和使用大功率电器,严禁将带电插座放置在床铺上。

(5)禁止在潮湿的地板上修电器,发现有火花时,应立即关闭电源,预防触电。

（二）触电的应对

1. 脱离电源

（1）如开关箱或电插座在附近，可立即拉下闸刀或拔掉插头，断开电源。

（2）如距离闸刀较远，应迅速用绝缘良好的电工钳或有干燥木柄的利器砍断电线，应切断电源侧（来电侧）的电线，且切断的电线不可触及人的身体。

（3）针对高压触电，应立即通知有关部门停电，或迅速拉下开关，或由有经验的人采取特殊措施切断电源。

切记：救护者一定要判明情况，做好自身防护。

2. 救治

发现有触电者应及时通知队医进行救治。如队医不能马上赶到，则注意以下事项：

（1）触电后神志清醒者，要有专人照顾、观察，情况稳定后，方可正常活动。

（2）针对呼吸微弱者，可掐人中、涌泉等穴位，然后及时送医院救治。

（3）触电者如神志不清，应就地仰面躺下，确保气道通畅，呼叫伤员或轻拍其肩部，以判断伤员是否丧失意识。坚持就地正确抢救，并尽快联系医院抢救。

四、设施设备事故

研学旅行途中，由于各类设施设备故障或者操作不当造成的事故主要有游乐设施事故、电梯事故、设备坠落事故、实验室事故等。

（一）游乐设施事故

游乐设施事故的发生率在特种设备事故总体发生率中所占的比例相对较小，事故后果的严重程度也较低。但由于大型游乐设施的运营面向社会大众，涉及公众安全，即使微小伤害也会引起媒体和社会的广泛关注。

（1）在游玩过程中如出现身体不适、感到难以承受，应及时大声提醒工作人员停机。

（2）出现非正常情况停机时，千万不要乱动，也不要自行解除安全装置，应保持镇静，听从工作人员指挥，等待救援。

（3）出现意外伤亡等紧急情况时，切忌恐慌、起哄、拥挤，应及时组织救援和人员疏散。

（4）对事故进行调查，查找安全管理中的漏洞，做好信息报送工作。

（二）电梯事故

电梯是研学旅行中经常会使用到的运载工具，电梯按照类型主要分为自动扶梯和垂直升降电梯。

（1）乘坐自动扶梯前，要检查鞋带是否绑紧，防止被挂住或者被绞进电梯缝隙。

（2）手要一直握住扶手，双脚要靠拢站稳，身体不要倚靠在扶手上。正确地乘坐电梯，可以降低危险系数。

（3）不要背对运行方向或者边坐电梯边转身与人聊天，这样容易造成重心不稳，从而发生事故。

（4）乘坐垂直升降电梯时，要遵守先下后上的规则，有序乘坐电梯，确保上下电梯安全；不要在电梯内嬉笑打闹，要保持电梯平稳运行；电梯内发生异常声音要及时按停最近楼层并疏散。

被困在电梯里时，要保持镇静，迅速把每一层楼的按键按一遍；利用电梯上的报警设备和手机求救，如都无法使用，可大声呼救，等待专业人员救援，不要尝试强行推开电梯内门，更不要自行爬出电梯。

（三）设备坠落事故

设备坠落事故主要是指由于大风（如大厦的墙体、玻璃幕墙、广告牌坠落等）、固定物老化损坏（如吊扇、吊顶脱落）等原因造成的设备坠落事故。

（1）迅速组织现场人员疏散，防止二次事故发生。

（2）发生人员伤害，迅速组织现场救援，同时通知警方。

（3）保护现场，查明事故原因，拍照取证。

（四）实验室事故

实验室中的危险化学品、仪器设备和压力容器是引发实验室安全事故的主要因素，实验室事故往往伴随火灾等。

1. 实验室事故的防范

（1）初次进行实验前，指导老师应检查相关设备的安全情况以及配备必需的消防应急设施；学生应自觉接受安全教育，了解使用化学试剂的基本知识和紧急事故的处理办法。

（2）进入实验室要穿实验服，根据需要还应佩戴防护眼镜，不能穿短裤、短袖、短裙、拖鞋、凉鞋等进入实验室。

（3）做实验前，要根据所做实验的安全要求，做必要的准备和充分的预习，在得到老师允许情况下，进入实验室开始实验。

（4）做实验时精神要集中，严格按照实验步骤认真操作，未经允许不得随意改动实验操作程序。

（5）仪器设备发生故障时，应立即停止使用，并及时报告指导老师，切勿私自拆卸。

（6）实验结束后，关闭门窗，以及水、电、气等阀门，经指导老师检查认可后再离开实验室。

2. 实验室事故的应对

（1）火灾性事故。

应立即搬走着火区域内的一切可燃物质，关闭通风器，防止燃烧扩大，迅速采用合理的方法灭火。

(2)烫伤事故。

应立即将伤口处用大量冷水冲洗或浸泡,使烫伤处表面迅速降温,避免高温烧伤。若起水疱则不宜挑破,应用纱布包扎后送医院治疗。

(3)被酸、碱溶液灼伤。

应先用干毛巾吸去表面溶液,然后用清水冲洗。若创面起水疱,不宜把水疱挑破。经初步处理后应马上送医院治疗。

第四节　公共卫生事件的防范与应对

公共卫生事件是指突然发生,造成或者可能造成社会公众健康严重损害的重大传染病、群体性不明原因疾病、重大急性中毒以及其他严重影响公众健康的事件。在研学旅行过程中,公共卫生事件的防范与应对主要包括传染病、急性中毒、动物叮咬等。

一、传染病

传染病的防范与应对以流感为例。

1. 流感的防范

(1)养成良好的卫生习惯,如勤洗手、勤换衣、勤晒被褥。还要增强体质,如加强锻炼,保证充足的睡眠、合理的饮食等。

(2)室内通风并保持一定的湿度,如果室内干燥,则鼻黏膜就会干燥,此时抵抗力就会下降。

(3)接种流感疫苗也是预防流感的有效手段。

2. 流感的应对

(1)及时隔离治疗流感病人是减少发病和病毒传播的有效措施。

(2)病人的餐具等可用沸水煮的方式消毒;衣物可暴晒2小时;病房用消毒液进行喷洒。

(3)流感流行期,公共场所应加强通风,每天多次进行室内消毒。

二、急性中毒

(一)食物中毒

食物中毒是指患者所吃食物被细菌或细菌毒素污染,或食物本身含有毒素,患者食用后而引起的急性中毒性疾病。

1. 食物中毒的判断

如有下述情况者很可能是食物中毒。

(1)病人发病前食用了腐败变质的食物或来历不明的食物。

(2)食物中毒发病较急,一般在吃下食物数分钟至48个小时内发病,多数情况会在4个小时之内发病。

(3)食物中毒的共同特征是食入有毒食物后出现恶心、呕吐、头晕、乏力、面色苍白、脉搏细速、出汗、胸闷、上腹部有烧灼感、腹痛、血压下降、休克及昏迷等,严重者甚至会很快死亡。

(4)多人同时发病是食物中毒的特征。

2.食物中毒的防范

(1)在研学旅行中应选择在有资质的食堂、餐厅就餐。

(2)从正规渠道购买符合卫生要求的食品或食品原料,索取票据,做到可以溯源,不采购无证无照商贩或单位供应的食品。

(3)接触直接入口食品的工具、容器等使用前要进行严格清洗消毒。

(4)冷藏食品应保质、保鲜,肉类食用前应彻底加热煮透,隔餐剩菜食用前也应充分加热。

(5)腌腊、罐头等食品,食用前应加热6—10分钟。

(6)不要自行采摘野菜、野果、野生菌类等野生产品食用,要在老师或园区内工作人员的指导下采摘。

3.食物中毒的应对

(1)迅速排毒。联系队医,采取催吐等方式促使有毒食物尽快排出体外。

(2)迅速送病人去医院,并带上部分呕吐物及排泄物。

(3)保护现场,封存有毒食物或疑似有毒食物,等待进一步检验。

(二)一氧化碳中毒

1.一氧化碳中毒的判断

(1)轻度中毒。

头痛眩晕、心悸、恶心、呕吐、四肢无力,甚至出现短暂的昏厥,中毒后应立即就医。一般情况下,如果中毒后神志尚清醒,在吸入新鲜空气、脱离中毒环境后,症状会迅速消失。轻度中毒者脱离中毒环境后数小时即可恢复。

(2)中度中毒。

除上述表现外,病人出现面色潮红、口唇呈樱桃红色、脉搏加快、烦躁不安、全身极度乏力,此时病人即使意识到发生一氧化碳中毒,也无法大声喊人或离开现场。中度中毒病人经过积极抢救后1—2天可以恢复正常。

(3)重度中毒。

病人症状已发展到深度昏迷、瞳孔缩小、大小便失禁,还伴有发热、抽搐等。部分病人还有口鼻涌出大量泡沫状分泌物及心脏受损等情况,重度中毒病人病情危急,即使经抢救能够生还,也可能留下后遗症。

2.一氧化碳中毒的防范

(1)保持室内良好通风。

(2)正确选择、合理安装和安全使用燃气设备。

(3)开车时,不要让发动机长时间空转;车在停驶时,不要过久地开放空调;行驶中,应经常打窗通风,让车内外空气产生对流。

3.一氧化碳中毒的应对
(1)立刻带病人脱离中毒环境。
(2)尽快送病人去医院接受高压氧治疗。
(3)针对呼吸不顺畅的病人尽快实施人工呼吸。

三、动物叮咬

(一)昆虫叮咬

1.昆虫叮咬的防范
(1)不要去景区以外的草丛、灌木丛、树林、沼泽地和潮湿的地方。
(2)外出时不要让身体暴露太多,露出的皮肤要涂抹驱蚊液,尽量避免在黄昏蚊虫活动高峰时外出。
(3)睡觉时可使用驱蚊液,不在地上直接睡觉,不在草丛、林间坐卧。
(4)做好个人卫生。夏季出汗多,易吸引蚊虫叮咬,应每天洗澡,做好个人卫生。
(5)室内要保持空气流通、环境整洁,避免潮湿。

2.昆虫叮咬的应对
(1)不要用手抓挠皮肤,避免抓破皮肤。
(2)可以将肥皂或小苏打稀释后局部涂抹叮咬处,以减轻红肿;同时可以选择花露水、清凉油、风油精等擦洗或涂抹叮咬处以止痒。
(3)如果皮肤并发感染可以涂抹抗生素类药膏,如红霉素药膏。
(4)如果引发过敏性皮炎,可征求队医的同意,口服抗过敏类药物;必要时要去医院皮肤科就诊。

(二)蜂蜇

1.蜂蜇的防范
(1)不要去招惹蜂类,尤其不要去捣毁蜂窝。
(2)遇到群蜂袭来,不要乱跑,要立即抱头蹲下用书包、衣服等将身体裸露部分遮挡住,头颈和面部为重点保护部位。

2.蜂蜇的应对
(1)不要紧张,保持镇静。
(2)如有毒针刺入皮肤,应先拔去毒针。
(3)用温水、肥皂水等清洗伤口。
(4)可以涂抹万花油、红花油、绿药膏等。
(5)严重的蜂蜇伤者应尽快就医诊治;同时要注意保持呼吸道通畅。

（三）蛇咬伤

1. 蛇咬伤的防范

蛇盘起之时是最危险的时候，不要尝试抓蛇或逗蛇，因为蛇被激怒可能会伤人。看见蛇要绕开走。不要将手伸入中空的原木中或浓密的杂草堆中，不要随意翻动石块；跨过石头或木头等物时，应注意防备另一侧可能有蛇栖息。

2. 蛇咬伤的应对

（1）坐下，尽量减少运动，避免血液循环加速。

（2）被蛇咬伤后，队医会按照伤口情况进行先结扎、后冲洗、快速诊断这三个步骤。结扎即保持安静，停止活动，将伤肢置于最低位置，用橡皮带或草绳、布条、鞋带、藤条等在伤口近心端约10厘米处进行结扎；冲洗即用自来水、河水、井水、肥皂水等冲洗伤口周围的皮肤，有条件的最好能用1:5000的高锰酸钾溶液冲洗；快速诊断是观察伤口，初步判断是否为蜈蚣、蝎子和黄蜂等咬伤或蜇伤，如果确定为蛇咬伤，则可进一步判断是否为毒蛇。如果情节严重，应第一时间拨打120。

（四）狗咬伤

如果被狗咬伤，则须注意以下情况：

（1）若伤口流血，只要流血不多，就不要急着止血，因为流出的血可将伤口残留的狗的唾液冲走。

（2）对于流血不多的伤口，要从近心端向伤口处挤压出血，以利排毒。

（3）用干净的软刷蘸取浓度较高的肥皂水反复刷洗伤口，刷洗至少要持续30分钟。

（4）刷洗后，再用浓度70%的酒精溶液涂擦伤口数次。

（5）涂擦完毕后，伤口不必包扎，可裸露。

（6）经过上述处理后，应尽快将伤员送往附近医院或卫生防疫站注射狂犬病疫苗。

第五节 社会安全事件的防范与应对

一、涉及刑事案件的防范与应对

研学旅行中，由于参与者为未成年人，而未成年人多涉世不深、警惕性不足，容易成为不法分子的目标。因此，提高防范意识，增强应对各类刑事案件的能力，尤为重要。

（一）盗窃

1. 盗窃的防范

（1）研学旅游期间尽量少带现金，重要证件分开放，避免在公共场所暴露个人财富或者隐私。

（2）要将自己的随身物品和其他贵重物品随身携带，避免丢失。

（3）开展活动时，如身上不方便携带物品，可交给专人看管。

2. 遭遇盗窃的应对

（1）保护现场，及时报案。发现被盗，不要惊慌失措，应迅速组织在场人员保护好现场，并及时向随团老师报告。

（2）及时报失，配合调查。如发现校园卡、银行卡、身份证、手机等被盗，应当尽快与银行、派出所等相关部门联系挂失。

（二）抢劫与绑架

1. 抢劫与绑架的防范

（1）外出时尽量穿着朴素，不佩戴贵重首饰，不携带贵重物品，务必结伴而行，晚上最好不外出。

（2）对陌生人保持警惕，不接受陌生人的钱财，不跟随陌生人出行，遇驾车的陌生人问路，应保持一定的安全距离，不要搭乘陌生人的车辆。

（3）避免乘坐非法营运车辆。

2. 遭遇抢劫与绑架的应对

（1）要保持镇静，克服畏惧心理，分析自己所处环境，对比双方的力量，有条件一定要大声呼救，力求得到附近居民或过路行人的救助。

（2）在具备反抗能力或时机有利时，可借助有利地形、利用身边可以进行防卫的物品与之对抗，使犯罪分子短时间内无法近身实施抢劫和绑架。

（3）在偏僻的地点或无力进行反抗的情况下，应当选择放弃财物，保全人身安全，并在第一时间向有人聚集的地点或机关单位进行求助，避免发生二次抢劫，及时向公安机关报案。

（4）遭遇绑架时，要保持良好的心理状态，强迫自己多进食、多饮水，保证有足够的体力。

（5）遭遇绑架时，尽量拖延与亲人的通话时间，将绑架犯罪人员所处地址等信息巧妙地传递给亲属、老师、同学或其他人员，及时向公安机关报案，力争得到公安机关的营救。

（6）在任何情况下，都不要显露出自己已经知道犯罪分子基本情况的事实，以免发生人身安全。

（7）记住犯罪分子的体貌特征、人数、所持的凶器，所乘车辆的型号颜色、车牌号，以及逃离现场的方向，尽量留住现场的有关知情人或获取知情人的联系方式。

（三）打架斗殴

打架斗殴是现实生活中超出理智约束的一种激烈的对抗性互相侵害行为，要防范研学旅行途中打架斗殴事件的发生，对学生进行积极的引导：

(1)引导学生深刻认识打架斗殴的危害性。
(2)增进学生间的相互了解，培养集体意识和荣誉感。
(3)加强对学生的跟踪管理，及时了解学生动向，把握学生的思想动态。
(4)发现学生之间存在矛盾，要及时化解，正确处理。
(5)培养学生的自我保护意识，建立健全有效的舆论监督和行为惩治系统。

二、群体性突发事件的防范与应对

群体性突发事件，是指突然发生的、由多人参与的、为满足某种需要而使用扩大事态、加剧冲突、滥施暴力等手段，扰乱、破坏或直接威胁社会秩序，危害公共安全，应予立即处置的群体性事件。

（一）提高防范意识

研学旅行过程中，需把应对学生群体性突发事件的各项工作，落实到学生日常管理之中。提高防范意识，及时掌握学生的思想动态，有效控制危机，力争做到早发现、早报告、早控制、早解决，将损失减少到最低。

（二）执行重大情况报告和请示制度

对可能发生的学生群体性事件，应尽可能在摸清情况（包括事件发生时间、地点、参与人员、事件发生原因、发展势态等）的基础上，按规定及时向组织方以及涉事学生家长报告情况，并由组织方根据具体情况，及时向上级主管部门、地方政府部门、公安机关部门报告。

（三）发挥学生骨干的作用

日常生活中，通过学生骨干有效处理各类矛盾，搭建学生和老师之间沟通的桥梁；事件发生后，要发挥学生骨干的作用，尽快稳定学生情绪，正确引导舆论，防止有害信息传播。

（四）防范踩踏事件发生

群体性突发事件发生时，往往伴随着踩踏事件，因此在开展研学旅行活动时需控制人群密度。到达研学旅游目的地后，应首先观察周围的环境，记住主要的出入口和紧急出口；如果拥挤、慌乱的人群向自己涌来，切勿逆流前进，应该马上从安全出口迅速逃离到安全地带。

研学旅行安全管理

 本章小结

　　本章主要从研学旅行安全的防范和应对概述出发,阐述了研学旅行安全防范的基本要求,研学旅行应对安全事故的基本要求以及预防研学旅行安全事故的对策,分别对各种类型的研学旅行安全防范和应对措施进行详细说明。

 思考与训练

1. 说说如果在研学旅行中遇到暴风雨天气,应如何防范与应对。
2. 如果在研学旅行中,团员们突然集体腹泻,应如何应对。
3. 请课后练习心肺复苏术。

第八章
研学旅行安全保障与管理

本章目标
1. 了解研学旅行安全保障机制和行政管理机制。
2. 理解研学旅行中的责任主体和运行机制。
3. 熟悉研学旅行中的安全保障社会资源的协同运行体系等。

知识框架

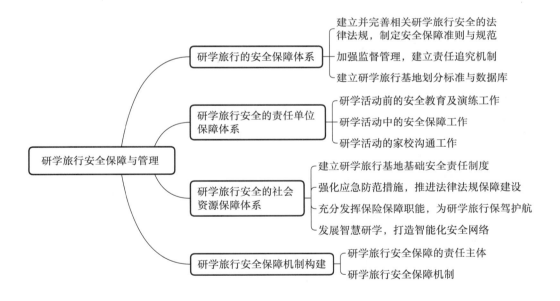

学习重点

1. 掌握安全救援保障机制的运行以及社会资源中安全行政管理机制在研学旅行安全中的作用。

2. 掌握旅游安全保障体系的运行机制和应急救援程序。

北京市教委发布《关于加强全市中小学研学旅行管理的通知》①

为全面贯彻落实教育部等11部门印发的《关于推进中小学生研学旅行的意见》（教基一〔2016〕8号）的有关精神，确保师生安全，切实提升活动实效，2月5日，北京市教委正式发布《关于加强全市中小学研学旅行管理的通知》，该通知就学校研学旅行组织管理工作提出如下要求：

在规范组织管理方面，通知要求各区切实履行属地管理责任，落实对辖区中小学研学旅行活动的管理职责，小学原则上不出京、中学原则上不出境开展研学旅行活动。各区要规范研学旅行收费制度，严格执行有关收费政策，向家长公开费用收支情况。合理核算成本，确保研学旅行活动的公益性。学校及其工作人员不得从组织的研学旅行活动中牟取任何利益。

各学校要严格落实主体责任，将研学旅行活动纳入学年工作计划，坚持面向全体学生、以学定行。在研学旅行组织实施前，学校应向区教委提交组织方案、安全和应急处置预案等材料，报所在区教委审核备案。学校组织开展研学旅行可采取自行开展或委托开展的形式。学校自行开展研学旅行的，要根据需要配备一定比例老师和安全员，也可吸收少数家长作为志愿者，负责学生活动管理和安全保障，与家长签订协议书，明确学校、家长、学生的责任权利。

学校在组织研学旅行活动前，要通过召开家长会或"致家长的一封信"等形式告知家长活动意义、时间安排、出行线路、费用收支、学习内容和有关注意事项等信息。如委托开展，还应告知承办方信息，让家长充分了解活动组织情况。学校组织出京研学旅行活动，应坚持学生和家长自愿参加的原则，不得将学生参加出京研学旅行活动的情况作为学校教育评价的依据和标准，不得与学生升学、毕业挂钩。学校应为不参加活动的学生提供相关课程学习机会，确保学习效果。

各区要加强对辖区中小学开展研学旅行的指导，充分依托中小学生社会大课堂，与综合实践活动课程统筹考虑，使研学旅行和学校课程有机融合，与课堂教学相互衔接，引导学生学会动手动脑，学会生存生活，学会做人做事。

学校要加强研学旅行组织过程管理，行前做好活动设计与安排，行中做好活动组织与管理，行后做好教育效果的固化与提升。完善研学旅行评价机制，对学生参加研学旅行的情况和成效进行科学评价。不得以组织研学旅行为名开展变相旅游，确保学生"游有所研""旅有所学"，避免"只旅不学"。学校直接购买承办方研学旅行产品的，应要求承办方根据学校需求，提供研学旅行教育服务计划书。要求承办方设置组织和指导学生开展研究学习和旅行体验活动的专业人员，探索依托"双师制"开展教育实践活动。

---

① 《北京市教委发布〈关于加强全市中小学研学旅行管理的通知〉：小学原则不出京》，http://www.moe.gov.cn/jyb_xwfb/xw_zt/moe_357/jyzt_2020n/2020_zt03/zydt/zydt_dfdt/202102/t20210207_512841.html.

思考：

北京市教委发布的《关于加强全市中小学研学旅行管理的通知》对于保障北京市中小学研学旅行组织运行起到了有效的指导作用，特别是对研学旅行的相关责任主体学校进行了明确的规范。通过本章节的学习，同学们可以了解研学旅行安全保障机制和行政管理机制，以及研学旅行中的责任主体和运行机制。

第一节 研学旅行的安全保障体系

一、建立并完善相关研学旅行安全的法律法规，制定安全保障准则与规范

近年来，随着我国旅游的高速发展，有关旅游安全的法律法规已经陆续出台，推进旅游安全法规与文件的落实有利于研学旅行安全的保障。

（一）落实研学旅行安全服务规范

根据不同阶段学生的特点制定学生研学旅行的服务规范，有利于研学旅行的顺利推进，研学旅行服务应当进行合理细分，从产品的设计到学生游学后的体验和回访，解决投诉等各个环节都应做出相应的规定，厘清各环节的责任与义务，为研学旅行各环节的顺利展开提供制度保障。

（二）完善研学旅行安全状况反馈机制

由各区政府和学校组织牵头，逐步完善青少年研学旅行安全状况的反馈机制，建立安全档案，增强旅游安全数据的真实性、可靠性，为总结研学旅行安全特点奠定基础，进而采取具有针对性的管理机制，将安全职责落实到人，实行问责制。

二、加强监督管理，建立责任追究机制

要进一步防范研学旅行安全事故，就必须大力加强对研学旅行的监督和管理，并且建立相应的责任追究机制。

首先，要建立健全研学旅行管理制度，强化研学旅行的安全培训，同时实现多层次、多方面的监督管理。

其次，要大力加强和完善对研学旅行组织者的管理，建立教育、培训、考核、评价体系，提升专业化的水平和能力。

最后，学校、学生及各部门都必须对研学旅行基地、设备等进行监督，最大限度地降低安全隐患发生的概率。

三、建立研学旅行基地划分标准与数据库

由于我国研学参与主体众多,区域差异较大,因此,研学基地必须根据区域实际情况与文化环境进行建设。

首先,在以国家相关政策作为统一标准的前提下,各地市应当根据区域特色制定研学基地建设的详细标准与安全管理细则,形成统一化管理模式,并且根据研学基地的特色与产品类型,建立研学旅行基地数据库,进行分类管理与监督,每年将评价结果进行信息公开,评选最佳研学旅行地,尤其要将基地安全作为考核的重要标准。

其次,研学基地应当根据学生的差异和自身资源挖掘当地文化内涵,建设具有差异化的研学旅行地,对研学市场进行有效的调研,根据研学主体的需求与相关政策法规的规定结合资源特色,以系统化的安全管理为保障,建立具有竞争力的研学旅行产品。

最后,各地区学校针对不同年级在校学生的文化需求与课外锻炼,根据研学旅行基地数据库,为各个年龄阶段的学生匹配区域内最佳、最安全的研学旅行基地。

第二节　研学旅行安全的责任单位保障体系

一、研学活动前的安全教育及演练工作

学生是研学旅行的主体,对其进行安全教育是保证研学旅行安全的重中之重。同时,研学旅行亦是学校实施安全教育的重要载体,其课程目标之一就是通过研学旅行让学生学会更多的安全知识和技能,培养学生的安全意识。

(一)加强研学旅行安全教育

1. 加强教育引导和规范,提高研学安全意识

做好行前教育。研学旅行安全政策法规系统能够从政策法律的权威性和强制性的角度来规范和控制研学旅行相关环节从业人员的行业行为,强化从业人员的安全意识和防控意识,让旅行者建立安全意识。同时,通过建立健全研学旅行安全政策法规体系,还能够提高广大社会公众对研学旅行安全问题的关注度,提升社会大众的旅游安全防控意识和能力。

研学旅行本是快乐的学习,但是安全管理不到位却会引发一系列安全事故,对学生的身心造成巨大的伤害。

面对这种情况,教育部等11个部门也针对研学旅行的安全管理迅速出台了相关文件,要求研学旅行组织规范管理,建立安全责任体系,为研学旅行追加了"保险杠",以保护学生在研学旅行中的人身安全。但我国的研学行业还处于发展初期,研学市场鱼

龙混杂、品质难辨,作为组织和参加活动的学校和家长,该如何擦亮双眼选择更具安全保障的研学活动呢?

在研学活动中,研学导师不仅扮演着传达知识、提升学生素养的重要角色,他也是学生安全责任的第一承担者。在研学旅行中,研学导师应具有哪些安全方面的资质呢?

一是,研学导师团队是否具备健全的师资结构,是否配备了足够数量的导师、助教、安全员等。在具体的活动中,是否有专人专岗去负责和解决学生在研学过程中的安全问题。

二是,研学导师团队的相关人员是否具备安全、医护等相关资质。在研学导师队伍中,研学导师是否经过了相应的安全管理方面的培训,安全员是否具备医护、风险管控等方面的相应经验和资质。

强大及配置齐全的高安全性研学导师队伍,不仅能防患于未然,避免重大安全事故的发生,在发生安全事故时,也有足够的能力去解决,最大限度地守护学生的人身安全。

在研学导师队伍的建设和培训方面,应配备行业内经验丰富的专家级导师,对执行团队在安全培训、安全人员随行等方面做到层层落实、责任到人,让每个学生都能得到保护。

2. 编制研学旅行手册,助力安全教育保障

在学校编制的每一本研学旅行手册中,设置安全告知书。从出发前、集合上车,到入住宾馆、住宿、离开宾馆、用餐,再到研学旅行中考察与学习各环节,给出详细的安全建议。另外,针对具体活动进行特别提示,比如在登泰山时,进行登山安全提示;在西湖游船时,设置游船安全注意事项等。每次研学活动前都会带领学生学习研学旅行手册,让学生熟知每个时间段要做什么,有哪些安全注意事项。

3. 制定"研学公约",让安全意识深入学生内心

除了利用研学旅行手册加强安全教育,还需要通过面对面的沟通,将安全意识渗透学生的心里。

在1—5年级的主题研学活动中,学生年龄小、掌握的安全知识少,自制力较差,老师会在研学开始前一天,和学生一起制定"研学公约",这比直接发给学生一张安全注意事项或是简单的口头强调效果更好。

针对6—9年级的文化研学,可同时开设两条线路,采用选课的形式,让学生根据自己的爱好选择其中一条,由线路负责人召开学生安全动员会,重点讲解乘车安全、饮食安全等,并结合踩点中发现的问题对学生进行教育。6—9年级的学生正值青春期,安全动员会要注意方式方法,要在平等协商的氛围中,让学生真心认同这些安全纪律。

研学旅行过程中应该根据学生数量配备相应工作人员来负责安全问题,在每个活动前、活动后及时点名,有危险的活动要确保学生的防护措施有效,遇到极端高温天气,要注意防暑降温,用餐的餐厅要保留饭菜样本,入住酒店后要马上熟悉安全线路。

研学旅行过程中应该根据学生的数量配备队医,队医可以为学生初步处理突发的伤害或疾病。

(二)加强组织安全自救培训与讲座

研学前的安全教育固然重要,但毕竟时间有限,对学生安全意识的培养、自救能力的训练还应该落实到日常的学校教育中。可以设置一些应对研学旅行中安全问题的在校健康课程,如,请专家对学生进行如何止住鼻血,如何进行擦伤处理的培训;请营养专家给学生讲解如何搭配餐食,才能保证自己的营养均衡等。组织学生参加类似的相关培训,让学生形成较强的自我保护意识和提升处置问题的能力,掌握一定的处理技巧,有效预防与避免安全事故的发生。

(三)适时开展研学旅行安全应急演练

火灾、地震这些大的灾祸,虽然发生的概率较小,但危害极大。在研学旅行过程中如果遇到这些突发情况,学生在紧急情况下会慌张,很容易造成严重的事故。所以,入住酒店时,需组织学生认真查看酒店平面图,带着学生走一遍安全通道,并根据情况适时开展安全应急演练。这种应急演练,既能让学生更好地掌握逃生技能,又能培养学生沉着、冷静的心理素质,对学生的成长大有裨益。

二、研学活动中的安全保障工作

学校是研学旅行活动的组织者和实施者,在活动中要对研学旅行的安全负主要责任。

(一)利用三种踩点方式和公开招标,做好安全保障

研学基地的选择要考虑到研学旅行课程的目标、学生学情和研学旅行基地安全性等因素。具体实施时,踩点和招标是保证研学旅行安全的两个重要方面。

1.踩点

踩点主要有以下三种方式:

(1)实地踩点。

1—5年级的主题研学,与学生日常学习的主题式课程相对应,以培养学生爱家乡、爱生活为主要目标,可以选择学校所在地的博物馆与公园等作为研学基地,学生年龄小,长时间外出旅行容易出现安全问题。教师应该预先到研学基地进行考察,完善研学旅行实施方案。

(2)电话踩点。

6—9年级的文化研学,可以选择大城市的著名文化景点。

电话踩点是指负责人与旅行社沟通好具体路线后,针对每一天的行程中从车辆租用、酒店住宿、餐饮安排到每个景点附近的医院、派出所等信息,通过打电话的方式全部再核实一遍。特别是容易出现安全事故的环节,更要严谨对待,考虑周全,这样才能保证把一切可能发生的不安全因素控制在可控范围之内。

(3)借鉴踩点。

借鉴踩点,一方面是指借鉴旅行社和景点网站上提供的安全注意事项;另一方面

指借鉴本校教师在过去开展研学旅行时编写的安全注意事项。因为同一研学旅行的课程内容在一段时间内不会发生太大变化,这为实施借鉴踩点提供了可行性。

6—9年级的文化研学,因为出行距离比较远,实地踩点比较困难,可以采取电话踩点和借鉴踩点相结合的方法。

2. 公开招标

研学旅行课程一般要选择旅行社等相关单位来合作,学校每年会邀请家委会成员组成招标小组,开展统一公开招标。招标单位要有资质,有开展研学旅行的相关经验,并能根据学校的课程需要对行程进行合理的安排和调整,这样才能真正实现育人的课程目标。

交通、住宿、餐饮等环节的合作单位,一定要具有资质。以交通为例,车辆情况、驾驶员信息、车辆出租公司的情况都需要相关机构提供详细的说明。此外,还要与相关公司签订责任书,清晰划分责任,这样不仅能提高各方的重视程度,更能在出现问题时及时、妥善解决。

(二)制定各类有效的工作预案

在研学旅行过程中,为了有效应对一些突发情况,每一条线路都要根据其特点,提前制定各类应急预案。

(三)开展教师研学旅行培训,落实教师安全职责

安全风险在研学旅行的全过程中存在,带队老师是学生安全的守卫者。所以,学校要对研学旅行的带队老师进行相关培训,让他们能够识别基本的风险要素,掌握有效的应对措施。如研学旅行中的各种应急预案都要通过培训让教师熟练掌握,确保其在研学旅行过程中能对突发安全事件进行有效处理。

同时,学校还要通过培训,对安全职责进行解读,让每位教师都明确地知道自己的责任和任务。"研学分工手册""带队老师职责"等不能只是写在纸上,必须在实践活动中扎扎实实地落实下去。每位带队老师都要签订责任书,这让教师进一步了解研学旅行过程中学校的奖惩制度和自己的责任,会提升教师的责任心。在整个研学旅行过程中,学校都会用"过程性评价"来考核教师责任落实的具体情况。

三、研学活动的家校沟通工作

作为学生家长,对学生外出研学旅行总会有各种担心。因此,教师要做好和家长的沟通工作。这样不仅能减少家长与学校之间的矛盾,让家长认可学校的安排,还能让家长助力研学旅行安全性的提升。

在研学旅行前,可通过"家长会""致家长的一封信"等方式,让家长了解研学旅行的流程,知道学校和基地的各种安全保障措施。研学基地的招标工作,家委会要参与,在必要时可邀请家委会的热心家长给其他学生家长做一些介绍。通过签订责任书的方式,督促家长在研学活动前根据自己孩子的特点,对孩子进行安全教育。

在研学旅行活动中,由学生组成的研学旅行联络组会在班级微信群中发布"研学

每日播报",带队老师也会经常发一些学生活动的照片,让家长了解、放心。在白天活动时,学生可以携带从家里带来的手机,在休息时可以给家长发信息,这样能够有效缓解家长的焦虑。

研学旅行归来后,可以通过问卷星给家长发送调查问卷,让家长对本次研学旅行活动进行评价,其中有一部分就是关于安全保障的问题。调查采取匿名的形式,家长可以放心大胆地提出自己的建议。学校会合理分析归纳家长的意见,在下次研学旅行中做好相关改进工作。

第三节 研学旅行安全的社会资源保障体系

一、建立研学旅行基地基础安全责任制度

建立研学旅行基地基础安全责任制度,是研学旅行基地能够开展研学旅行的重要前提,在安全管控过程中必须注意以下几个方面的问题:

(1)树立研学旅行基地经营管理者的安全保障义务,经营者还应当准备多元化的应急预案以应对不同类型的安全事件。

(2)在研学活动开展之前向青少年学生说明或警示以下问题:

①正确使用相关设施的方法。

②在活动开展过程中要有必要的安全防范和应急对策。

③禁止涉足的场所或参与的活动。

④可能危及人身安全的其他情形等。

(3)基地经营者应当与学校、旅游服务机构建立良好的沟通反馈机制,学校老师与责任人在研学活动开展过程中应及时向经营者提供相关的反馈和建议,各方不断总结经验,以提高研学旅行的品质,构建安全的研学环境。

(4)基地应当定期进行安全隐患的排查工作,在活动开展之前与开展之后,对场所环境进行有效的安全检查。

二、强化应急防范措施,推进法律法规保障建设

针对学校在研学旅行实施过程中可能出现的危险情况,各中小学应该构建研学旅行安全事故应急预案,增强对研学旅行安全事故的应对能力。

构建研学旅行安全保障体系对安全事故的应对、降低研学旅行安全事故的损失有重要的意义。在中小学开展研学旅行过程中,学校和各部门要对研学旅行进行科学的规划和细致的安排,认真准备好各项工作:

其一,对研学旅行基地环境情况进行分析,了解研学旅行的注意事项,综合考虑各种安全隐患,从而减少安全事故的发生。

其二,制订详细的研学旅行计划,明确组织安排,明确安全责任,确保安全措施的

落实。

其三,在研学旅行前,对研学旅行场地进行仔细的勘察,解决实际问题,排除安全隐患。

其四,研学旅行法规制度建设非常重要,建立相应的安全法规制度体系,提高人们对研学旅行安全问题的关注度,能够规范指导研学旅行中的安全行为,促进研学旅行工作顺利开展。

三、充分发挥保险保障职能,为研学旅行保驾护航

《关于推进中小学生研学旅行的意见》中已明确要求研学旅行除要建立安全保障机制,出行前,学校要购买学生意外险、校方责任险等,发挥保险保障职能,为研学旅行活动保驾护航。

在研学旅行中,溺水、食物中毒、交通事故、自然灾害等事件频发,不断为学生出行敲响警钟,风险管控问题也更加凸显。能否安全出行,成为中小学生研学旅行的首要问题,学生群体安全事故不容忽视,应建立安全责任体系,制定科学有效的安全责任落实、事故处理、责任界定及纠纷处理机制。

保险作为现代经济的重要产业和风险管理的基本手段,是社会治理能力的重要标志,而社会风险管理功能是现代保险业的三大重要功能之一,所以保险业能在研学旅行中发挥出巨大的、不可替代的作用。

保险公司也应深入研究研学旅行的安全痛点,密切关注研学旅行保险的需求,与时俱进地推出新型产品;产品设计上要在充分考虑研学旅行的对象是学生群体这一特殊性的前提下,满足研学旅行的安全保障需求,为研学旅行提供全面发展的平台,为学生创造一个安全的研学旅行生态圈。

四、发展智慧研学,打造智能化安全网络

智慧研学是通过在营地和基地打造智能化的安全网络,实时对学生定位和监测学生的活动轨迹,配备亲情通话、健康监测,打造脱团管理和告警信息管理功能,于每一处细节全方位地保障学生的安全。

第四节 研学旅行安全保障机制构建

一、研学旅行安全保障的责任主体

中小学生研学旅行安全保障责任主体有教育行政部门、学校,以及旅游、交通、公安、食品监管、保险监管等部门和机构。

（一）教育行政部门

教育行政部门主要负责制定和颁布中小学生研学旅行安全政策，监督各地是否按照相关研学旅行安全规定要求开展工作。尤其是地方教育行政部门要负责督促学校落实安全责任，审核学校报送的活动方案（含保单信息）和应急预案。

（二）学校

学校主要负责研学旅行的具体组织和实施，建立安全责任机制，制定研学安全预案，履行向主管部门汇报的义务，做好行前安全教育工作，确认购买出行师生的意外险和校方责任险。

（三）旅游、交通、公安、食品监管、保险监管等部门和机构

旅游部门主要负责审核开展研学旅行的企业或机构的准入条件和服务标准。交通部门负责督促有关运输企业检查学生出行的车、船等交通工具是否符合标准，依法查处违法运送学生车辆。公安、食品监管等部门在各自的职责范围内加强对研学旅行涉及的住宿、餐饮等公共经营场所的安全监督、食品监管。保险监管机构负责指导保险行业提供并优化校方责任险、旅行社责任险等相关产品。

二、研学旅行安全保障机制

（一）建立部门联动机制

中小学生研学旅行是一项社会性综合活动，需要社会多个部门的通力协作、合力推进，因此要建立研学旅行工作领导小组，并由分管领导担任组长，明确各部门职责，各部门积极支持，履职担责。

在开展研学旅行活动时，各学校向属地政府及公安、食品卫生等部门报告，各部门主动支持，派员全程参与活动；公安、食品卫生等部门要加强对研学旅行涉及的住宿、餐饮等公共经营场所的安全监督，依法查处违法运送学生车辆；医院选派有经验的医生和护士做好师生突发疾病的紧急治疗工作；教育部门要牵头召开研学旅行工作会议，各部门分管科室负责人要参加并研究部署工作；文旅部门要在日常工作中加强对景区和旅行社的监管。

（二）建立日常管理机制

1. 做好出行规划

在规划出行目的地和线路时把关，综合评估安全因素，不成熟的景区、不熟悉的路线不作为试点阶段活动目的地。

在规划出行人数规模上把关，从学校和服务单位的实际情况出发，切实避免超过接待旅行社、景区、酒店、车辆服务单位等接待能力，试点阶段每所学校分年级出行，规模比较大的学校各年级要分批次出行，每次出行人数控制在500人以内。

在规划出行日期上把关,一般情况下在3至5月、9至11月进行,大雾天气不能上路,雨雪天气不能出行。

在规划出行时间上把关,试点阶段外出研学以一日或两日一夜为宜,积累经验后逐步增加外出时间。

2.做好行前审批

在中小学校组织学生研学旅行活动审批时着重注意以下三个方面:

一是根据学校选择的自行开展或委托开展的不同模式,按照"活动有方案,行前有备案,应急有预案"的要求,规范活动流程,审核学校报送的活动方案(含保单信息)和应急预案(特异体质学生名单)。

二是审核学校对学生的安全教育是否到位,学校安全监管的责任是否到位。(学校与家长签订研学旅行活动安全教育责任书)。

三是审核旅行社或服务机构等各方资质(学校与旅行社签订的安全协议)以及旅行社组织研学旅行活动工作方案。

3.加强日常监管

在学生研学旅行活动中,研学旅行管理办公室积极协调旅游、公安、卫生、物价、工商等部门采取现场检查、电话访问等多种方式督促学校、旅行社、供应方落实安全责任,特别是配合文旅部门加强对旅行社开展研学旅行活动的专项业务督查和监管。

(三)建立安全责任界定机制

研学旅行活动一旦发生安全事故,往往涉及学生、学校、旅行社,以及提供食、住、行、游等的供应方等,在活动开展前一定要将安全责任界定清楚。

一是学校和家长学生要签订研学旅行活动安全教育责任书。学校研学旅行领导小组、安全工作小组实地调研、分析活动安全风险点,研究问题解决方案,制定切实可行的安全应急预案和风险预估教育方案,把课程实施中可能存在的安全风险告知学生和家长,并签订安全教育责任书,告诉家长和学生在研学旅行活动中的安全注意事项,以及各方的安全责任。

二是学校与旅行社或服务机构要签订安全责任书。

三是学校与带队老师和随团老师要签订安全责任书,落实安全教育协管责任,与带队领导签订安全责任书,以落实相关监管责任。

四是旅行社与提供食、住、行、游等供应方签订安全责任书。做到安全责任到岗、到人,层层落实。

(四)建立"安全三防"工作机制

研学活动安全管理工作是一项非常复杂的系统工程,在活动中要切实建立"安全三防"工作机制。

1.人防

人防的重点是人员配置到位和安全责任落实到位。研学旅行活动要由校级领导带队,研学旅行工作领导小组的相关人员参加;按年级或班级统一行动,要为每个班配备随团老师,要安排队医随行;要有针对性地对老师和学生进行安全教育,帮助他们了解有关安全规章制度,掌握自救互救知识和技能。

各班级在班主任和研学导师的带领下分成若干个研学小组,每个研学小组的成员以5人为宜。在组织保障方面,组长由竞选产生,大家分工协作、团结友爱;在课程学习方面,以小组为单位展示成果,要特别重视提升课程的品质,避免枯燥乏味的解说和走马观花式的游览;在内务管理方面,分工协作,人人有事干,个个有责任。

旅行社要委派有经验的人员负责统筹指挥,配备研学导师和安全员,安全员上岗期间要统一着装,佩戴安全标志。

供应方的工作人员应掌握应急事件处理技能,如遇突发事件能及时实施救援。

研学旅行活动中还可以邀请家长志愿者参与安全管理,特异体质学生参加研学旅行活动需要家长陪同。

要建立研学旅行活动内部的安全保卫组织,制定安全管理制度,落实安全保卫责任,切实做到"三查七对"。

"三查"指排查特异体质学生;核查跟岗人员到位情况;督查食、住、行等服务质量。

"七对"指核对服务方营业执照;核对出行人员保险信息;核对报备车辆信息;核对驾驶员信息;核对导游信息;核对上车人数;核对结营人数。

2. 物防

物防是指要准备好应急车辆、常见药品、防爆设备、救援设备等,要优先考虑与在停车场、餐厅、酒店、景区重点区域安装了视频监控、防盗报警系统、呼叫求助系统的供应方合作。

3. 技防

学校和旅行社在组织大型研学旅行活动时可装备视频对讲机,相关管理人员人手一部,既可实施远程管理,方便及时调度,又可现场录制音频、视频,保存证据等。

(五)建立安全保险托底机制

1. 旅游保险的重要性

研学旅行是"在研学过程中寻求改变精神状态、获得身体和心理最大满足以达到精神愉悦,在活动中习得"的过程。研学旅行活动的本质特征决定了旅游安全问题现实存在。

就整个社会而言,旅游安全事故是不可避免的,旅游安全是相对的。

就个体而言,旅游安全事故又具有偶然性,是可以避免的。

旅游保险在这种必然与偶然之间应运而生。旅游保险实际上就是聚集社会资金对个体偶然发生的旅游安全事故予以补偿的一种方式。随着旅游业的发展,旅行者自我保护意识的增强和旅游活动中安全事故的增多,旅游保险受到越来越多的关注,并在旅游活动中扮演着重要的角色,成为保障旅游活动安全的手段之一。

旅游保险有利于研学服务的开展和各环节工作人员服务工作、管理工作的开展。由于旅游风险转移到了保险公司,各参与方有更多的精力投入到加强管理和提高服务质量上,为研学旅行整体服务质量的提升提供了支持。

2.理赔与救援

教育部等11部门联合印发的《关于推进中小学生研学旅行的意见》中明确指出学校要做好行前安全教育工作,负责确认出行师生购买意外险,必须投保校方责任险。开展研学旅行活动安全风险较大,学校督促各方购买相关保险意义重大。

一是可以维护学生及其家长的正当权益,并使其及时获得赔偿,有效避免矛盾的激化。

二是明晰学校、家长、旅行社、供应方各自的责任,有助于促使他们加强管理,积极预防。

三是将学校可能承担的风险转嫁给保险公司,从而保证学校的正常教学秩序,同时在维护校方的合法权益、确保学生的人身和财产安全等方面起到非常关键的作用。

本章小结

1.健全研学旅行的安全保障体系需要从三个方面入手:一是建立并完善相关研学旅行安全的法律法规,并制定安全保障准则与规范;二是加强监督管理,建立责任追究机制;三是建立研学旅行基地划分标准与数据库。

2.研学旅行安全的责任单位保障体系涵盖了研学活动前的安全教育及演练工作、研学活动中的安全保障工作、研学活动中的家校沟通工作。

3.建立研学旅行安全的社会资源保障体系需要建立研学旅行基地基础安全责任制度;强化应急防范措施,推进法律法规保障建设;充分发挥保险保障职能,为研学旅行保驾护航;发展智慧研学,打造智能化安全网络。

4.研学旅行安全保障责任主体包括教育行政部门、学校,旅游、交通、公安、保险监督管理等部门。

5.构建研学旅行安全保障机制需要建立部门联动机制、建立日常管理机制、建立安全责任界定机制、建立"安全三防"工作机制和安全保险托底机制。

学习拓展

案例评析

思考与训练

1.请结合本章的知识,从学校的角度谈谈如何建立研学旅行安全保障体系。

2.请谈谈教育行政部门、学校,旅游、交通、公安等行政部门在保证研学旅行安全上应如何进行责任分工。

3.假设让你负责组织一次研学旅行,你将如何做好研学旅行活动前、活动中以及活动后的安排,重点谈谈如何开展研学旅行活动前的安全教育及演练工作、研学活动中的安全保障工作和研学活动的家校沟通工作。

第九章
研学旅行服务保障与管理

本章目标

1. 了解研学旅行服务保障与管理涵盖的内容。
2. 了解《研学旅行服务规范》中住宿、餐饮、交通方面的要求。
3. 掌握基地研学过程中的行为管理。
4. 理解研学导师的岗位任务和素质要求。

知识框架

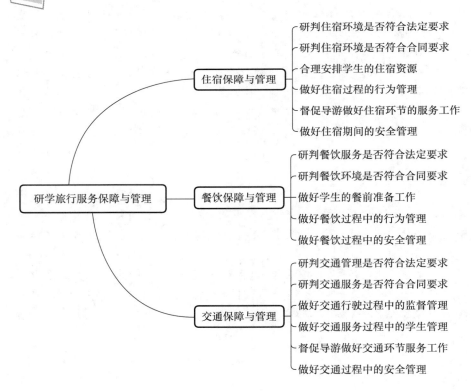

第九章　研学旅行服务保障与管理

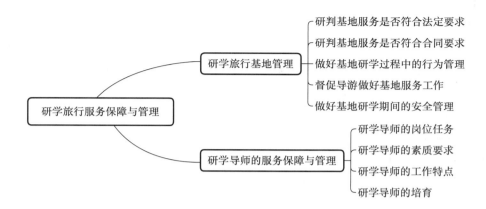

1.《研学旅行服务规范》中的相关规定。
2.住宿保障与管理、餐饮保障与管理、交通保障与管理、景区保障与管理、基地保障与管理等方面的安全管理内容。
3.研学导师的素质能力。
4.研学导师的培育。

峡江中学"红色之旅"研学旅行活动，成效明显[①]

7月4日至5日，峡江中学组织高三部分学生到南昌开展"红色之旅"研学旅行活动。

7月4日和5日的上午，同学们一同瞻仰着先烈们留下的珍贵实物，听着讲解员的解说，观看着起义部队有关事迹的视频材料。一张张泛黄的历史图片、一份份珍贵的历史资料，展现出人民军队听党指挥、敢为人先、为民奋斗的光辉形象。同学们不仅缅怀了革命先烈，感受到了革命先辈身上的艰苦奋斗、顽强拼搏的时代精神，并深深感到幸福生活的来之不易。

7月5日的下午，在八一起义纪念馆开展了拓展活动，培养了学生的团队精神，在各项活动中，学生能够互相帮助，增强了集体意识、关心他人意识，同时增进了老师与学生之间的感情。

本次研学旅行通过八一起义纪念馆的红色资源，对学生进行了爱国主义、革命传统等方面的教育。学生被"红色文化"所熏陶，被"红色精神"所感染，受到了深刻的教

---
①《峡江中学"红色之旅"研学旅行活动总结及反思》，https://www.taodocs.com/p-229476575.html。

育和启迪。"红色育人活动"十分成功，具体表现在以下几个方面：

一、学校重视，部署合理

峡江中学领导在认真学习上级文件精神后，成立了研学旅行工作领导小组，副校长曾凡禄任组长、政教处主任郭志刚负责此次活动的具体开展。工作小组召开多次专题会议，并且有明确、具体的分工，综合各方面制定了一套完整的活动方案，为本次活动的成功奠定了良好的基础。

二、以人为本，精心筹备

（1）营造活动氛围、渲染活动气氛，结合本次活动的"红色"主题，学生统一穿着校服，学校定制了队帽和队旗，以及缅怀先烈的宣传标语等。

（2）为了更好地完成此次活动，学校选择了八一起义纪念馆，这次对八一起义纪念馆的参观，深化了学生对党的认知，在平时的学习中，应该勤奋刻苦，在生活中更应该朴素节约，"八一精神"那颗火种是学生奋斗的动力。

（3）争取上级主管部门的指导，联系交管部门，确保交通安全，还聘请了一名随队医生，配备了常用药品，防止意外事故发生，同时与县汽运公司联系，安排好学生的出行车辆，并且与汽运公司签订了安全协议。

（4）活动前，对学生进行了文明出行、安全守纪等方面的教育。

（5）活动结束后，要求学生写一篇研学旅行活动感受，并评选出优秀作品，同时也对老师的摄影作品进行了评比。

思考：

在研学旅行活动的组织过程中，学校方的组织与管理至关重要，从本案例中可以看出，峡江中学作为本次"红色之旅"研学旅行活动的主办方，能够结合研学基地南昌八一起义纪念馆的文化资源，提前做好交通、场馆参观环节设计，以及活动前、活动中和活动后的具体安排，让学生在红色资源学习中接受良好的革命传统教育和爱国主义教育，从而达到陶冶情操、增长知识的研学目的。通过对本章的学习，可以进一步了解如何做好研学旅行服务的保障与管理。

第一节　住宿保障与管理

住宿设施是研学活动期间的支撑设施，良好的住宿设施与环境对于学生获得舒适的睡眠、恢复体力等具有重要作用。住宿管理的主要目的是确保承办方和供应方提供的住宿设施符合研学旅行方面法律法规与合同约定的要求，并在住宿期间获得安全、舒适的住宿环境与服务。

一、研判住宿环境是否符合法定要求

1. 住宿地的相关要求

按照《研学旅行服务规范》(LB/T 054—2016)的规定,应以安全、卫生和舒适为基本要求,提前对住宿营地进行实地考察,要求如下:

(1)应便于集中管理。
(2)应方便承运汽车安全进出、停靠。
(3)应有健全的公共信息导向标识,并符合《标志用公共信息图形符号》(GB/T 10001)的要求。
(4)应有安全逃生通道。

2. 露营地的相关要求

当研学旅行团选择在露营地住宿时,露营地应达到以下要求:

(1)露营地应符合《休闲露营地建设与服务规范》(GB/T 31710)的要求。
(2)应在实地考察的基础上,对露营地进行安全评估,并充分评价露营地的接待条件、周边环境和可能发生的自然灾害对学生造成的影响。
(3)应制定露营地安全防控专项措施,加强值班、巡查和夜查工作。

3. 住宿地的告知与管理工作

对于研学住宿地还应做好信息告知和过程管理工作,主要包括以下几个方面:

(1)应提前将住宿地相关信息告知学生和家长,以便做好相关准备工作。
(2)应详细告知学生入住注意事项,宣讲住宿安全知识,带领学生熟悉逃生通道。
(3)应在学生入住后马上进行首次查房,帮助学生熟悉房间设施,解决相关问题。
(4)宜安排男、女学生分区(片)住宿,女生片区管理员应为女性。
(5)应制定住宿安全管理制度,开展巡查、夜查工作。

二、研判住宿环境是否符合合同要求

(1)根据校方与旅行社签订的研学服务合同,对旅行社提供的住宿环境进行审核判断,看是否符合合同约定。
(2)谨防旅行社降低住宿标准。如果旅行社所提供的住宿设施在质量、数量、房型等方面明显不符合合同约定,应该立即向随行的带队老师、导游提出,并要求更换住宿场所或房间。
(3)谨防旅行社提供非法住宿场所。带队老师应该对住宿场所的合法性进行审慎判断,如果住宿场所没有悬挂相关资质,应该主动提出查看资质,以确保住宿环境合法。
(4)查看住宿场所周边环境是否符合安全要求。带队老师应该对住宿场所的周边环境进行审慎判断,避免在社会治安环境混乱或存在明显自然灾害风险的环境中居住。

三、合理安排学生的住宿资源

（1）带队老师应该与导游等提前协商，确保得到较好的住宿资源，以确保学生得到安全舒适的住宿环境。

（2）合理安排学生的房型与位置，最好能提前确定房间的楼层、数量、类型、邻近设施等。

（3）到达住宿场所前，带队老师和导游等要提前排好学生的具体房间，做到学生与房间一一对应，并提前告诉学生房间号。

四、做好住宿过程的行为管理

（1）学生抵达后20分钟内，研学旅行负责人应能够为学生办理完入住手续，并领取、分发房间钥匙或房卡，保证学生快速进入房间休息。

（2）到达酒店并入住后，要安排检查房间内的设施是否能正常使用，并提醒学生，房间有问题要及时反馈。

（3）提醒学生住宿期间的应知应会。如提醒学生要保管好房卡；检查房间内的设施（卫浴设备、遥控器、烟缸、毛巾、浴巾等）是否有损坏；使用房间内物品时，看清是否为免费使用；出入房间随手关门，离开时把门窗锁好，不要让陌生人进入房间，等等。

（4）协调住宿场所，满足学生在住宿期间的合理需求。

（5）带队老师和研学导师要共同值班、查房，重点防范学生自主外出，防范火灾、偷盗等安全事故和突发事件。

五、督促导游做好住宿环节的服务工作

导游作为研学旅行者的全程陪同者，承担着旅行社和研学主办学校之间的联络作用。在住宿过程时，研学领队应督促导游为研学旅行者提供以下服务：

（1）在抵达酒店等住宿场所前，需详细告知学生入住酒店的注意事项，收好师生身份证以备登记，同时再次联系酒店接待人员做好接待准备，将房卡等准备好，撤出酒店一次性消费品、撤除不适合学生群体的广告等。

（2）抵达酒店后，导游先行办理住房登记手续，办好房卡后按照团队分房表分配房间，并登记好每个学生的房间号信息，然后引导学生带着行李有序住宿。

（3）导游需要将自己的房间号告知师生，同时引导学生入住，检查安全通道是否畅通，并带领学生熟悉安全疏散路径。

（4）导游与前台确定好叫早时间与早餐时间。

（5）导游应配合做好守夜工作，全力保障学生安全。

（6）如住宿场所在营地内，除常规服务外，导游还需提前与营地工作人员落实营地安全问题，做好相应的安全预案；落实营地的医疗装备等设施设备，做好相应的安全准备工作。

六、做好住宿期间的安全管理

（1）校方需要提前制订住宿管理的安全预案，并提前指导参加研学课程的老师做好住宿安全事故的应急处理程序和技能。

（2）教导学生了解住宿期间的安全注意事项与行为纪律，并了解住宿安全事故的处理程序和方法。

（3）行前要指定负责研学安全工作的负责人，负责处理学生住宿期间的安全问题，并在入住过程中积极预防住宿安全事故。

（4）如果发生住宿安全事故，应该立即启动安全预案，采取有效的措施，控制事件的进一步恶化，最大限度地减少损失。

（5）研学活动期间，研学活动的领队老师必须保持通信畅通，手机应做到全天开机。

第二节 餐饮保障与管理

对研学旅行来说，餐饮管理是研学旅行承办机构委托餐饮服务部门，为研学旅行者提供安全、卫生的饮食。研学旅行中选择的餐饮供应商，接待规模应该不低于50桌，停车场应至少能提供10台大巴的停车位。

一、研判餐饮服务是否符合法定要求

根据《研学旅行服务规范》（LB/T054—2016）的要求，为研学旅行者提供的餐饮服务必须符合如下标准：

第一，应以食品卫生安全为前提，选择餐饮服务提供方。

第二，应提前制定就餐座次表，组织学生有序进餐。

第三，应督促餐饮服务提供方按照有关规定，做好食品留样工作。

第四，应在学生用餐时做好巡查工作，确保餐饮服务质量。

二、研判餐饮环境是否符合合同要求

（1）根据校方与旅行社签订的研学服务合同，对旅行社提供的餐饮环境进行审核判断，看是否符合合同中的约定，是否有工商、食品监督等资质。

（2）谨防旅行社降低餐饮标准。如果旅行社所提供的餐饮服务标准在质量、数量等方面明显不符合合同要求的，应该立即向领队老师、导游提出，并要求其增加相关的餐饮服务，以符合研学合同的约定。

三、做好学生的餐前准备工作

(1)领队老师应做好学生的餐前警示工作:

第一,要求学生不光顾路边摊,不吃不卫生和生冷的食品,防止病从口进入。

第二,对于饮食有特殊要求的学生,可以提前和领队老师打招呼,以便做好相应的协调工作。

第三,如学生有食物过敏史,也需要提前告知领队老师,以做好相应的预防工作。

(2)领队老师应该与导游等人提前确定用餐时间和地点,确保学生能按照约定时间准时用餐,要提前制定好就餐座位表,以组织学生有序就餐。

(3)旅行社的计调操作人员需在团队出发前要求餐饮供应商提供餐厅图片、菜单,同时要求每桌的桌号摆在显眼的位置。

(4)导游还需提前1小时与餐厅再次确认桌数及每桌人数,抵达后导游要提前下车了解菜是否上齐,桌号是否已摆放好,再引导学生安全有序下车用餐。

四、做好餐饮过程中的行为管理

(1)提醒学生按照预先安排好的座位表有序用餐,不得私自调换座位。在用餐过程中不得打闹、嬉戏,要文明用餐。

(2)学生用餐时,领队老师和导游需做两次巡视,在巡视时询问学生饭菜情况及有无需要调整的地方。

(3)需要告知学生,用完餐后在座位上休息,不得随意走开,等待指令,一起出发。

五、做好餐饮过程中的安全管理

(1)开展预防食物中毒宣传教育。结合学校的实际情况,通过广播、电视、报刊、黑板报、宣传画和食物标本等各种形式,宣传普及卫生知识,提高广大师生的安全卫生意识,减少食物中毒事件的发生。在旅途中教育学生不喝生水、不吃生冷变质食物,不在路边摊买食品,以防食物中毒。教导学生养成良好的用餐习惯,不挑食,少吃零食。

(2)为确保外出研学期间师生的生命安全,维护正常的教学秩序,保障研学课程顺利开展,研学旅行主办方应编制学生食物中毒安全事故应急处理办法,建立应对机制,采取有效措施预防学生食物中毒安全事故的发生,保证正常的教育教学秩序。

(3)在研学旅行过程中,一旦发现有人出现呕吐、腹痛、腹泻等食物中毒症状,须立即启动采取以下措施:

①通报。发现食物中毒事故,立即通知就近医院做好抢救准备工作,同时报学校有关领导,并拨打120。

②紧急处理。事故发生后,迅速把重病号送往医院抢救;召集当地医院医生实施紧急救护准备工作;保护现场,组织事故调查;报请应急小组启动应急预案。

③原因调查。保护现场,对可疑食物或有毒食物取样封存;留样的食物和现场取到的样品送防疫部门进行技术鉴定;分析原因,根据现场调查和技术鉴定情况进行综合分析,确定事故原因吸取教训。

④善后处理。事故发生后,要注意维护正常的研学学习秩序和工作秩序,做好食物中毒人员的思想工作。做好中毒学生家长的思想工作,防止出现不稳定局面。

要求提供食物的餐饮单位立即停止经营活动,协助卫生机构救治病人,封存导致食物中毒或者可能导致食物中毒的食品及其原料、设备等,配合卫生部门调查。

立即将造成食物中毒事故的餐饮单位和个人上报卫生行政部门,按照《卫生法》和《食品卫生行政处罚办法》的有关规定,予以行政处罚。将造成严重食物中毒事故的人或者有投毒犯罪嫌疑的人,移送司法机关处理。

第三节 交通保障与管理

2013年2月国务院办公厅印发的《国民旅游休闲纲要(2013—2020年)》中指出,要将游客运输纳入公共交通系统,不断提高旅游客运质量。

研学旅行,行是前提和基础。要为广大研学旅行者提供更加安全、便捷、舒适的出行环境,为研学旅行提供专业化、规范化的车辆管理和出行服务,必须要有交通运输行业管理部门的配合和支持。对研学旅行来说,交通管理是研学旅行管理者对研学旅行交通方式的选择,以及在研学旅行过程中对交通安全问题的处理和监督。

一、研判交通管理是否符合法定要求

根据《研学旅行服务规范》(LB/T 054—2016)的要求,为研学旅行者提供的交通必须符合如下标准:

1. 选择交通方式

(1)单次路程在400km以上的,交通工具不宜选择汽车,应优先考虑铁路运输和航空运输。

(2)选择水运交通方式的,水运交通工具应符合《水路客运服务质量要求》(GB/T 16890)的要求,不宜选择木船、划艇、快艇。

(3)选择汽车客运交通方式的,行驶道路不宜低于省级公路等级,驾驶人连续驾车不得超过2小时,每次停车休息时间不得少于20分钟。

2. 提前告知

应提前告知学生及家长相关交通信息,以便其掌握乘坐交通工具的类型、时间、地点以及需准备的有关证件。

3. 提前联系

宜提前与相应交通部门取得工作联系,组织绿色通道或开辟专门的候乘区域。

4. 加强交通服务环节的安全防范

应加强交通服务环节的安全防范,向学生宣讲交通安全知识和紧急疏散要求,组织学生安全有序地乘坐交通工具。

5. 开展安全巡查工作

应在承运过程中随机开展安全巡查工作,并在学生上、下交通工具时清点人数,防止出现滞留或走失现象。

6. 做好行程中突发状况预案

遭遇恶劣天气时,应认真研判安全风险,及时根据预案调整行程及更换交通方式。

二、研判交通服务是否符合合同要求

根据校方与旅行社签订的研学服务合同,带队老师应提前对旅行社提供的交通服务进行审核判断,看是否符合合同的约定,交通服务的"硬件"和"软件"是否具备相关资质。

1. 对交通工具的选择

对研学旅行主办者而言,如果本次研学旅行行程单次行程在400km以上的,不宜选择汽车作为交通工具,应优先考虑铁路运输和航空运输。若选择铁路运输和航空运输,应注意车种、车次、航班等的选择,以适应中小学生集体旅行的需求;如果选择汽运或水运,应充分调研承运企业的服务信誉和综合实力,择优选择,应注意避免价格因素对安全的影响。

2. 对驾驶人员驾驶资质的研判

在驾驶人的资质上,要求驾驶员必须有5年以上的驾龄,无致人死亡或者致人重伤的交通责任事故记录。司机必须有极强的责任心,有丰富的驾驶经验和良好的职业道德。

3. 对车辆性能和行驶资质的研判

研学旅行交通安全管理负责人应提前与汽运公司联系,其选择的运营车辆,须保证状况良好、检验合格,保证每人一座。另外,要有符合国家管理要求的机动车交通事故责任强制保险和乘客座位责任险,如果选择汽车作为主要交通工具,则研学旅行中选择的行驶道路不宜低于省级公路等级。此外,研学旅行车辆行驶前应通过车辆安全性能检测。

三、做好交通行驶过程中的监督管理

在交通行驶过程中,带队老师要做好以下监督工作:

(1)带队老师须坐在前排负责对司机和行车安全进行监督和提醒。
(2)车队中车与车之间应有通信设备,保证联络畅通。
(3)对车内卫生要有严格要求,每次出行前都必须保持干净卫生。
(4)每辆车不得超员,所有人员必须系好安全带。
(5)按道路要求控制好车速。

四、做好交通服务过程中的学生管理

在研学旅行交通过程中,对学生的管理是其中的重要环节。带队老师或导游应该做好学生的思想教育和行为规范工作,主要表现在以下几个环节:

1.汽车上的学生管理

学生上车后应系好安全带,每人一座,坐好后不得私自调换座位,车辆行驶过程中,要求学生不得将头、手、脚等身体部位伸出窗外,不能在车内站立、行走、打闹等。

2.火车上的学生管理

上下火车时学生要依次检票、行李过安检,学生不能私自脱离队伍,在火车上要文明乘车,礼貌待人,不要发生冲突。遇见突发状况,要及时报告老师,尽量不要自己处理。

3.飞机上的学生管理

要系好安全带,将手机以及其他的电子设备关闭(或调成飞行模式),遵守乘务人员的要求。不得无故喧哗,如遇特殊事件,可请乘务人员帮忙解决,不得私自处理。

五、督促导游做好交通环节服务工作

应督促导游做好交通环节的服务工作。导游作为研学旅行者的全程陪同者,承担着旅行社和研学主办学校之间的联络作用。

在交通服务环节,带队老师应督促导游为研学旅行者提供以下服务。

1.汽车上导游的服务内容

当研学旅行交通工具是汽车时,导游需提供以下服务:

(1)导游人员需要在汽车上致欢迎词,做自我介绍,以及提醒各种注意事项,特别是乘坐汽车的安全注意事项。

(2)叮嘱司机要按道路要求行使,不得超速,每行驶2个小时左右必须进入服务区休息一次。

2.火车上导游的服务内容

当研学旅行交通工具是火车时,导游应提供以下服务:

(1)在火车上,应时刻提醒学生注意人身安全,保管好随身携带的物品,带学生一起了解开水间及卫生间的位置,并帮助低龄学生接热水。

(2)乘坐夜车的,夜里12点之前务必安排营员休息,睡前统一查房,夜间帮助学生盖被子,调整睡姿防止学生掉下床铺。

3.飞机上导游的服务内容

当研学旅行交通工具是飞机时,导游应提供以下服务:

(1)导游需协助学生办理登机手续,过安检时,带队老师在团队的最前面,导游在团队的最后面,以及时处理一些突发事件。

(2)候机时,教会学生如何快速寻找自己在飞机上的座位,告知飞机上的服务项目,并提醒学生飞机起飞前,要认真听乘务人员讲解注意事项。

(3)登机后,帮助学生尽快落座,要求学生按照乘务人员的要求文明乘机。

4.轮船上导游的服务内容

当研学旅行交通工具是轮船时,导游应提供以下服务:

(1)教会学生防晕船常识。

(2)检查上铺护栏是否结实。

(3)做好在甲板上活动的安全防范。

六、做好交通过程中的安全管理

(1)校方需要提前制定交通管理的安全预案,出行前让全体师生了解事故发生后的处理程序和办法。

(2)行前要指定负责研学安全工作的负责人,负责处理学生交通运行过程中的安全问题和隐患。

(3)如果发生交通安全事故,在校方带队老师的统一指挥调度下,开展研学安全控制和医疗救援等应急处理工作;组织对安全事故的调查、应急处理和医疗救治工作;协助有关部门开展工作;对事件进行资料归类、留档、评价,总结经验和教训。

(4)带队老师和安全员要注意提醒学生所乘车辆号码、集合时间及地点,并清点人数;如有学生走失,须立即安排专人负责寻找,尽量不影响其他学生的行程。

(5)研学活动期间,所有工作人员必须保持手机畅通,24小时开机。

(6)禁止夜间行车。

第四节　研学旅行基地管理

研学旅行基地是经相关主管部门批准或评定机构评定的、有统一的管理机构、坚持公益性、具备开展研学旅行的资源条件和接待设施的活动场所。如自然与文化遗产地、文博院馆等公共场馆,适宜开展研学旅行项目的三类产业园区,著名院校与科研机构所在地等。研学旅行基地管理是研学旅行主办单位对以研学旅行基地为研学旅行目的地的研学旅行团队进行相关管理的过程。

一、研判基地服务是否符合法定要求

按照《研学旅行服务规范》(LB/T 054—2016)、《旅行社国内旅游服务规范》(LB/T 004—2013)、《导游服务规范》(GB/T 15971—2010)的相关规定,为研学旅行者提供基地服务必须符合以下要求:

(1)研学旅行基地区域内生态环境良好,环境空气质量符合《环境空气质量标准》(GB 3095—2012)标准,声环境质量符合《声环境质量标准》(GB 3096—2008)标准,污水排放符合《污水综合排放标准》(GB 8978—2002)规定。

(2)研学旅行基地服务地域范围应当远离地质灾害和其他危险区域,无安全隐患,服务区附近可能发生危险,应当设置警示标志。安全管理制度健全,安全应急预案完善;配备数量充足的安全管理人员,具备完善的安全保障体系和医疗救助条件。

(3)研学旅行基地消防安全应符合要求,醒目放置消防器材,并定期检验、维修,保持完好可用;设有专门的安全应急通道。建有全天候、无死角的监控系统,各种设施设备完好无损。近三年或开业(开业未满3年的)以来,无安全事故发生。

(4)研学旅行基地应具备完善的卫生与医疗管理规范和措施,定期进行检查。研学旅行基地厕所达到《旅游厕所质量等级的划分与评定》(GB/T 18973—2022)中 A 级以上标准,布局合理,数量适宜,标识醒目,造型美观。公共场所要设置垃圾桶,数量与布局适当,标识明显,与环境协调;垃圾及时清扫,无堆积、无污染。

(5)旅行社应严格履行与校方签署的旅游合同,并提供符合约定的研学旅游产品。如因客观原因,旅行社需变更合同内容,应与校方协商一致并签署书面变更协议或取得校方或校方代表的书面确认。

(6)基地服务过程中,旅行社导游、领队老师不应以任何借口脱离团队中断提供旅游服务,损害研学旅行团队的权益。导游的基本素质及服务应符合《导游服务规范》(GB/T 15971—2010)的要求,领队的基本素质及服务应符合《旅行社出境旅游服务规范》(LB/T 005—2011)的要求。

二、研判基地服务是否符合合同要求

(1)根据校方与旅行社签订的研学服务合同,对旅行社提供的研学旅行基地服务进行审核判断,看是否符合合同的约定。

(2)研判研学旅行基地是否提供约定的研学产品。承办方应根据主办方需求,针对不同学段特点和教育目标,设计研学旅行产品。研学旅行产品按照资源类型主要应分为知识科普型、自然观赏型、体验考察型、励志拓展型、文化康乐型等。

(3)带队老师应对整个研学基地的教育过程和内容进行监督,要做到保质保量,防止敷衍塞责的情况发生。

三、做好基地研学过程中的行为管理

在研学基地管理过程中,带队老师和导游应做好以下工作:

(1)导游应告诫学生遵守参观景点景区的规定,随团统一活动,不得单独活动。

(2)在活动内容上,带队老师应当先审阅研学旅行基地提供的游览解说大纲,根据大纲的要求严格对各项研学活动进行审核与监督,要求课程设置上体现研学旅行者与研学服务团队交流、研学者与研学者互动、室内场所与室外场地融合、传授知识与培养兴趣兼顾,在各类研学活动的设置上,应遵循"学生参与表演"的原则。

(3)进入基地之前,要对学生进行基地相关自然知识和人文知识的介绍,交代学生在旅行过程中需要关注或留意的景点,最好是编制成旅行指南,方便学生提前了解相关的知识。要对学生进入基地之后的安全纪律进行说明:

一方面,要告知学生团队的安全纪律。

另一方面,要教会学生辨识各种旅游警示标志,例如,严禁烟火、禁止吸烟、保持安静等标志。

(4)进入基地之后,导游应带领研学旅行团队按照参观游览线路进行分段讲解,讲解应视研学旅行者的兴趣爱好而详略得当。此外,导游和带队老师应经常提醒学生注意旅行中的安全事项。

(5)景区研学结束之后,导游应保证每位学生及时上车,小组成员一个不能少。同时,应对本次基地研学项目进行意见回收,并对存在的问题进行及时的反馈与修正,建立研学旅行档案库,及时总结经验和教训。

四、督促导游做好基地服务工作

在研学旅行基地研学过程中,学生习得的知识和获得的经验在很大程度上依赖于导游的讲解,因此导游应当做到以下几点:

(1)导游的讲解应符合《导游服务规范》(GB/T 15971—2010)中的相关规定;导游需特别强调研学旅途中的注意事项;应对景点景区做生动有趣的讲解,讲解词的设计要符合学生的年龄;以互动式的讲解为主,积极调动学生的研学积极性。

(2)当研学旅行团队进入研学基地后,导游须明确告知学生参观路线及集合时间、地点,培养学生守时好习惯,将安全意识贯穿全程。

(3)在研学过程中,导游要善于捕捉学生们的情绪,并对其进行积极的引导,结合学生的实际情况和兴趣,做适时应景的讲解,同时注意用词。

五、做好基地研学期间的安全管理

(1)研学旅行基地应当建立安全管理责任制度,且涉及研学旅行过程中的各个环节,应包括但不限于下列内容:研学旅行场地安全管理、研学旅行餐饮安全管理、研学旅行住宿安全管理、研学旅行交通安全管理等。

(2)校方应当根据整个研学旅行活动安全操作流程,对学生做好事前教育、现场监管、事后总结等。

第五节 研学导师的服务保障与管理

研学导师是顺应研学旅行发展出现的一个新兴职业,是在研学旅行过程中,将所有与研学教育相关的活动落实、实施到位的岗位和角色。他们直接面对营员,是代表企业实施和执行研学活动的重要服务人员,研学导师兼具教师和导游两个职业角色,帮助学生在研学旅行的过程中进行知识的梳理和转化,以知识整合的教育方式呈现。研学旅行的教育效果能否达成,研学导师的能力和素质至关重要。

研学导师包括全程参与研学旅行活动、随团施教的研学导师,也包括体验活动的教练员、主题活动的主持人、精品进课堂的宣讲师等各类专项研学导师。

一、研学导师的岗位任务

与传统的大众旅游不同,研学旅行的服务对象是中小学生,旅行的主要目的是教育,相较传统的大众旅游,研学旅行对服务的要求也有所不同。研学旅行过程中需要开展许多活动,而这些活动的"落地实施",导游并不一定能完成。比如研学旅行活动会举行开营活动,开展文明教育以及团队组建、总结晚会,等等。这些活动的策划由旅行社的研发部门来完成,而活动的落实,像活动场地、与景区的协调、活动细节安排等都需要专人完成,这个人就是研学导师。

研学导师除具备一定的活动组织能力,还必须具备导游的素质,有时还要担任景区讲解员、活动主持等。

研学导师的岗位任务包括:

(1)执行已设计好的教育活动。

(2)在研学旅行过程中,根据营员的生理及心理特点进行正确的教育引导和习惯养成。

(3)了解及掌控行程中各目的地或景点的教育亮点。

(4)对行程安排的协调与监督。

(5)对教育效果的评估与反馈。

(6)设计精品课程,让研学旅行成为学校教育的有效补充。

二、研学导师的素质要求

一名合格的研学导师应当具备以下素质:

1. 良好的形象和个人气质

良好的形象虽然表现的是研学导师的外部特征,却也是其内在素质的体现,其与研学导师的文化修养、职业道德和文明程度密切相关。

2. 口头表达能力

口头表达能力是研学导师的基本功,研学导师把抽象的知识具象化,体现了语言的艺术性。研学导师若没有过硬的口头表达能力,就根本谈不上提供优质的服务。

3. 较强的独立工作能力和创新精神

培养独立分析、解决问题的能力及创新精神既是研学导师工作的需要,也关系到其个人的发展。对研学导师来说,独立工作能力和创新精神显得更为重要。

4. 较强的组织协调能力和灵活的工作方法

研学导师接受任务后要根据合同安排研学旅行活动,并严格执行研学旅行接待计划。这就要求研学导师具有较强的组织、协调能力,在安排旅游活动时有较强的针对性,在组织各项活动时讲究方式方法,及时掌握变化着的客观情况,并灵活地采取相应的措施。

5. 善于和各种人打交道的能力

研学导师的工作对象较为广泛,善于和各种人打交道是研学导师重要的能力,这要求研学导师必须掌握一定的公共关系学知识并能熟练运用。

6. 独立分析、解决问题、处理事故的能力

沉着分析、果断决定、正确处理意外事故,这是研学导师最重要的专业素养。

能否妥善地处理事故是对研学导师的严峻考验。临危不惧、头脑清醒、遇事不乱、

处理果断、办事干脆、积极主动、随机应变是研学导师处理意外事故时应具备的能力。

三、研学导师的工作特点

1. 涉及面广，工作量大

研学导师的工作涉及食、住、行、游、教各个方面，他起着沟通上下、内外、左右各种关系的重要作用，还要处理研学旅行过程中遇到的各种问题。他的工作关系和人际关系十分繁杂，在工作中若有点滴差错或微小疏漏，就会影响到各个方面，造成不良后果。

研学导师的工作不但涉及面广，而且工作量大。在担任研学导师期间，要面对研学旅行团的各种接待任务以及种种服务事宜。

2. 知识性强

研学旅行指导工作是一项知识密集型的服务工作。研学旅行活动涉及面广，这就要求研学导师具有丰富而广博的知识，除了掌握研学旅行基地的主要游览景点、旅游线路等，还必须对历史、地理、天文、民俗、建筑等方面有所了解。

3. 思想性、政策性强

研学导师面向研学旅行团队，他肩负着指导和教育的责任。

一方面，要传递给学生景区景点的基本信息，以及相关理论知识；另一方面，要给学生传递正确的世界观、价值观和人生观，传播正能量。

研学导师要了解国家的方针政策，要有较高的政治觉悟，同时又要讲究策略和方法，要寓政治于教育之中。

4. 独立性强

研学导师工作独当一面。在整个研学旅行活动过程中，需要独立地提供各项服务，特别是在回答研学旅行者政策性很强的问题或处理突发性事故时，要当机立断，事后向领导和有关方面汇报。

四、研学导师的培育

随着研学旅行的发展，许多从业者都意识到了培养专业的研学导师的必要性。研学导师的培育可以用以下几个途径开展：

1. 自我培养

教育部门应有针对性地培养研学旅行专业人才，鼓励支持本地高等教育院校发展相关学科，培养兼具丰富的专业能力与实践经验的研学导师；相关导游培训机构也可以加强对专业研学导游的培养，为研学旅行的发展提供人才支持。

2. 引进人才

通过高薪聘请研学旅行方面的人才，使研学导师队伍在师资力量建设方面实现突破，从而建设高素质、高水平的研学导师团队。

3. 借助外力

借助专家力量，引入一些行业专家作为兼职客座教授来进行相关课程的指导。专家执教，为学生提供了良好的学习机会。

本章小结

1. 住宿设施是研学活动期间的支撑设施,研判住宿环境是否符合法定要求。要按照《研学旅行服务规范》(LB/T 054—2016)规定,以安全、卫生和舒适为基本要求,提前对住宿营地进行实地考察,并根据校方与旅行社签订的研学服务合同,对旅行社提供的住宿环境进行审核判断,看是否符合合同的约定。

2. 研学旅行中选择的餐饮供应商,接待规模应该不低于50桌,停车场至少提供10台大巴的停车位,餐厅卫生应符合国家相关标准的要求。

3. 研判交通管理是否符合法定要求和是否符合合同要求,做好交通行驶过程中的监督管理、学生管理和安全管理。

4. 做好基地研学期间的安全管理,应当建立安全管理责任制度,且涉及研学旅行过程中的各个环节,应包括但不限于下列内容:研学旅行场地安全管理、研学旅行餐饮安全管理、研学旅行住宿安全管理、研学旅行交通安全管理等。

5. 合格的研学导师应当具备良好的形象和个人气质、口头表达能力、较强的独立工作能力和创新精神、较强的组织协调能力和灵活的工作方法、善于和各种人打交道的能力,以及独立分析、解决问题、处理事故的能力。

学习拓展

案例评析

思考与训练

1. 结合本章节所学知识,谈谈如何成为一名合格的研学导师。

2. 通过对比,分析研学旅行服务保障与管理在住宿保障与管理、餐饮保障与管理、交通保障与管理、景区保障与管理、基地保障与管理和研学导师管理等方面应注意的事项。

3. 请结合一个研学旅行案例,详细列举出研学旅行过程各方面的服务保障与管理内容。

第十章
研学旅行突发事件处理与恢复重建

本章目标

1. 了解研学旅行突发事件应急管理模型、研学旅行突发事件纠纷责任界定与纠纷处理方法。
2. 理解研学旅行突发事件后的恢复重建流程：影响评估、恢复管理、重建管理、振兴管理和体系优化。
3. 掌握本章中研学旅行突发事件处理的一般流程，特别是几种常见事故的处理方式。

知识框架

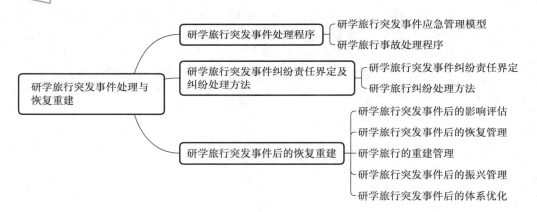

学习重点

1. 理解研学旅行突发事件应急管理模型图。
2. 掌握研学旅行突发事件处理程序流程、研学旅行突发事件纠纷责任界定。
3. 清楚研学旅行突发事件后的恢复重建方法。

研学过程学生摔伤面部，谁来为此负责

2018年4月24日，某实验学校为全面贯彻某省教育厅《关于开展中小学生研学旅行试点工作的通知》中提出的全面实施素质教育的要求，以某实验学校名义与Z旅行社签订了团队境内旅游合同。

根据学生自愿参与原则，于2018年5月8日组织本校五年级三班、四班、五班、六班、七班，一共五个班共229名学生参加"魅力古都二日研学"活动。彭某是某实验学校五年级四班的学生，缴纳了425元报名费。当学生们在八里河景区的一座桥上由一头向另一头行走时，由于学生众多，较为拥挤，彭某被桥头道路上的石墩绊倒，摔伤头面部。

事故发生后，某实验学校就按照活动方案中的安全应急预案及时为彭某处理了伤口，并将事故情况第一时间告知彭某母亲。2018年5月10日，经金寨县中医医院检查，彭某的两颗门牙在此次事故中折断、牙髓外露，建议18周岁烤瓷修复。2018年6月14日，经彭某委托，司法鉴定所对彭某因伤的护理期、营养期、后续治疗费进行了鉴定，彭某的护理期为15日，营养期为45日，后续牙齿修复需费用4000元，更换周期为10年。由于某实验学校与Z旅行社就事故责任相互推诿，致使彭某经济损失至今未获赔偿。随后彭某将某实验学校诉至法院要求赔偿。某实验学校向法院申请追加Z旅行社为共同被告。

彭某认为：某实验学校作为活动的统一组织者，应确保校外教学环境的安全；且某实验学校因疏忽大意未尽到安全提示和照顾义务，应对彭某的损害承担全部赔偿责任。要求学校赔偿医疗费、护理费、营养费、交通费、后期医疗费、鉴定费等共计人民币29384.05元，要求某学校承担本案诉讼费。

某实验学校辩称，某实验学校只是彭某与Z旅行社达成研学旅行的联络人，并代表彭某及参加研学旅行的学生与Z旅行社签订履行合同，不是合同中的相对人，且本次研学活动某学校未收取任何费用，没有任何获利行为，自然也不用承担任何责任，某实验学校认为已经做到了向学生告知外出参加活动注意安全的义务，并采取了有效的安全保障措施，在事故发生时，及时为彭某处理伤口并第一时间告知彭某母亲，没有过错，不应承担赔偿责任。责任应当由作为旅游经营者的Z旅行社来承担。

Z旅行社辩称，Z旅行社不存在侵权行为，彭某受伤是因为其在行走过程中被道路上的石墩绊倒摔伤，系自身不慎，意外导致。彭某应当找该石墩管理者承担赔偿责任，且Z旅行社已经尽到合理范围内的安全保障义务。彭某虽然是限制民事行为能力人，但其对自身安全依旧负有最基本的注意义务。彭某作为五年级学生，在游玩过程中理应对走路跌倒具备警戒心理和防范意识，彭某对此应当且完全可以采取最起码的防范性自我保护措施。之所以意外受伤，与彭某没有尽到最低限度的注意义务有着直接的关系。

法院认为，限制民事行为能力人在学校或者其他教育机构学习、生活期间受到人身损害，学校或其他教育机构未尽到教育、管理职责的，应当承担责任。彭某作为某实验学校五年级学生，在参加由某实验学校组织并选定旅行社的研学旅行活动中不慎摔伤，某实验学校作为研学旅行活动的组织者，在组织学生进行校外活动的全过程中，应当派员对参加活动的学生进行详尽的安全教育，并密切注意学生在活动时的人身安全。本次研学旅行参加的学生非常多，且都是未成年学生，正处于活泼好动、自控能力差、自我保护意识弱的阶段，众多学生在狭窄的桥梁上行走，容易造成现场管理及注意分配困难，仅通过事前安全提示，学生自律尚不足以避免危险情况的发生，某实验学校若准备工作充分、安全防范完善，是可以避免意外事故发生的。某实验学校提供的证据不足以证明其在组织研学旅行活动中对彭某受伤已尽到安全保障义务，其应该承担相应的损害赔偿责任。

根据《最高人民法院关于审理旅游纠纷案件适用法律若干问题的规定》第7条规定，旅游经营者、旅游辅助服务者未尽安全保障义务，造成旅游者人身损害、财产损失的，旅游者请求旅游经营者、旅游辅助服务者承担责任的，人民法院应予支持。本案某实验学校代表彭某等学生与Z旅行社签订了"团队境内旅游合同"，彭某交纳了旅行费用，Z旅行社是本案的旅游经营者。旅游经营者在接待未成年人时，应当采取相应的安全保障措施。拥挤容易造成意外事故发生是旅游经营者应该预见到的，但Z旅行社未能采取行之有效的安全防范措施，对彭某的受伤也存在过错，也应该承担相应的损害赔偿责任。

在研学旅行过程中，某实验学校及Z旅行社均派有工作人员全程陪同。Z旅行社作为旅游经营者，既然收取了旅游费用，就应该对行经路线、景区道路障碍情况作出安排和预判，并组织未成年学生安全有序地通过危险路段。本案发生在八里河景区的研学旅行过程中，而非在校内，Z旅行社未提供证据证明其已尽到安全保障义务，Z旅行社的责任应该高于学校。彭某被桥头道路上的石墩绊倒摔伤，并非自身过错所造成。彭某对自身受伤不承担责任。本院综合某实验学校与Z旅行社对损害结果发生的过错，酌定承担责任比例为某实验学校40%、Z旅行社60%。

最终法院判决由某实验学校与Z旅行社分别赔偿彭某医疗费、护理费、交通费、后续牙齿修复费共计人民币11753.62元、17630.43元。

思考：
1. 从该研学旅行突发事件纠纷的法院判决来谈一谈法院对该纠纷的责任界定。
2. 如果你是负责人，你会如何对该事件进行应急处理。

第一节　研学旅行突发事件处理程序

研学旅行中如果发生意外安全事件，那么相关责任方，应该秉承启动预案、迅速处理、及时上报、做好善后的原则,妥善做好研学旅行事故处理程序,以迅速有效地完成事故处理,避免纠纷和舆情的出现。

一、研学旅行突发事件应急管理模型

在研学旅行突然发生意外事件时,必须要有一定的应急管理模型来进行应急处理。本书结合郑向敏、王伟等人的相关研究成果[①②],考虑研学旅行的实际情况,提出如图10-1所示的研学旅行安全事件应急管理模型。

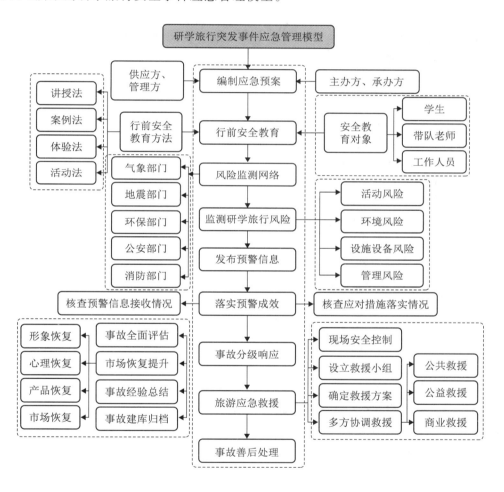

图10-1 研学旅行安全事件应急管理模型

研学旅行突发事件应急管理主要包括以下四个阶段:

---

① 郑向敏、邹永广《我国旅游突发事件应急机制研究》,《西南民族大学学报(人文社科版)》,2012(1)。
② 王伟《我国旅游突发事件应急管理模型的构建》,《中国安全生产科学技术》,2015(9)。

(一)预防与预备

一方面,要编制应急预案。

研学旅行活动的主办方、承办方、供应方以及管理方都应根据自身在研学旅行活动中的角色、定位以及各自的安全责任制定研学旅行应急预案。研学旅行应急预案可从总则、组织指挥体系及职责、预警和预防机制、应急响应、后期处置、保障措施、附则以及附录等内容出发。

另一方面,进行行前安全教育。

研学旅行行前安全教育的对象是参加研学旅行活动的学生、带队老师以及相关工作人员。而研学旅行行前安全教育活动主要采取讲授法、案例分析法、模拟体验法以及综合活动法进行安全知识传授。

(二)监测与预警

1. 构建风险监测网络

研学目的地所在县级以上人民政府主导,推动气象、地震、环保、消防、公安等部门的联合协作,共同监测相关风险。

2. 监测研学旅行风险

建构多部门协作的风险监测网络后,需要对活动风险、环境风险、设施设备风险以及管理风险四大风险进行监测。

3. 发布预警信息

研学目的地所在县级以上人民政府主导,实现多部门联合协作进行风险监测,分析风险状况,并及时发布旅游预警信息。

4. 落实预警成效

预警信息发布后,需要对预警信息的落实情况进行核查。如核查预警信息接收情况、核查应对措施落实情况。

(三)应急与救援

应急与救援主要包括以下两个方面的内容:

一方面启动事故分级响应。一旦发生研学旅行突发事件,要及时根据突发事件等级进行事故分级响应。

另一方面加强应急救援。可以依托公共救援、公益救援、商业救援等不同性质的救援服务,以建立全方位、多层次、宽领域的救援体系。

(四)善后与恢复

研学旅行突发事件的事故善后处理工作主要从事故全面评估、市场恢复提升、事故经验总结、事故建库归档四个方面着手。其中,市场恢复提升工作主要从形象恢复、心理恢复、产品恢复以及市场恢复等层面进行。

二、研学旅行事故处理程序

(一)研学旅行事故的一般处理程序

研学旅行突发事件一般处置程序包括以下三大环节(见图10-2)。

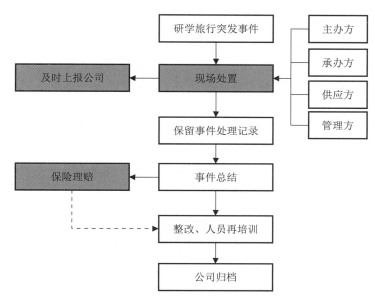

图 10-2 研学旅行突发事件一般处置程序

1. 处置

研学旅行突发事件发生后,需要第一时间进行应急处置。

(1)拨打120。

有伤员的情况下,要协助救治、安抚游客。若为境外研学旅行,出发前须了解当地急救电话。

(2)拨打110。

如遇死亡、受伤、失踪、治安事件、财物被盗/抢、交通事故、食物中毒等事件须拨打110。若为境外研学旅行,出发前须了解当地报警电话。

(3)安抚游客。

要注意对游客进行安抚,避免其情绪激动而产生后续影响。

2. 报告

事故发生后需要及时将事故报相关方,如主办方、承办方、供应方、管理方,以及保险公司等。

3. 留证

(1)现场照相,留取事故处理经过,并请至少三名成年人签名确认,留下联系方式。

(2)留取相关证明:交警责任认定书、报警回执、地接社/景区/酒店/购物场所书面证明(关注事故经过和是否赔付)、延误证明等。

(3)关注财产损失的情况(型号、购买时间、地点、价格),并请地接社和车队对发生的盗抢事件进行签名确认。

(4)留取医疗发票、清单、病历、检查检验报告和诊断证明(关注是否需要陪护,以及出院后病休和转院的建议)。

(二)研学旅行典型突发事件处理程序

1. 交通事故

交通事故在研学旅行活动中时有发生,不是研学旅行团队中的工作人员所能预料、控制的。如遇交通事故,若工作人员神智还清晰应立即采取措施,冷静、果断地处理,并做好善后工作。由于交通事故类型不同,处理方法也很难统一,但一般情况下,现场工作人员应采取如下措施:

(1)立即组织抢救。

发生交通事故出现伤亡时,工作人员应组织现场人员迅速抢救受伤的活动参与者,特别是抢救重伤员。如不能就地抢救,应立即将伤员送往距出事地点最近的医院抢救。

(2)保护现场,立即报案。

事故发生后,不要在忙乱中破坏现场,应指定专人保护现场,并尽快通知交通、公安部门(交通事故报警台电话是122),请求派人来现场调查处理。

(3)迅速向旅行社汇报。

将受伤者送往医院后,工作人员应迅速向地接社领导报告交通事故的发生及人员伤亡的情况,听取领导对下一步工作的指示。

(4)做好团员的安抚工作。

交通事故发生后,工作人员应做好团内其他人员的心理安抚工作,继续组织安排好参观游览活动。事故原因查清后,要向全团说明情况。

(5)撰写书面报告。

交通事故处理结束后,工作人员要撰写事故报告。报告内容包括:事故的原因和经过、抢救经过、治疗情况,事故责任及对责任者的处理,团队成员的情绪及对处理的反应等。报告力求详细、准确、清楚。

2. 社会治安事故

在研学旅行活动过程中,遇到坏人行凶、诈骗、偷窃、抢劫,导致团队成员身心及财物受到不同程度的损害,统称社会治安事故。

工作人员在陪同研学旅行团参观游览过程中遇到此类社会治安事故,必须挺身而出保护团队成员,绝对不能置身事外,更不得临阵脱逃。

发生社会治安事故,工作人员应做好如下工作:

(1)保护团队成员的人身、财产安全。

若歹徒向团队成员行凶、抢劫财物,在场的工作人员应挺身而出,勇敢地保护团队成员。立即将团队成员转移到安全地点,力争与在场群众、当地公安人员缉拿罪犯,追回钱物;如有团队成员受伤,应立即组织抢救。

(2)立即报警。

治安事故发生,工作人员应立即向当地公安机关报案并积极协助破案。报案时要实事求是地介绍事故发生的时间、地点、案情和经过,提供作案者的特征,受害者的姓名、性别、国籍、伤势及损失物品的名称、数量、型号、特征等。

(3)及时向上级领导报告。

工作人员要及时向旅行社领导报告治安事故发生的情况并请求指示,情况严重时请领导前来指挥、处理。

(4)安定团队成员的情绪。

治安事故发生后,工作人员应采取必要措施稳定团队成员的情绪,努力使研学旅行活动顺利进行下去。

(5)撰写书面报告。

工作人员应写出详细、准确的书面报告,报告除上述内容外,还应写明案件的性质、采取的应急措施、侦破情况、受害者和团队其他成员的情绪及有何反应、要求等。

(6)协助领导做好善后工作。

工作人员应在领导指挥下,准备好需要的资料,处理好善后事宜。

工作人员在接待工作中要时刻提高警惕,采取有效的措施防止治安事故的发生。

① 提醒团队成员不要将房间号随便告诉陌生人;不要让陌生人或自称酒店的维修人员随便进入房间;出入房间锁好门,夜间不可贸然给别人开门,以防止发生意外。

② 入住酒店后,工作人员应建议团队成员将贵重财物存入酒店保险柜,不要随身携带或放在房间内。

③ 离开游览车时,工作人员要提醒团队成员不要将证件或贵重物品遗留在车内。团队成员下车后,工作人员要提醒司机锁好车门、关好车窗。

④ 在研学旅行活动中,工作人员要始终和团队成员在一起,注意观察周围的环境,经常清点人数。

⑤ 汽车行驶途中,不得停车让无关人员上车;若有不明身份者拦车,工作人员提醒司机不要停车。

3.火灾事故

在研学旅行活动中,为了防止火灾事故的发生,工作人员应提醒团队成员不携带易燃、易爆物品。向团队成员讲明交通运输部门的有关规定,不得将不准作为行李运输的物品夹带在行李中。

1)提前准备

为了保证团队成员在火灾发生时能够尽快疏散,工作人员应做到以下几点:

(1)熟悉酒店楼层的太平门、安全出口、安全楼梯的位置及安全转移的路线,并向团队成员介绍。

(2)另外工作人员应熟记带队老师和团队成员所住房间的号码。

2)火灾应对

万一发生了火灾,工作人员应做到以下几点:

(1)立即报警。

(2)迅速通知领队老师及所有团队成员。

(3)配合工作人员,听从统一指挥,迅速通过安全出口疏散团队成员。

3)引导自救

如果情况紧急,千万不要搭乘电梯或随意跳楼,工作人员要镇定地判断火情,引导大家自救:

(1)若身上着火,可就地打滚,或用厚重衣物压灭火苗。

(2)必须要穿过浓烟时,用浸湿的衣物包裹身体,捂着口鼻,可贴近地面顺墙爬行。

(3)当大火封门无法逃出时,可用浸湿的衣物、被褥堵塞门缝或泼水降温,等待救援。

(4)挥舞色彩鲜艳的衣物呼唤救援人员。

(5)协助处理善后事宜。团队成员得救后,工作人员应立即组织抢救受伤者;若有重伤者应迅速送医院,有人死亡,则按有关规定处理;采取各种措施稳定团队成员的情绪,解决因火灾造成的生活方面的困难;协助处理好善后事宜;撰写翔实的书面报告。

4)食物中毒

团队成员如食用变质或不干净的食物可能会引发食物中毒。食物中毒的特点是潜伏期短,发病快,常常集体发病,若抢救不及时可能会有生命危险。

发现团队成员食物中毒,应按照如下程序操作:设法催吐或多喝水以加速排泄,缓解毒性;立即将患者送医院抢救,请医生开具诊断证明;迅速报告旅行社并追究供餐单位的责任。

为防止食物中毒事故的发生,工作人员应做好防护:

(1)严格执行在旅游定点餐厅就餐的规定。

(2)提醒团队成员不要在小摊上购买食物。

(3)用餐时,若发现食物、饮料不卫生或存在有异味变质的情况,工作人员应立即要求更换,并要求餐厅负责人出面道歉,必要时向旅行社领导汇报。

第二节 研学旅行突发事件纠纷责任界定及纠纷处理方法

一、研学旅行突发事件纠纷责任界定

本书以最高人民法院2010年颁布的《最高人民法院关于审理旅游纠纷案件适用法律若干问题的规定》为基础,提出研学旅行纠纷责任的界定,具体如表10-1所示。

表 10-1　部分研学旅行突发事件纠纷责任界定

序号	研学旅行突发事件纠纷情形	责任主体
1	研学旅行活动承办方、研学旅行活动供应方未尽到安全保障义务,造成研学旅行团队成员人身损害、财产损失	研学旅行活动承办方、研学旅行活动供应方
2	因第三人的行为造成研学旅行团队成员人身损害、财产损失	第三人
3	研学旅行活动承办方、研学旅行活动供应方对可能危及研学旅行团队成员人身、财产安全的旅游项目未履行告知、警示义务,造成研学旅行团队成员人身损害、财产损失	研学旅行活动承办方、研学旅行活动供应方
4	研学旅行活动承办方、研学旅行活动供应方泄露研学旅行团队成员个人信息或者未经研学旅行团队成员同意公开其个人信息	
5	研学旅行活动承办方擅自将其旅游业务转让给其他研学旅行活动承办方,研学旅行团队成员在旅游过程中遭受损害	与其签订旅游合同的研学旅行活动承办方和实际提供旅游服务的研学旅行活动承办方
6	签订旅游合同的研学旅行活动承办方将其部分旅游业务委托旅游目的地的研学旅行活动承办方,因受托方未尽旅游合同义务,研学旅行团队成员在旅游过程中受到损害	作出委托的研学旅行活动承办方
7	研学旅行活动承办方准许他人挂靠其名下从事旅游业务,造成研学旅行团队成员人身损害、财产损失	研学旅行活动承办方与挂靠人
8	研学旅行活动承办方违反合同约定,有擅自改变旅游行程、遗漏旅游景点、减少旅游服务项目、降低旅游服务标准等行为	研学旅行活动承办方
9	研学旅行活动承办方提供服务时有欺诈行为	
10	研学旅行团队成员在自行安排活动期间遭受人身损害、财产损失,研学旅行活动承办方未尽到必要的提示义务、救助义务	

二、研学旅行纠纷处理方法

《旅游法》第九十二条指出:旅游者与旅游经营者发生纠纷,可以通过下列途径解决:

(1)双方协商。
(2)向消费者协会、旅游投诉受理机构或者有关调解组织申请调解。
(3)根据与旅游经营者达成的仲裁协议提请仲裁机构仲裁。
(4)向人民法院提起诉讼。

研学旅行纠纷处理同样可以采取《旅游法》规定的相关纠纷解决途径。本书列举了研学旅行活动过程中常见的几种纠纷处理方法：

（1）承办方未能向研学旅行团队成员提供约定的航班、车次而变更出发时间，或者承办方提供的交通工具（如汽车等）与约定的标准不符，或发生故障，耽误了行程。

调解原则：如果因承办方的过错造成变更车次、航班等，则要求承办方退还所付交通费与实际费用的差额，并赔偿同额的违约金，如行程有延误，还要承担由此增加的必要费用，并按照国内旅游组团标准合同的规定，向游客支付旅游费用5%的违约金。如果因承办方的过错造成实际搭乘的交通工具低于合同约定的等级档次，则要求承办方退还研学旅行团队成员所付交通费与实际费用的差额，并赔偿同额的违约金。承办方安排的交通工具，因交通部门原因低于合同约定的等级档次，则要求承办方退还研学旅行团队成员所付交通费与实际费用的差额，并赔偿差额20%的违约金。如果在旅游期间因旅游车辆发生故障而造成行程延误，则根据国内旅游组团标准合同的规定，如双方约定继续履行合同，则要求承办方向研学旅行团队成员支付旅游费用5%的赔偿金，如研学旅行团队成员要求解除合同终止旅游的，承办方应安排研学旅行团队成员返回并退还未完成的旅程费用，并支付旅游费用5%的违约金，游客因延误旅游行程支出的食宿和其他必要费用由承办方承担。

（2）研学旅行团队未能按照约定的行程参观游览。比如，在实际行程中减少或取消了某些旅游景点、变更旅游行程、增加购物次数或消费性的项目等。

调解原则：如导游擅自改变活动日程，减少或变更参观项目，则要求承办方退还景点门票、导游服务费并赔偿同额违约金。导游违反规定，擅自增加用餐、娱乐、医疗保健等项目，则要求承办方承担研学旅行团队成员的全部费用。导游违反合同或旅程计划，擅自增加购物次数，则要求承办方每次退还研学旅行团队成员购物价款的20%。承办方安排的观光景点，因景点原因不能游览，承办方应退还景点门票、导游费并赔偿20%的违约金。如果因承办方的过错，取消了约定的部分景点，则要求承办方退还未发生的相关费用，并赔偿同额的违约金。承办方擅自增加的参观游览点的费用，由承办方承担。

（3）承办方未能按照合同约定的标准提供住宿、餐饮。

调解原则：如是承办方的过错而使安排的住宿、餐饮与合同不符，造成研学旅行团队成员经济损失，则要求承办方退还约定标准与实际花费的差额，并赔偿同额违约金。承办方安排的酒店，因酒店原因低于合同约定的等级档次，则要求承办方退还研学旅行团队成员所付房费与实际房费的差额，并赔偿差额20%的违约金。承办方安排的餐厅，因餐厅原因发生质价不符的，承办方应赔偿研学旅行团队成员所付餐费的20%。

（4）导游服务质量差。

调解原则：如导游未按照国家或旅游行业对客人服务标准的要求提供导游服务的，承办方应赔偿研学旅行团队成员当日所付导游服务费用的2倍。

（5）研学旅行团队成员因购买了假冒伪劣的商品，或因商品价格过高等，要求承办方负责退货发生的纠纷。

调解原则：如游客在承办方安排的购物场所购买了假冒伪劣的商品，则要求承办方负责为游客退换货。如因游客的个人原因，游客购买商品后认为价格过高、不喜欢、不需要等要求退货，或者游客在非承办方安排的购物场所购物发生纠纷，则承办方不需承担为游客退换货的责任,游客可以自行联系商家,协商解决。

(6)由于不可抗力因素造成旅游未能成行,或旅游行程中止。

调解原则:由于不可抗力因素造成研学旅行团队成员经济损失的,承办方不承担赔偿责任,但须退还游客未发生的本次旅游费用,其他事宜根据国内旅游组团标准合同的约定执行,或双方协商确定。

第三节 研学旅行突发事件后的恢复重建

研学旅行安全事件对旅行者(学生)、研学旅行企业和研学旅行目的地会造成综合性影响。研学旅行目的地和研学旅行企业需要对突发事件所造成的损失和影响进行系统评估,并通过系统化的恢复、重建、振兴和优化等任务活动来消除突发事件所造成的综合影响,并为旅游地和研学旅行企业在突发事件后的可持续发展提供基础。①

一、研学旅行突发事件后的影响评估

研学旅行突发事件后的评估管理是指通过对已发生的研学旅行突发事件进行调查研究,认知和了解突发事件,为突发事件的恢复与重建管理提供决策基础的工作行为。《国家突发公共事件总体应急预案》提出,要对特别重大突发事件的起因、性质、影响、责任、经验教训和恢复重建等问题进行调查评估。一般而言,研学旅行突发事件后的评估包括现场评估、基础评估和后期评估等不同阶段和性质的评估。

(一)研学旅行突发事件的现场评估

现场评估是指在应急处置阶段结束后,对研学旅行突发事件事发现场进行的应急分析和评价过程。现场评估既要了解研学旅行突发事件所造成的现场影响,也要评价应急资源的投入水平和效果。对于重特大突发事件而言,现场的损失情况和发展走向可能会出现紧急变化,因此需要通过现场评估为研学旅行突发事件现场恢复提供决策基础。现场评估一般由事发现场的应急指挥人员根据专业知识和既有经验做出。

(二)研学旅行突发事件的基础评估

基础评估是指在研学旅行突发事件后,对研学旅行突发事件的起因、性质、影响、损失、责任等进行系统的调查研究和分析评价的过程。

1.影响评估

影响评估是对研学旅行突发事件所造成的经济影响、社会影响和个体影响的大小及范畴的评估,它可以为研学旅行突发事件恢复重建工作提供认知基础。

---

① 本部分借鉴参考了谢朝武老师的《旅游应急管理》中的部分观点。

研学旅行安全管理

2. 损失评估

损失评估是对研学旅行突发事件所具体造成的损失类型和规模的评估，它为恢复重建预算的编制提供分析基础。

3. 责任评估

责任评估是对研学旅行突发事件责任归属的评估，它为善后赔偿主体和责任分担提供判断依据。

（三）研学旅行突发事件的后期评估

后期评估是指在研学旅行突发事件恢复重建核心工作基本结束后，对研学旅行突发事件的处置过程、信息沟通、资源配置、舆情管理、形象管理、预案制定、应急绩效等进行全面系统的分析和评价的过程。后期评估是一种总结性评估，它既包含对研学旅行突发事件应急过程和绩效的评估，也包括对恢复重建绩效的评估，是对应急处置和恢复重建资源投入产出的综合评价。因此，重大灾难事故后期评估具有重要的考核价值。

二、研学旅行突发事件后的恢复管理

研学旅行突发事件后的恢复管理是以消除研学旅行突发事件的即时影响、支持受影响人员的身心康复、推动旅游秩序和经营体系紧急恢复作为目标的工作行为，它主要包括现场恢复、医疗康复、善后赔偿、秩序恢复、业务恢复等工作内容。

（一）现场恢复

在应急处置和旅游救援等任务阶段结束后，应急处置主体需要清理事发现场、审视事发环境、整理应急工具。必要时，各方可拍摄音视频资料，为后续的研学旅行突发事件调查提供材料。同时，处置队伍应针对事发现场的次生、衍生风险做进一步判断，消除可能存在的隐患因素，避免事发现场再次爆发次生、衍生突发事件。例如，涉及疫情防治的，应该由专业人员对现场环境进行彻底消毒，防止疫情扩散传染。

（二）医疗康复

人的恢复是研学旅行突发事件后恢复管理的重要任务。对研学旅行突发事件造成旅行者或从业人员遭受人身伤害的，应急处置主体应该立即将其送医救治，为受伤害人员提供必要的医疗和康复资源。同时，要积极联系政府部门、保险机构、涉事主体等共同处理受伤害人员的医疗康复及经费等问题。除了因突发事件造成旅行者（学生）伤亡外，旅行者（学生）在旅游活动中的疾病具有一定的特殊性，面向旅行者（学生）提供更具针对性的旅游医疗资源正在逐渐引起社会的关注。

（三）善后赔偿

善后赔偿是消除研学旅行突发事件影响的重要手段。

首先，应急处置主体要持续引导舆情，为突发事件的善后与恢复重建创造良好的舆论环境。

其次,相关政府部门应该根据法律法规的要求,对在应急处置中表现优秀的集体和人员进行奖励,对因参与应急工作遭受损失的人员进行抚恤和补助,对被征用物资和提供劳务的人员进行补偿,对失职渎职的人员进行追责。

同时,对于因研学旅行突发事件造成人身财产损失的旅游者,应该根据损失情况和合同约定给予赔偿。在善后赔偿过程中,要妥善解决因处置突发事件而引发的矛盾和纠纷。

(四)秩序恢复

恢复社会秩序是研学旅行突发事件后研学旅游地走向正常化的重要体现。根据《突发事件应对法》,履行统一领导职责的人民政府应组织受影响地区尽快恢复生产、生活、工作和社会秩序。受研学旅行突发事件影响地区的人民政府应当及时组织和协调公安、交通、铁路、民航、邮电、建设等有关部门恢复社会治安秩序,尽快修复被损坏的交通、通信、供水、排水、供电、供气、供热等公共设施。旅游行政部门应该致力于恢复旅游产业的运行秩序。

(五)业务恢复

恢复旅游经营秩序是研学后涉事研学旅游企业走向正常化的重要体现。研学旅游企业应该尽快开展善后赔偿工作,同时积极恢复企业的经营业务。研学发生在景区、酒店、餐厅等旅游场所的,场所企业应该尽快清理现场,在消除隐患并获得许可后重新向旅游者进行开放。突发事件涉及旅行社的,旅行社应该对涉事旅游产品进行风险评估,在消除隐患、调整产品并获得许可后可重新向旅游者开放。

三、研学旅行的重建管理

研学旅行突发事件后的重建管理是指重新建设或重启旅游产业要素的工作行为,它是研学旅游产业经营运作正常化的基础,主要包括重建在研学中遭到破坏的研学旅行设施,或者重构存在风险的研学旅行产品,以及重启因研学旅行突发事件而暂停的旅游市场。重建管理需要经历计划编制、资源筹集、重建实施和重建评估等运作过程。

(一)项目重建

研学旅行突发事件对研学旅行设施或旅游吸引物造成破坏、影响研学旅行经营活动的,需要对受到破坏的研学旅行设施或旅游吸引物进行重建。

研学旅行突发事件造成公共基础设施破坏的,一般由政府部门负责修缮或重建。

研学旅行突发事件造成研学旅行设施或吸引物破坏的,一般由企业负责修缮或重建,有购买相关保险的可通过保险理赔来分担损失。

研学旅行突发事件造成损失较多的,可通过社会动员的方式来筹集资源、推动项目重建。例如,汶川地震发生后,我国采用了举国救灾、对口支援、民间捐助等社会动员方式来筹集资源,很好地支撑了四川的震后恢复重建工作。

(二)产品重构

研学旅行产品存在风险因素并因此发生突发事件的,需要对研学旅行产品及其构成要素进行风险评估,并根据风险评估结果重新调整研学旅游产品要素,并形成复原的或者新的产品体系。突发事件造成研学旅游资源破坏或改变的,研学旅游地应该积极修复研学旅游资源。对于存在风险或者安全瑕疵的食、住、行、游、购、娱等要素产品,供应商则应该消除风险隐患,重新提供安全可靠的要素产品。对于研学旅行线路产品,供应方应该进行整体的风险评估,设计和提供具有安全保障能力的研学线路旅游产品。消除研学旅行产品中存在的风险因素,向研学旅行者提供安全可靠的旅游产品,是旅游企业的基本责任。因此,突发事件后的产品重构应该以安全质量的改进为前提和基础。

(三)市场重启

自然灾害、重大疫情、恐怖袭击等研学旅行突发事件可能导致事发地或相关区域市场暂停运作,或者导致旅游者对事发地失去安全信心、没有前往旅游的意愿,从而在事实上导致市场暂停。重启已经暂停运作的市场生态是重建管理的重要任务。如果某个研学旅行企业发生市场暂停,一般由该企业通过特定的营销活动来消除事件的影响并重新启动市场。对于涉及整个行业或涉及较广泛区域的市场暂停,通常需要国家层面提供政策支持。

四、研学旅行突发事件后的振兴管理

研学旅行突发事件后的振兴管理是指对遭受突发事件影响的研学旅行产业或要素企业进行扶持、优化、推进和壮大的工作行为,以使旅游产业或要素企业在更高的水平上运作,更好地实现竞争力提升和可持续发展。研学旅行突发事件后的振兴主要包括产品振兴、品牌振兴和市场振兴等。

(一)产品振兴

产品振兴是在产品重构的基础上重建研学旅行产品体系,面向市场提供更类型更多、质量更高、竞争力更强的旅游产品,更好地满足研学市场对高质量产品的需求。地震等重大自然灾害可能改变原有的景观形态,但也可能创造出新的地震景观,因此具有开发地震遗迹科普类研学旅行的可能性。森林火灾可能会摧毁景区的林业观光资源,但也可能提供别具一格的灾后林业景观。因此,产品振兴既包括原有产品的数量增加和质量提升,也可通过产品创新、因地制宜的开发新兴研学旅行产品,来实现产品类型的多元化、新颖化发展。大幅度优化产品质量、提升产品的质量竞争力,也有助于研学旅行企业的产品振兴。

(二)品牌振兴

品牌振兴是在形象修复的基础上重建旅游品牌体系,面向市场传播更积极、更具吸引力、更具竞争力的品牌形象。汶川地震造成了较大的损失,围绕旅游市场的恢复发展,四川在品牌打造和建设上做出了积极的努力,包括提升现有品牌的知名度,同时竭力打造世界级地震遗址旅游品牌,为四川旅游品牌的恢复振兴打下了基础。

(三)市场振兴

市场振兴是在市场重启的基础上推动研学旅行市场的发展壮大,主要表现为扩大研学旅行市场范围、增加旅游市场容量、优化旅游市场质量。

在研学旅行突发事件发生后,研学旅行市场可能被迫暂停,重启市场只是推动发展的第一步。作为研学旅行企业,其市场振兴需要建立在善后到位、产品可靠、品牌复兴的基础上,也要通过具有吸引力的市场营销行为来提升市场吸引力,比如大尺度的优惠举措。研学旅行目的地的市场振兴也需要通过积极的市场营销行为来恢复市场信心并提振市场占有率。

(四)产业振兴

产业振兴是在研学旅行产品振兴、研学旅行品牌振兴和研学旅行市场振兴基础上的全面复兴,是研学旅行产业要素的整体提升和优化发展。重大研学旅行突发事件可能重创研学旅行产业的整体发展,影响旅游产业的整体运作,因此在事后需要进行扶持、优化、推进和壮大。《突发事件应对法》规定,国务院根据受突发事件影响地区遭受损失的情况,制定扶持该地区有关行业发展的优惠政策。重灾后的研学旅行产业振兴涉及要素众多,需要基于产业合作、区域联动、转型升级等众多产业战略的协调配合。

五、研学旅行突发事件后的体系优化

研学旅行突发事件后的体系优化是指对研学旅行安全与应急管理体系、研学旅行产业管理体系、研学旅行企业经营管理体系等进行改良、创新和提升的工作行为。体系优化是为了总结历史经验,吸取事件教训,推动体系优化,为研学旅行产业和研学旅行企业的可持续发展提供体制和机制基础。

(一)研学旅行应急管理体系优化

研学旅行应急管理体系优化是指根据已发生的研学旅行突发事件的应急经验、教训与责任归因,对研学旅行应急管理体系进行有针对性的调整、改良和提升的工作行为。

研学旅行突发事件发生后,旅游行政主管部门和研学旅行企业都需要对自身的应急管理体系进行系统的审视,结合已发生的研学旅行突发事件,从体制、机制、法制和预案等各个层面进行评估和分析,通过修正问题、弥补疏漏、改良要素、提升效率等方式优化应急管理体系,以推动研学旅行应急管理体系的创新和迭代升级。例如,可结合研学旅行突发事件的应急处置评估应急体制机制的效率,反馈评审研学旅行应急预案的质量与成效等。

要致力于通过研学旅行应急管理体系的持续创新和优化规避研学旅行突发事件,

推动研学旅行健康发展。

（二）研学旅行产业管理体系优化

研学旅行产业管理体系优化是指旅游行政主管部门根据已发生的研学旅行突发事件的应急经验，对研学旅行产业管理体制机制和研学旅行产业要素等进行有针对性的调整、改良和提升的工作行为。

重大研学旅行突发事件发生后需要开展系统化的产业振兴行动，有效的产业管理有助于产业恢复振兴工作的顺利开展。

对研学旅行突发事件应急处置成效和恢复重建成果的系统评估，可以平衡研学旅行产业管理体系在资源筹集、战略执行、产业竞争力等方面的综合水平。旅游行政部门既要致力于内部管理水平的优化提升，也要致力于研学旅行产业格局的积极调整，要把产业竞争力水平的整体提升作为产业管理优化的先导目标，要善于把研学旅行突发事件营造的危机环境变为产业转型升级的压力与契机，要有借助危机环境推动跨越式发展的战略导向。

（三）研学旅行企业管理体系优化

研学旅行企业管理体系优化是指研学旅行企业根据已发生研学旅行突发事件的应急经验与教训，对研学旅行企业的经营管理体系进行有针对性的调整、改良和提升的工作行为。研学旅行突发事件会冲击研学旅行企业的外部经营和内部管理，甚至为研学旅行企业带来充满危机的生存环境。

要实现可持续发展，研学旅行企业既需要做好恢复重建等基础工作，也需要改善管理体制、优化经营方式、提升产品质量、优化品牌内涵，这是研学旅行企业实现市场恢复与振兴的重要基础。同时，遭受研学旅行突发事件影响的员工还面临着企业信心、价值观等层面的冲击，塑造积极的、负责任的伦理形象是研学旅行企业赢得员工尊重的重要前提。可见，面对研学旅行突发事件的冲击，研学旅行企业需要对自身的经营管理体系进行系统的升级优化，这是研学旅行企业化解危机、实现竞争力提升、走向可持续发展的基础。

本章小结

本章主要包括三部分内容：研学旅行突发事件处理程序、研学旅行突发事件纠纷责任界定及纠纷处理方法和研学旅行突发事件后的恢复重建。

第一部分内容讲述研学旅行突发事件应急管理模型，本书结合郑向敏、王伟等人的相关研究成果，结合研学旅行的实际情况，提出研学旅行安全事件应急管理模型；介绍研学旅行突发事件的一般处理流程，并针对几种常见突发事件进行详细讲述。

第二部分内容讲述研学旅行突发事件纠纷责任界定及纠纷处理方法。本书以最高人民法院 2010 年颁布的《最高人民法院关于审理旅游纠纷案件适用法律若干问题的规定》为基础,提出研学旅行纠纷责任的界定;并列举了研学旅行活动过程中常见的几种纠纷处理方法。

第三部分内容是本章的特色,本节内容系统阐述了研学旅行地和研学旅行企业需要对突发事件所造成的损失和影响进行系统评估,并通过系统化的恢复、重建、振兴和优化等任务活动来消除突发事件所造成的综合影响,并为旅游地和研学旅行企业在突发事件事后的可持续发展提供前进的基础。

思考与训练

1. 结合本章第三节内容,说说疫情后,研学旅行企业应该如何有针对性地进行恢复重建。

2. 谈一谈如果在研学旅行外出过程中遇到交通事故,该如何处理。

参考文献
References

[1] Maslow A H. The Farther Reaches of Human Nature[]. Penguin / Arkana, 1993.

[2] Maslow A H.Motivation and Personality[M]. Pearson,1997.

[3] 曾素林,叶再娇.小学生研学旅行活动实施机制的构建[J].教学与管理(小学版),2020(6).

[4] 陈春梅,朱秀文,刘江南.FMEA在项目风险管理中的应用研究[J].河北工程大学学报(自然科学版),2004(3).

[5] 陈东军,钟林生,肖练练.国家公园研学旅行适宜性评价指标体系构建与实证研究[J].生态学报,2020(20).

[6] 陈光春.论研学旅行[J].河北师范大学学报(教育科学版),2017(3).

[7] 陈晓琴,齐勇军,彭亚南.常州市中小学生研学旅行的发展路径研究[J].经济研究导刊,2020(33).

[8] 陈元生.简述信息论,控制论,系统论在现代企业人力资源管理中的应用[J].时代经贸(下旬),2007(6X).

[9] 陈长坤,孙凤琳,赵冬月,等.基于事故演化网络的旅游安全及风险防控研究[J].中国安全生产科学技术,2022(2).

[10] 陈长坤,孙云凤,李智.冰雪灾害危机事件演化及衍生链特征分析[J].灾害学,2009(1).

[11] 程云,殷杰.中国旅游安全事件分布与引致因素[J].经济地理,2020(11).

[12] 邓月.关于研学旅行安全管理的思考[J].西部旅游,2021(1).

[13] 丁运超.研学旅行:一门新的综合实践活动课程[J].中国德育,2014(9).

[14] 丁运超.依托乡村旅游资源开展县域研学旅行[J].中学地理教学参考,2018(19).

[15] 范胜武,吴洁.论构建研学旅行的安全保障体系——以北京市二十一世纪

国际学校为例[J]. 中小学信息技术教育, 2020(10).

[16] 冯维贺. 研学旅行中的中小学生不健康饮食行为和管理[J]. 现代食品, 2021(1).

[17] 冯魏, 仝二宝. 我国户外运动安全事件分析与保障体系的建立[J]. 长春理工大学学报(社会科学版), 2012(3).

[18] 傅贵, 郭孝臣. 事故致因理论的研究与应用简评[J]. 安全, 2019(9).

[19] 高玲. 旅游安全的科技支撑体系研究[D]. 泉州: 华侨大学, 2009.

[20] 高艳. 中小学研学导师的专业素养及培养路径[J]. 江苏教育研究, 2020(17).

[21] 葛军莲. 关于我国旅游保险供需均衡的经济学探讨[J]. 林旅游高等专科学校学报, 2006(1).

[22] 顾新华, 顾朝林, 陈岩. 简述"新三论"与"老三论"的关系[J]. 经济理论与经济管理, 1987(2).

[23] 何月美, 邹永广, 莫耀柒, 张光生. 旅游安全事故跨组织合作处置的网络结构特征研究[J]. 中国安全生产科学技术, 2018(7).

[24] 黄婧. 基于武汉市研学旅行背景下的研学旅行实施初探[J]. 度假旅游, 2018(9).

[25] 黄敏, 王露. 中小学生研学旅行管理工作有效性研究[J]. 教学与管理(理论版), 2019(11).

[26] 蒋艳霞. 疫情常态化防控下研学旅行转型之路[J]. 中国旅游评论, 2020(3).

[27] 焦芳芳. 初中研学旅行课程实施的现状与对策研究——以晋中市中小学示范性综合实践基地开展的研学旅行活动为例[D]. 太原: 山西师范大学, 2020.

[28] 孔凡涛. "研学旅行"多元主体协同治理研究[D]. 广州: 华南理工大学, 2020.

[29] 雷桂春. 中小学生综合实践研学旅行课程实施初探[J]. 青海教育, 2019(Z2).

[30] 李传兵, 许昌. 高校户外运动课程安全教育与安全保障体系构建[J]. 体育成人教育学刊, 2012(5).

[31] 李东和, 朱玲玲, 朱国兴. 研学旅行影响因素分析——以合肥市青少年为例[J]. 黄山学院学报, 2016(6).

[32] 李冬梅. 日本的修学旅行: 举社会之力打造安全行走中的"必修课"[J]. 人民教育, 2017(23).

[33] 李先跃. 研学旅行研究综述及探讨[J]. 高教学刊, 2018(24).

[34] 李祥, 郭杨. 规避中小学研学旅行风险的建议[J]. 教育研究与评论(中学教育教学), 2018(1).

[35] 李小芳, 胡梦姚, 段阳阳, 王芳. 安徽省研学旅行发展的问题与对策研究[J]. 宿州学院学报, 2019(12).

[36] 李小芳. 协同视野下研学旅行管理保障机制的构建策略[J]. 内蒙古财经大学学报, 2021(4).

[37] 李永生, 夏飞, 董雪梅, 刘雁琪. 中小学研学旅行区域管理标准之研讨与落地[J]. 中小学管理, 2019(7).

[38] 梁海慧.中国煤矿企业安全管理问题研究[D].沈阳:辽宁大学,2006.

[39] 林杰.安全行为科学理论在电力生产中的应用研究[D].贵阳:贵州大学,2006.

[40] 林润辉,谢宗晓,王兴起,魏军.制度压力、信息安全合法化与组织绩效——基于中国企业的实证研究[J].管理世界,2016(2).

[41] 刘彬,王毛文,匡正.中小学生研学实践的困境及突破策略[J].开封文化艺术职业学院学报,2021(4).

[42] 刘俊,陈琛.后疫情时代研学旅行行业可持续性生态系统的构建[J].旅游学刊,2020(9).

[43] 刘俊,周彤昕.利益相关者视角下研学旅行行业发展的内在张力[J].旅游科学,2020(4).

[44] 刘璐,曾素林.中小学研学旅行研究进展与反思[J].教育探索,2018(1).

[45] 刘巍,刘宇光.浅谈运用安全行为科学理论来解决安全管理中的问题[J].黑龙江科技信息,2007(16).

[46] 娄树立.浅谈高层建筑的火灾特点及预防对策[J].四川建筑科学研究,2009(2).

[47] 陆燕春.旅游安全风险管理与对策研究[J].广西民族大学学报(哲学社会科学版),2008(4).

[48] 罗振军,佟瑞鹏.旅游景区安全容量分析与事故风险评价[J].中国安全科学学报,2008(2).

[49] 骆王丽.基于产校融合背景下研学旅行教育理念变革与教师角色重塑[J].营销界,2019(46).

[50] 吕英."双减"政策下的研学旅行发展问题及策略探析——以巢湖市为例[J].科教文汇,2021(36).

[51] 马慧强,刘玉鑫,燕明琪,席建超.基于SEM与IPA模型的旅游公共服务游客满意度研究[J].干旱区资源与环境,2021(6).

[52] 毛平旎.刍议中小学研学旅行安全风险管理水平的提升[J].新课程研究,2020(14).

[53] 孟现飞,张炎治,宋学锋,等.基于危险源的事故致因机理及两极化管理[J].中国安全科学学报,2011(9).

[54] 彭荷芳,周健颖,陆玉梅.制度压力、员工社会责任行为与民营企业绩效关系研究[J].计划经济研究,2016(11).

[55] 彭其斌.后疫情时代的研学旅行安全管理及研学旅行发展展望[J].新校园,2021(2).

[56] 彭松林,李臻.公共图书馆研学旅行服务研究[J].国家图书馆学刊,2020(4).

[57] 钱澜.小学研学旅行课程目标建构的再思考[J].江苏教育研究,2018(32).

[58] 任鸣.研学旅行安全管理[M].北京:旅游教育出版社,2020.

[59] 邵学义.北京市中学生研学旅行现状及需求调查研究——以中关村中学为

例[D].桂林:广西师范大学,2020.
- [60] 苏晓丽.城乡学校研学旅行共同体构建研究[J].教育实践与研究,2019(10).
- [61] 孙柏瑛,蔡磊.十年来基层社会治理中党组织的行动路线——基于多案例的分析[J].中国行政管理,2014(8).
- [62] 滕丽霞,陶友华.研学旅行初探[J].价值工程,2015(35).
- [63] 汪洁.基于全民健身视角户外运动安全保障体系构建[J].当代体育科技,2016(35).
- [64] 王翔.共建共享视野下旅游社区的协商治理研究——以鼓浪屿公共议事会为例[J].旅游学刊,2017(10).
- [65] 王雨田.控制论 信息论 系统科学与哲学[M].北京:中国人民大学出版社,1986.
- [66] 吴静涛.中小学研学旅行课程化问题的成因及纾解[J].教学与管理,2019(24).
- [67] 吴真松,谢朝武,郭志平.《旅游法》与我国旅游行政治理体系的变革研究[J].旅游学刊,2014(10).
- [68] 谢朝武,张俊,陈岩英.中国出境旅游安全风险的区域分布研究[J].中国安全科学学报,2018(1).
- [69] 谢朝武.旅游应急管理[M].北京:中国旅游出版社,2013.
- [70] 谢新栋.衡水市研学实践教育基地建设研究[J].现代农村科技,2021(4).
- [71] 徐小杰,吕海霞,宋建丽.事故致因理论发展现状研究[J].航空标准化与质量,2019(6).
- [72] 徐艳雯.青少年研学实践教育基地建设的现状、问题及对策研究[D].沈阳:沈阳师范大学,2020.
- [73] 许庆勇.研学旅行学术研究综述[J].经济师,2020(10).
- [74] 鄢向荣.基于核心能力培养的研学旅行管理与服务专业课程体系构建研究[J].新课程研究(下旬),2020(3).
- [75] 杨崇君,薛兵旺.我国研学旅行基地营地的内涵与建设要素探讨[J].武汉商学院学报,2019(6).
- [76] 杨惠民.引发事故的人的不安全行为分析[J].工业安全与防尘,1990(2).
- [77] 张传统.探险旅游安全风险管理研究[J].商场现代化,2008(14).
- [78] 张江驰,谢朝武.酒店分散型激励机制:内涵结构与作用机制研究[J].旅游学刊,2020(3).
- [79] 张楠.中小学研学旅行应急管理平台的构建[D].北京:首都经济贸易大学,2019.
- [80] 张宁,吉标.关于强化我国中小学研学旅行综合保障的建议[J].课程教学研究,2020(10).
- [81] 张欣,喻红.基于研学旅行长远发展浅谈研学导师培养[J].国际公关,2020(12).
- [82] 章坤,谢朝武.我国涉水旅游安全事故的时空分布及成因研究[J].中国安全生产科学技术,2020(8).
- [83] 郑向敏,邹永广.我国旅游突发事件应急机制研究[J].西南民族大学学报(人文社会科学版),2012(1).
- [84] 郑向敏.旅游安全学[M].北京:中国旅游出版社,2008.
- [85] 郑向敏.旅游安全概论[M].北京:中国旅游出版社,2009.
- [86] 郑向敏.会展安全与危机管理[M].重庆:重庆大学出版社,2014.
- [87] 郑逸凡.中小学生各类潜在研学旅行基地适宜性评价研究[D].福州:福建师范大学,2020.
- [88] 周璇,何善亮.中小学研学旅行课程:一种新的课程形态[J].教育参考,2017(6).
- [89] 左晓琳.研学实践合作机制建设研究[J].教育艺术,2021(6).